本书是 2018 年海南省哲学社会科学规划一般课题"琼崖革命根据地宣传研究"
[项目编号：HNSK(YB)18-64] 结项成果

本书获得海南热带海洋学院学术著作出版资助（2021）

周仁清 著

# 民国琼崖报刊研究

文化藝術出版社
Culture and Art Publishing House

图书在版编目（CIP）数据

民国琼崖报刊研究 / 周仁清著. —北京：
文化艺术出版社，2022.12
ISBN 978-7-5039-7157-0

Ⅰ.①民… Ⅱ.①周… Ⅲ.①报刊—新闻事业史—研究—海南—民国 Ⅳ.①G219.276.6

中国版本图书馆CIP数据核字（2021）第239241号

## 民国琼崖报刊研究

| 著　　者 | 周仁清 |
|---|---|
| 责任编辑 | 蔡宛若 |
| 责任校对 | 董　斌 |
| 书籍设计 | 马夕雯 |
| 出版发行 | 文化藝術出版社 |
| 地　　址 | 北京市东城区东四八条52号（100700） |
| 网　　址 | www.caaph.com |
| 电子邮箱 | s@caaph.com |
| 电　　话 | （010）84057666（总编室）　84057667（办公室）<br>　　　　　 84057696—84057699（发行部） |
| 传　　真 | （010）84057660（总编室）　84057670（办公室）<br>　　　　　 84057690（发行部） |
| 经　　销 | 新华书店 |
| 印　　刷 | 国英印务有限公司 |
| 版　　次 | 2022年12月第1版 |
| 印　　次 | 2022年12月第1次印刷 |
| 开　　本 | 710毫米×1000毫米　1/16 |
| 印　　张 | 20 |
| 字　　数 | 250千字 |
| 书　　号 | ISBN 978-7-5039-7157-0 |
| 定　　价 | 78.00元 |

版权所有，侵权必究。如有印装错误，随时调换。

# 序　一

突然有一天，周仁清老师到我办公室来，要言不烦，几句感谢话语之后，便捧上他的大作《民国琼崖报刊研究》，说是在他博士学位论文基础上完成的书稿，马上就要交付出版社出版了，请我为他写序言。

周老师是2008年进入海南热带海洋学院工作的。那时候我是中文系的负责人，主持了他的考核面试。我了解到他是中师毕业工作8年后才读研的，那时研究生毕业的他已经结婚生子，但站在我面前却不见得有多老成，仍显年轻有朝气。同事多年，印象中的周老师工作踏实上进，倾心从教，善待学生，课堂教学不见得光芒四射却不乏学生拥戴。恍然间又已经过了十几年，大学任教8年后他又读博了，苦心孤诣终于"爬出来的"周博士，今天站在我面前，面容略显消瘦疲倦，岁月显然没有对他格外开恩。欣慰的是，他少了些许朝气，多了几分沉稳，特别是双眼中的睿智之光似乎带着一股穿透的力量。

《民国琼崖报刊研究》选择民国时期琼崖报刊作为研究对象，在文本细读和史料梳理思辨基础上，揭示其不同阶段的发展状貌及其与社会的互动关系，发掘其价值和意义。这方面的文献资料我接触得很少，是一个我比较陌生的领域，几乎可以算是我知识中的一个盲区。但这论题又是我非常好奇的。我知道国内学术界关于报刊史的研究已经有不少的成果，但有关海南（琼崖）报刊史的研究，应该说还很少，甚至可以说极不充分。诚如周老师所说，"琼籍叙述者的历史性长期'失语'现象，造成琼崖自我'消失于无形'"。更何况，"囿于资料保存和找寻方面的困难，对于琼崖报刊的系统研究目前还有待补白"。作为土生土长的海南人，我对包括琼崖报刊史在内的与海南文化有关的研究很感兴趣，对研究海南文化的学者怀有敬意。当"新琼籍叙述者"周仁清老师把他的《民国琼崖报刊研究》这份成果端出来摆在我面前的时候，我有一种意外的惊喜，对他"主动叙事"的"补位""补白"行为十分钦佩。

我可以推托不为他这本书写序，但我抵御不了把这本书读下去的那种巨大诱惑。遗憾的是我做不到一鼓作气地把整本书一下子读完。这是一部比较厚实的学术著作，又属于我不太熟悉的学术领域，啃下去还要消化真的不是只有那么一丁点费劲；再者终究没有推托掉为它作序，担心囫囵吞枣下来，写起来有太多的言不及义，因此断断续续地花费了相当一段时间。态度是"认真"了，比较尴尬的是，用于研读的时间比较零碎，对于本书的印象和理解，也就不可避免地零碎了。周老师又在"客气"地催促我"抽时间帮忙"，只好拿鞭子抽自己赶紧"序"上。

可以说，研读后除增长了不少有关琼崖报刊史知识、拓宽了海南历史文化视野之外，《民国琼崖报刊研究》的维度取向、理论视角、方法择取等治学规范与创新，也让我见识了研究者的学术勇气、探索毅力。他用其沉实的成果诠释了付出与回报的对应关系。《民国琼崖报刊研究》不仅注重历史事件的分析及社会语境的探讨，还注意遵循报刊内在生长发展演变的一般规律与作用机制，努力增强历史学、社会学与传播学的跨学科交叉、对话与结合，体现了作者对民国时期琼崖报刊历史观照、透视和把握的学术自觉，给人颇多启发。

首先是以重大事件为标志的历时性分段研究。以1912年、1926年、1938年三个在琼崖新闻史上具有重要意义的年份为划分依据，按时间顺序将民国报刊发展史分为"脆弱的开端（1912—1925）""岛内报刊角力（1926—1937）""中共报刊优势的确立及其成因（1938年至解放）"三个阶段，将纷纭繁杂的历史线索梳理得一目了然，详细分列出各个阶段的琼崖报刊，点线结合，从纵向对民国时期琼崖报刊进行研究，探讨在不同历史阶段它的发展变化及主要特点，脉络连贯清晰。

其次是从报刊史角度切入，与社会结构相互嵌入结合，聚焦自1912年出现琼崖第一份报刊《海南通讯》的"脆弱的开端"到解放这段特定时期琼崖特殊的历史环境及新、旧民主主义革命语境下报刊生产与政治、经济、文化之间的互动关系。以历史事件的勾勒、描述，突出时代风云变幻及社会思潮起伏，展现了较为丰富生动的社会历史图景，从社会历史动荡变迁中辨析重大社会历史事件和新闻业发展的助推促进、勾连制约等各种复杂关系，细致观察报刊在历史进程中发挥的作用，很好地把握并揭示了琼崖新闻业的生态特点，同时也从社会历史的多维度联系和具体过程中，展现了琼崖报刊独特的历史角色。

《民国琼崖报刊研究》在学术上的拓展与建树肯定不止于此，只是限于我的眼界，可能忽略了森林的茂密，唠叨的仅仅是能看到的少数几棵树木，难免见笑于方家。好在周仁清老师也明白我和他不是"同道"之人，隔靴搔痒的废话大可不必计较。唯愿周老师勤奋刻苦不减，天道酬勤，《民国琼崖报刊研究》之后再收获多多。

海南热带海洋学院副校长、教授　杨兹举<br>
2021年4月25日

# 序 二

《民国琼崖报刊研究》付梓之际，仁清兄嘱我写上几句。这部专著，是以他2020年度在厦门大学新闻传播学院答辩通过的博士学位论文为基础而写成的。仁清是我招收的第一名博士研究生，因为较我年长，所以我一直以兄称之。仁清兄在开始读博（2016）的那年已经37岁了，而且已经是海南热带海洋学院的副教授和专业负责人，孩子也在念中学了。在此后的四年里，他比大多数博士生承担了更重的责任、付出了更多的努力。然而，作为"资浅"博导，我的自身经验和能调动的资源都很有限，加上在此期间，我调离厦门大学，能为他提供的指导和帮助更是颇打折扣。这也是我时常引以为憾的事情。

正是因为读博的环境谈不上优越，仁清兄能在学制规定时间内完成这部学位论文并顺利通过，才显得格外不容易。确定这个题目，是在2017年下半年。当时我刚从美国访学归来，此时仁清兄已入学一年，刚刚完成修课。实际上，我对名下博士生和硕士生的论文选题，向来没有方向上的硬性要求。但毕竟自己主要从事基础研究，所以当仁清兄告诉我他对媒介史颇感兴趣时，我自然很高兴。于是，我提出了两条对结果的期待。其一，就对象而言，最好能与以往的研究论著有所差异。这里的"差异"，还不只是所涉时间、空间和具体媒体是别人没有拿来做过博士学位论文的，而是应当具有社会学意义上的"类型"价值的。说得具体些，就是从媒介发生、演化的轨迹以及动因来看，应该在某种程度上有助于我们对"中国"乃至"世界"媒介史丰富性的认知。其二，从叙述来看，应该尽可能地呈现媒介与其所在历史情境的有机关联。换句话说，不应该仅限于陈述何时何地发生了什么，而是展示"为何是这样，而不是那样"的层次。说实话，这些期待，数量看似不多，要求着实不低。因此，仁清兄能在此后的三年里，顺利完成对象（作为个案）的选定，资料的搜集、整理以至框架的确立、论文的撰写，其实至少在时间进度上，是有些超出了我的预期。

应该说，这部专著从整体上来说，相当符合我的期待。这部以民国时期琼崖（即海南岛）的报刊为研究对象的著作，考察该地区报业的发展历程，并从场域视角揭示报刊生产与政治、经济、文化之间的互动关系，发掘这一相对独立区域的报业内外部诸多制约因素及其关联，对中国区域新闻史研究以及新闻学理论研究均具有较大的学术价值，也有一定的开拓性意义与创新价值。研究所用资料稀见珍贵，通过在广东省立中山图书馆十余天的查找，几乎阅览和穷尽了目前国内可见的与琼崖报刊和革命宣传有关的诸多一手史料。这是很不容易的。因为新闻史的研究，首要条件是史料的收集。尤其是有关琼崖共产党的宣传材料和国民党的党报《琼崖民国日报》，在一定程度上填补了琼崖报刊史和宣传史上的空白。正如一名匿名评审专家的评语所言，该论文不仅是一篇合格的博士学位论文，而且"在一定程度上填补了民国时期海南报业发展史的空白"，从类型和方法上有助于"中国媒介史"的版图完备。

承乏这篇序言，是在 2021 年 3 月底。我很期待仁清兄能在接下来的几年里，就他所关注的领域再有佳作。当然，我相信他是能够做到的。

四川大学文学与新闻学院教授、福建师范大学闽江学者讲座教授　朱至刚
2021 年 3 月 31 日

# 目 录

001 **绪 论**

003　第一节　琼崖概况
007　第二节　选题意义
013　第三节　研究问题
017　第四节　资料来源与研究方法、研究步骤
021　第五节　核心概念：报刊、场域等

031 **第一章　清末近代报刊出现的可能性**

034　第一节　传教士活动角度的分析
040　第二节　商业角度的分析
049　第三节　政党与文化角度的分析
053　小　结

## 055　第二章　脆弱的开端（1912—1925）

- 058　第一节　第一份报刊
- 061　第二节　第一份革命报刊
- 074　第三节　旅外学生报刊
- 085　小　结

## 087　第三章　岛内报刊角力（1926—1937）

- 090　第一节　当局编织政治管控大网
- 096　第二节　经济危机袭来
- 100　第三节　相对厚实的文化教育生产
- 107　第四节　两党报刊起步
- 130　小　结

## 133　第四章　中共报刊优势的确立及其成因（1938年至解放）

- 136　第一节　"云龙改编"的标志性意义
- 142　第二节　琼崖党组织合法性的巩固与提高
- 152　第三节　非进步报刊的式微
- 158　第四节　党报服务对象由"同人"向"人民"转变
- 172　小　结

## 175　第五章　专题研究之一：旅外学生报刊的家乡想象

- 178　第一节　现代想象主体：共同体与知识分子
- 187　第二节　为何想象：危机惯习与资本优势
- 192　第三节　如何想象：呈现 / 报道公共领域
- 198　小　结

## 203　第六章　专题研究之二：中共琼崖报刊的资本生产

- 206　第一节　资本生产：一种分析报刊的新视角
- 216　第二节　社论：给人民以希望
- 233　第三节　典型：塑造理想的人民
- 262　第四节　标语口号：口语化的资本生产
- 265　第五节　诗歌戏曲：寓教于乐
- 268　小　结

## 271　结　语

## 280　附　录

## 286　参考文献

## 304　后　记

绪 论

## 第一节 琼崖概况

首先解释为何使用"琼崖"这个更侧重社会史意义的名称。一是这个名称相对自成体系。"海南"和"琼州"是海南岛的通称,解放前的正式行政区域名称是"琼崖"[1](43),解放初期的行政机构名称则是海南军政委员会,随后是广东省人民政府海南行政公署。现在指称"琼崖"一般为解放前的海南,而本书的研究范围即为民国时期。二是这样的自成体系,也是本地人自我认识的特征。民国时期许多带"琼崖"的称呼已成固定格式,如琼崖革命根据地、琼崖特委等;许多书籍报刊亦以"琼崖"冠著,书籍有陈献荣的《琼崖》(商务印书馆1934年),许崇灏编著的《琼崖志略》(正中书局1947年),报刊有《琼崖旬报》《新琼崖评论》《琼崖民国日报》《琼崖红旗》等。如换用"海南",势必造成阅读上的混乱。故为研究方便,使用"琼崖"指代民国时期的海南。不过,对于一些原先就带有"海南"固定称呼的词语,如海南岛、海南差会等,则保持不变。

位于中国最南端、四面环海的琼崖即海南岛,正式列入中国版图自汉武帝始。汉代设珠崖儋耳郡,唐代贞观置琼州,旋改为琼崖二州,明设琼州府,清置琼崖道,下属十三县(分别为:琼山县——今属海口市,文昌县、琼东县和乐会县——今合并为琼海市,万宁县、定安县、澄迈县、临高县、儋县——今儋州市,昌江县、感恩县——今东方市,陵水县、崖县——今三亚市)。[1](43) 1926年琼山县划入海口市。1940年在五指山区增设黎族、苗族聚居的白沙、保亭、乐东3县[2](14),同年成为广东省第九行政督察区。1950年5月宣布全岛解放,1988年建省,简称

"琼"。1933年琼崖绥靖公署统计人口约为250万人，约占广东省人口的7%，其中农户占90%，工商学兵人口为2%；因无大规模工厂，手工业多为农民副业，纯粹工人数最多不过全岛人口的1%。[3](2,3)人口多集中于北部地区，其中，琼山、文昌二市县人口数位居全岛前列。以1928年统计为例，全岛汉族人口2195645人，其中人数最多的文昌（440289人，约占20.1%）和琼山（340876人，约占15.5%）两县，占全岛总人口数的1/3。[4](53-54)岛内最大的少数民族群体为黎族，多集居于中部五指山区，总数约为49万①，约占全岛总人数的1/5。海口被辟为通商口岸，始于第二次鸦片战争《天津条约》与《北京条约》的签订。从1872年开始，美国、日本、英国、法国等国陆续在海口开设领事馆，对琼崖现代化影响较大的基督教也随即深入各市县乡镇。从此，琼崖成为各资本主义国家资源掠夺的对象和彼此间角逐的战场。

广东于海禁解除之后，在国家中地位迅速提升，对外贸易"比从前发达几多十倍"，因经济重要进而政治重要随之，黄尊生认为，这归根结底是广东地理位置之重要。[5](45)而广东、琼崖地理位置的重要性首先体现在沿海的交通便利上。交通条件对于区域与外界的交往关系甚大，从某种意义上说，正因为琼崖优良的水路条件，地理"边缘"似又不"边缘"。陈铭枢发现，20世纪30年代，"岛内阅报者多直接从省港沪各地购阅"。其实，岛内读者直接邮购岛外报刊，除了"本岛新闻事业之不发达"外[1](494)，也正说明了琼崖具有较为优越的交通物流条件。陆路方面，具有1919年建成的广东第一条公路——长仅4公里的琼（山）海（口）线。[6](212)至20世纪30年代，琼崖公路约为2500公里，行驶汽车600余辆。[2](320)而1936年汽车总数

---

① 解放前，政府历来没有深入山区黎族聚集区进行过准确统计，一直缺乏这方面的详细数据。目前这个数字是许崇灏先生根据一些抚黎材料自己预估出来的。参见许崇灏《琼崖志略》，正中书局1947年版，第62页。

仅次于上海的广东,全省公路里程约为 14000 公里,汽车约为 5000 辆,其中番禺、南海等十余县均不足百辆。[7](44、47) 由此可知琼崖公路里程和汽车保有量均居全省中位。陆路交通,"日趋千里",得公路交通之便利,外来货物得以输入农村,吸收农村资金,支撑都市畸形繁荣。[3](66) 公路密布,轮车便利,邮政物流体系亦较发达。20 世纪初即有一个一等邮局海口,两个二等邮局府城和嘉积,其余各市县为三等邮局或代办处。有直达邮路五路,转递邮路三路。[2](332-333) 代办所 33 所,县村镇信柜 45 个。邮路可分为汽车、帆船、旱班三种。岛内最为频繁的旱班邮路又分为每日、间日、三日以上三种。西路既有金江至那大间的间日旱班邮路,也有临高至崖县间的三日以上旱班邮路;东路既有琼山至定安间的三日以上旱班邮路,也有三江经琼东至藤桥间的间日旱班邮路;每日旱班邮路为徐闻至海安、白沙等市间。帆船邮路为海口、徐闻、塔市、铺前等琼崖北部地区,为连接琼崖与大陆之间的主要交通方式。汽车邮路则为海口至嘉积,及琼城至文昌,这是对经济发达的北部地区间的交通布局。[1](315)

水路方面优势尤甚。琼崖水资源丰富,河流众多,水路发达。全岛有大小河流 154 条,集雨面积大于 100 平方公里的河流有 40 条,大于 300 平方公里的河流有 3 条(南渡江、昌化江和万泉河)。[8] 长度大于 30 公里的有 64 条,占总河流数的 42%。[9] 贯穿全岛东北的河流有南渡河、万泉河,西南的有昌化江、宁远水。面积约 3.39 万平方公里的海南岛,四周约 1500 公里海岸线,水网密布,岛内岛外水路交通顺畅,全岛河流皆可航行帆船与小汽轮,岛内沿岸民船帆船往来不绝。据《正德琼台志》对当时岛内海岸线通航的水道及连接我国东南沿海及外番航线的记录,岛内东路方向,文昌铺前港、青蓝头、乐会博鳌港、万州莲塘港等均半日可至,调懒港、南山李村港等一日可至,崖之临川港一日半可至;岛内西路方向,澄迈东水港、临高博铺港半日可至,儋州洋浦港、昌化乌泥港、感恩抱罗港、崖州保平港等均一日可至。通往岛外方向，徐闻可半日至，广州顺风五六日至，福建七八日至，浙江十三日至，廉州一日至，越南交趾二日至。[10](278) 可以说，四通八达的琼崖水路交通比陆路更为方便。从北（文昌）至南（崖州），路程时间为一日，连接大陆的徐闻短至半日，至广州、福建约一星期，越南亦不过两日。

凭借良好的水上交通优势，琼崖与广东沿岸各口岸贸易往来，1天可以完成一个来回；海口到雷州半岛，交通频繁，顺风时帆船3—4小时可达。琼崖与香港（约700公里）、越南（约250公里）、上海（约1800公里）等地的时间距离也大为缩短。20世纪30年代，从琼崖出发，3天可到新加坡。自开埠后，分属法、德、日、英等国的船只垄断着往来于海口、湛江、汕头、香港、澳门、厦门、广州等地以及通往越南、新加坡的运输业务，其中，英国太古、怡和两汽船公司及日本山下汽船公司，经营着台湾经厦门、汕头、香港至海口的定期航线。按海洋航路中的南洋线规划，至琼崖的航线由上海南经过宁波、温州、福州、厦门、广州、汕头等沿海港口。[11](1、3) 海口正式通商后，优良的水路条件吸引了众多国外大型商船进入或停靠。据统计，从1887年至1912年的26年间，出入琼州港口的德国船舶8979艘次，法国船舶5505艘次，丹麦船舶2222艘次，英国船舶2165艘次，瑞士与挪威船舶804艘次，荷兰船舶380艘次，美国船舶26艘次。[12](346) 年平均达722艘次，日平均约2艘次。外国轮船和便利的航线，不仅扩大了琼崖对外贸易额，也增加了琼侨赴南洋的谋生机会。据1988年统计，海南省有散落于东南亚等地的华侨、外籍华人近200万人，分布在世界50多个国家，华侨数量仅次于广东和福建两省。[13](28)

## 第二节　选题意义

目前对琼崖新闻业的研究，主要集中于民国时期。琼崖报刊研究始于区域革命研究，在此前的学科分野中，通常被纳入革命史范畴，由于政权变更等客观原因，民国琼崖报刊研究成果稀少。目前，专述琼崖民国报刊仅有的两篇学术文章分别为邢谷宜的《琼崖早期革命报刊》[14](8-12)和金炳亮的《琼崖革命出版事业述评》[15](138)。前者以"海南最早的一家报纸""最先传播马克思主义的报刊""琼崖'留学'学生之出版物""琼崖党组织建立时期之报刊""琼崖苏区的红色报刊"分专题，后者则以五四运动、土地革命、抗日战争、解放战争四个时段为期，两篇文章只对民国琼崖的大部分革命报刊进行了一番粗线条梳理。另外，二者对琼崖革命报刊的起始时间节点意见不一。前者认为应从民初孙中山先生领导下的革命报刊开始的，而后者认为琼崖革命新闻业是从五四运动兴起后革命思潮吹来的共产主义传播开始。本书的革命报刊概念是指民国建立以来所有针对当局持"革命"态度的报刊，故起始时间划分倾向于前者。

尤其需要指出的是，在目前以革命报刊为主流的琼崖新闻业研究中，国民党当局部分则处境尴尬，要么舍弃避而不谈，要么简化成几句话。在仅有几篇略微涉及此方面的文章中，王越的《海南报刊史录》中只提到了1924年邓本殷办的复古报刊《南声日报》和国民党党报《琼崖民国日报》[16](231-256)；陈铭章的《解放前海口新闻事业的回忆》，粗略介绍了当局在抗日胜利到琼崖完全解放（1950年5月）期间先后出现的八家大报

(《琼崖民国日报》《和平日报》《大光报》《海南日报》《中央日报》《世纪晚报》《天行报》《展望报》）。[17](77-105) 尽管麦穗的《民国时期海南岛报刊目录简编》收录的包括国民党系统的民国琼崖报刊资料相对齐全，但遗憾的是属于编目性质。[17](53-76) 实际上，作为民国当局的国民党报刊同样是不容忽视的。不仅因为它是琼崖地方新闻业的重要组成部分，还在于它的新闻业，无论是报刊种类，还是发行网络，尤其是民国初中期，毫无疑问是绝对占主导位置的。本着实事求是的精神，要系统研究一个区域的新闻业，需要全面、客观、兼容，而不应过于政治化地屏蔽与忽略任何一个重要"同伴"。为此，本书首次对以《琼崖民国日报》为代表的当局报刊进行分析探讨。

目前，关于琼崖报刊研究的文章，除了前述两篇外，其他论述大多散落于类似"文化教育"的著作章节中，无专著。概而言之，关于琼崖报刊的已有研究，量极少且无系统。不仅缺少国民党重要报刊的必要论述，而且就共产党领导的革命报刊来说，也缺乏全面系统的深入研究。中国共产党领导的琼崖革命根据地，在海南岛相对封闭的艰苦环境中，民国时期广东出版管理条例的繁复与严苛甚是少见的情况下[18](114-121)，仍然"发展了富有自己特色的出版事业"，甚至"竟成为这一时期广东党的出版活动最兴盛的地区"[19](107、110)。琼崖革命宣传的丰功伟绩，其中定有不少经验与教训值得今人总结与学习。这也是吸引我进行此项研究的重要原因之一。

关于琼崖报刊，不仅目前研究稀少，民国各时期的调查统计缺漏情况也极为普遍。享开风气之先的广东作为我国近代报刊的发源地或首入地，如第一份外文报《蜜蜂华报》、第一份英文报纸《广州纪录报》、第一份中英文对照报刊《依泾杂说》、第一份中文近代报刊《东西洋考每月统记传》，等等。[20](18) 但在有关新闻调查与研究中，隶属广东的琼崖部分却一直处于似有似无、可有可无的陪衬地位。1933年，北平燕京大学新闻学编的《中国报界交通录》中，广东新闻界有日刊62份、二日刊2份、三日刊6份、五日刊2份、周刊38份、旬刊17份、本月刊16份、月刊101份、两月刊10份、季刊19份、半年刊7份、通讯社53家，而琼崖只有日报《琼崖民国日报》一份、周刊《海口市党务周刊》一份、通讯社"海南通讯社"一家。[21](139-153) 1935年，李文裿调查全国日报情况时，广东有22份日报，琼崖只有《琼崖民国日报》一份。[22](229) 1936年许晚成编撰的《全国报馆刊社调查录》中，广东新闻界有日刊88份、二日刊0份、三日刊3份、五日刊1份、周刊28份、旬刊9份、本月刊8份、月刊61份、两月刊1份、季刊13份、半年刊1份、不明周刊40份，其中琼崖只登记日报《琼崖民国日报》1份和周刊《琼山壁报》1份。[21](386) 1943年军事委员会战时新闻检查局调查全国报社通讯社情况时，广东报社139家、通讯社43家，总数位列全国第一，作为沦陷区和游击区的琼崖没有被统计。[23](31-46) 这种情况也发生在1944年中央宣传部新闻事业处编辑的《全国报社通讯社一览》中。[23](171-181) 1946年，内政部警察总署调查全国报社通讯社杂志社情况时，广东全省有56家报社、69家通讯社、90家杂志社，琼崖只有一家《大光报》。[23](281-304) 1947年，行政院新闻局出版的《全国报社通讯社杂志一览》，除了广州市，广东其他地区情况：报社59家、通讯社39家、杂志社10家，其中琼崖依然只有一家《大光报》，甚至没有已经复刊的《琼崖民国日报》。[23](539-550) 这些调查总体情况表明，即使国民党当局对自己系统报刊的统计，遗漏忽视也是非常严重的。这是非常不符合历史事实的。据学者统计，琼崖民国创立至抗日战争期间，各政党、机关团体或个人陆陆续续创办的刊物有近百种。[17](53-67)

与此同时，在2000年编撰的权威《广东省志·新闻志》中，民国琼崖新闻业的情况大体上也是残缺不全的。民国初期的报刊显示只有《琼崖旬报》(1921)、《琼岛日报》(1923)、《良心月刊》(1923)、《琼崖民国日报》(1926)、《扫把旬刊》(1926)、《现代青年旬刊》(1926)、《琼崖青年》(1924)、《路灯半月刊》(1926);第一次国内革命战争时期的琼崖报业只有《琼崖民国日报》《扫把旬刊》《现代青年旬刊》《琼崖青年》《路灯半月刊》;第二次国内革命战争时期的琼崖报业只有《琼崖红旗》(1930)、《工农兵小报》(1930)、《布尔塞维克的生活》(1930)、《团的生活》(1931);抗日战争时期琼崖报业只有《抗日新闻》(创刊于1939年,1946年改为《新民主报》)、《新文昌报》(1940)、《新琼崖报》(1942)。[24](41-42、68-70、78-79、117-118)

广东作为大革命策源地与根据地,革命报刊一直很繁盛,但涉及的琼崖部分却被严重忽视了,如许振泳选编的《一九一九——一九四九广东报刊资料选辑》,作为《广东革命历史文件汇集》的补充材料,其中涉及广东地区出版发行的各种报刊资料共520多种,而有关琼崖的只有《工农兵小报》《少年旗帜》《团的生活》《琼崖红旗》《琼潮报》《建党》《建军报》7种。[25] 由此可知,一直以来,对于琼崖报刊的统计是不够完整的。

此外,随着海南建省,在广东省新闻史著作中,原本应纳入广东部分的民国时期琼崖新闻业,基本上也随着海南区划独立而被划归出去了,如1998年邓毅、李祖勃编著的《岭南近代报刊史》就不包括琼崖部分。[20] 海南报刊研究领域需要海南学界自己去耕耘。

总之,民国时期无论是个人还是国家层面进行的报刊业调查,以及相关专业著述,对于琼崖新闻事业都没有给予应有的地位与注意。琼崖的地理区位可表明,其离近代报刊的距离其实很近。"欧风东渐,琼崖一岛,适当交通要衢,其地位益增重要。"[4](1) 近代第一份中文报纸《察世俗每月统记传》就是在离琼崖很近的马六甲创办的,其主要受众除了南洋华侨(自然包括琼侨),还包括琼崖在内的粤省人士。戈公振在著作中就提到,《察世俗每月统记传》的粤籍雇员梁亚发,每逢粤省考试之际会亲往免费发放该报[①]，其中定有琼籍考生获此刊后带回，说明近代报刊观念种子飘到琼崖时间不晚。再者，从文化智识看，尽管有人感叹"琼崖文化落后，民智闭塞"[2](278)，然琼崖文化教育并不像外人揣测的那般十分落后，其科举人才"并不比当时中国的大多数地区逊色"[26](2)。从宋至清，琼崖历代进士总计有110名（其中，宋代15人，明代64人，清代31人）。其空间分布为，北部（琼山、文昌、定安、澄迈、临高）96人，东部（琼海、万宁）12人，南部（陵水、三亚）2人。[26](30、32) 历史上也曾出现了海瑞、丘濬等一批光耀史册的名人。

其实，琼崖被边缘化很大程度上是由一直占主导地位的"中原视角"造成的。"中心"与"边缘"的对立是由叙述者的立场决定的。在国家"中原中心"结构下，从上至下考虑问题的出发点是"中心"，与之对应的则是边缘。从中央看琼崖是边缘孤岛，但从海外琼侨看琼崖则是中心家园。另外，从"海洋视角"来看琼崖还是冲要之地。它离我国历史上第一份中文报纸创办地马六甲地理距离最近，毗邻新闻业非常繁荣的珠三角地区，与香港、澳门等地区交通频繁，又是我国离东南亚最近的地区，著名的侨乡，具有海上交通优势。中心与边缘的辩证主义可以用长城内外来诠释。拉铁摩尔认为，在中国人眼里，长城外的游牧区域是边疆，但在长城对面的游牧部族看来，中国这边的农耕区域则是边疆。无论是"黄河中心""长城中心"，还是"草原中心"，"互为边疆"肇因于经济与政治并没有因长城而完全隔绝的中国与游牧族之间的彼此心理，可见实际上边疆"从来没有一条绝对的界限"。[27](49) 由此可知，琼崖被边缘是一种历史叙述中心化现象造成的。汪晖教授认为，历史叙述中心化除了与时代中的绝对中心地位有关外，还与观察历史变化的动

---

① "每逢粤省县试府试乡试时，由梁亚发携往考棚，与宗教书籍一同分送。"参见戈公振《中国报学史》，中国和平出版社2014年版，第69页。

力视野有关。[28](280) 即"中心地"本身主动叙述的"缺位",是造成"中心"变"边缘"的重要原因。琼籍叙述者的历史性长期"失语"现象,造成琼崖自我"消失于无形"。如从全国乃至全广东省中心视角看,民国旅外琼籍学生群体和琼侨的绝对人数与影响力指数,或许"不值一提",但站在琼崖中心视角,二者均是琼崖与外界进行联系的主要桥梁与通道。许崇灏一针见血地指出,非琼崖人对琼崖的理解"未免都是隔膜得很",是一种黄河流域的文人看不起长江流域的文人,或者说是北方人看不起南方人的"历史癖"作怪。[4](5) 这是一种典型的大陆视角、中心视角或说中原视角自带的偏见。

实际上,目前已有充分证据表明,近代琼崖与外界文化交流传播理应比国内许多"老少边山"地区要活跃,这从目前已发现的文献资料中得到印证。但遗憾的是,囿于资料保存和找寻方面的困难,对于琼崖报刊的系统研究目前还有待补白。所以,研究琼崖报刊,不仅有可观的学术价值,可以丰富有关琼崖新闻史、琼崖史、琼崖革命与华侨华媒等方面的内容;而且,琼崖属于施坚雅模式中全国八个区域化水平中最高的三个(长江下游、东南沿海和岭南)之一的岭南,又是作为"海上丝绸之路"上从东南沿海到东南亚的重要的中转站、补给站和商贸枢纽,以及当今中国"一带一路"倡议的交通支点,通过研究琼崖报刊,可以发掘有关"海上丝绸之路"上一些宝贵的历史文化资料,为海上丝路研究及今天正在建设中的新"海上丝绸之路"提供一些助益。再者,区域新闻研究亦有很大必要性。正如国内新闻学界知名教授宁树藩所言,中国各地区的经济、政治、文化的不平衡造成了中国近代各地新闻事业发展的极不平衡。为此,"我们要对各地区新闻事业进行比较研究,通过比较把新闻事业发展的规律揭示出来"[29]。

## 第三节　研究问题

作为民国时期广东省一个行政区，辖有十三市县的琼崖，如果要进行报刊统计，单位自然要具体到市县。民国时期报刊如果不完全考虑商业报的市场发行因素，则其报刊网络已经完全覆盖到了县级，尤其是以国民党党报为代表的政党报，深深地渗透扎根至县级。据朱至刚依据上海寰球中国学生会1929年所作的《全国报馆调查录》统计分析，以民营报刊、国民党党报和由县政府、官办的民众教育馆、教育会和公立学校创办的非党官报三类标准划分县报，至1928年，报刊已覆盖到的普通县份有150个。[30]如果依据其全国范围的调查数据，用该分类标准对民国琼崖报刊作如此划分，可能难有成效。但如果拉长时间段，考虑到琼崖报刊主要为国共两党系统主导的事实，以政治属性为重要评判标准，对民国琼崖整体的报刊进行分类，则是较为可行的。具体分类情况见附录。

表0.1　1912年至琼崖解放报刊数量分布统计

| 年份 | 1912—1925 | 年份 | 1926—1937 | 年份 | 1938至解放 |
| --- | --- | --- | --- | --- | --- |
| 1912 | 1 | 1926 | 13 | 1938 | 5 |
| 1913 | 1 | 1927 | 6 | 1939 | 6 |
| 1914 | — | 1928 | 9 | 1940 | 6 |
| 1915 | — | 1929 | 6 | 1941 | 4 |
| 1916 | — | 1930 | 8 | 1942 | 4 |
| 1917 | — | 1931 | 10 | 1943 | — |
| 1918 | — | 1932 | 8 | 1944 | — |
| 1919 | 3 | 1933 | 4 | 1945 | 4 |
| 1920 | 3 | 1934 | 5 | 1946 | 3 |

（续表）

| 年份 | 1912—1925 | 年份 | 1926—1937 | 年份 | 1938至解放 |
|---|---|---|---|---|---|
| 1921 | 2 | 1935 | | 1947 | 17 |
| 1922 | 1 | 1936 | | 1948 | 4 |
| 1923 | 6 | 1937 | 12 | 1949 | 5 |
| 1924 | 6 | | | 1950 | 3 |
| 1925 | 3 | | | | |
| 合计 | 26 | 合计 | 81 | 合计 | 61 |

资料来源：海南省地方志办公室编：《海南省志·文化志》，南海出版公司2009年版，第816—834页；麦穗：《民国时期海南岛报刊目录简编》，载政协海口市委员会文史资料委员会编《海口文史资料》（第五辑），1989年版，第54—61页。

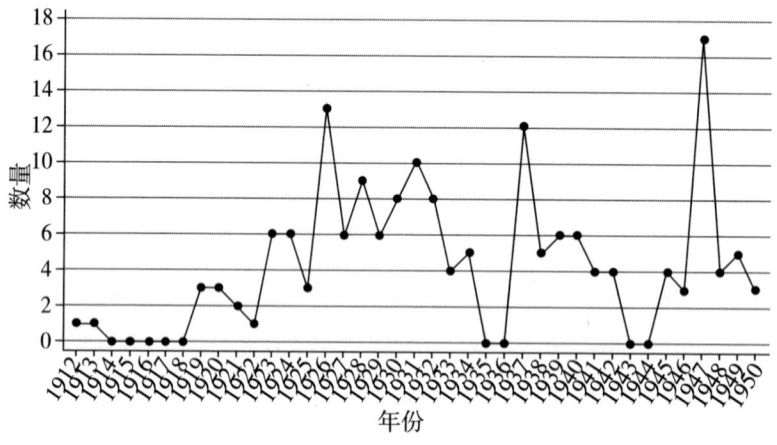

**图 0.1　1912年至琼崖解放报刊数量分布走势图**

从表0.1、图0.1中可以看出，琼崖报刊发展的高潮节点有1912年、1926年、1937年、1947年、1950年五个年份。其中，1926年为国共两党正式进入琼崖、岛内国共第一次合作及岛内第一份国民党党报《琼崖民国日报》正式创办之年；1938年为岛内抗日民族统一战线正式成立、岛内国共第二次合作及国民党当局允许中共报刊正式公开发行之年；1947

年为日本投降后包括国民党和民营在内的岛内报刊的一种报复性复苏（复办和新办）之年；1950年是本书时间下限，人为截止的，而1912年是自然截止的，之前没有，为民国肇建年，也是琼崖近代报刊正式出现之年，故很重要。因1947年距离1950年太短，不好单独成段，最终，本书主要以1912年、1926年、1938年三个在琼崖新闻史上具有重要意义的年份为划分依据，把琼崖民国时期大致分为三段：1912—1925年、1926—1937年、1938年至解放。另外，作为特殊时间节点，1912年、1926年前后、1938年前后都是报刊活跃期。对三个时间段的报刊出现情况进行大致分析后发现，各个时间段报刊情况并非均衡，呈现出一定的历史特殊性。从各段时间和报刊数量来看，三段中，第一段（1912—1925年）时间最长，但报刊数量却最少，为26份；第二段（1926—1937年）时间最短，但报刊数量最多，为81份，乃至接近于其余两段的总数。那么，由此引出的第一个问题是，为什么琼崖直到1912年才有第一份近代报刊，有什么制约条件？第二个问题是，为什么1912—1925年中的报刊数量如此之少，且集中出现于1912—1913年、1919—1925年两头呢？

琼崖报刊出版地分为本岛和岛外（旅外琼籍学生居住地），见表0.2。岛外有广州、上海、南京、北京和香港，主要以广州和上海为主，且时间集中于20世纪20年代。岛内以海口（现在的海口设置于1949年4月，这里出现的海口多为解放后记忆中的琼山，故实际上应为民国时期的琼山）、文昌等琼崖北部地区为主，数量呈现出由北自南渐次递减的趋势。其中，岛内统计中的"不详"多为琼崖共产党组织创办的。因为战时党组织办报条件差，流动性强，且出版的报刊只署单位而不具地址。由此引出的第三个问题是，为什么琼崖报刊曾较大规模地出现于岛外？第四个问题是，为什么琼崖岛内报刊集中于北部的海口、文昌呢？

本书的革命报刊包括从民国初期国民党创办的《琼岛日报》，到20世纪20年代的旅外琼籍学生报刊，再到抗日战争期间琼侨回乡服务团创办的《团刊》，等等。当然主体部分仍是琼崖共产党创办的各类报刊。非进步报刊则为国民党系统报刊，以及校刊、商业类等非官方类报刊。通过表0.3发现，整个琼崖民国时期，革命报刊团体中，共产党创办的报刊和旅外琼籍学生及琼侨报刊总数大体相当，但革命报刊数量超过非进步报刊是显而易见的。由此引出的第五个问题是，为什么琼崖共产党领导的革命报刊会大大超越非进步报刊？

表0.2　1912年至琼崖解放报刊出版地分布统计

| 岛外 | | 岛内 | | | |
|---|---|---|---|---|---|
| 广州 | 10 | 海口 | 62 | 昌江 | 1 |
| 上海 | 7 | 琼山 | 5 | 琼东 | 4 |
| 南京 | 5 | 文昌 | 6 | 琼海 | 1 |
| 北京 | 1 | 澄迈 | 2 | 乐会 | 2 |
| 香港 | 1 | 琼中 | 2 | 定安 | 1 |
| | | 崖县 | 1 | 乐东 | 1 |
| | | 美合 | 1 | 不详 | 55 |
| 合计 | 24 | 合计 | | 144 | |

资料来源：海南省地方志办公室编：《海南省志·文化志》，南海出版公司2009年版，第816—834页；麦穗：《民国时期海南岛报刊目录简编》，载政协海口市委员会文史资料委员会编《海口文史资料》(第五辑)，1989年版，第54—61页。

表0.3　1912年至琼崖解放报刊政治属性统计

| 政治属性 | 革命报刊 | | 非进步报刊 | | 不详 |
|---|---|---|---|---|---|
| | 共产党报刊系统 | 非共产党报刊系统 | 当局报刊 | 非党官方 | |
| 统计 | 47 | 42 | 26 | 27 | 26 |
| 合计 | 89 | | 53 | | 26 |

资料来源：海南省地方志办公室编：《海南省志·文化志》，南海出版公司2009年版，第816—834页；麦穗：《民国时期海南岛报刊目录简编》，载政协海口市委员会文史资料委员会编《海口文史资料》(第五辑)，1989年版，第54—61页。

## 第四节　资料来源与研究方法、研究步骤

### 一、资料来源

之前琼崖新闻研究的不足，一方面由于史料保存与发掘稀少，另一方面也反映出我们对此研究的重视程度不够。因为如果足够重视，搜集整理相关史料自然会千方百计地进行；而越不重视，则相关史料越易被废弃、被忽略，最终越难被搜集到。这是史料保存与使用的一种恶性循环。所以，笔者非常赞同张力先生的观点，即如果某领域研究到目前为止没有较好成绩，"史料和研究方向、方法的难于掌握"是主要原因。[31](12) 史料的获取是开展相关研究的第一步，为此，本研究对琼崖史料，尤其是报刊史料进行了一次大范围的排查。现已基本上搜集全了目前已知且能找到的相关史料。目前有关琼崖报刊史料的归宿，一是存放于海南省档案馆——因不是海南省图书馆，所以给相关研究带来诸多不便。近年来相关部门档案管理政策日益收紧，加上海南省档案馆的档案建设工作还未完全系统化与电子化，查档非常不便。二是少量存放于广东省档案馆，而更多的则是保存于广东省立中山图书馆。目前已把该馆能查到的有关民国琼崖的报刊仔细查阅了一遍，获得了包括《广东省立琼崖师范学校概览》《广东省立琼崖师范学校概览复校周年纪念特刊》《建军报》《琼崖新民主报社来往稿件》《新民主报》等比较重要和珍贵的学校教育和革命报刊资料，这对研究琼崖文化生产和琼崖党组织的新闻业意义重大。

本书所使用的资料性质，主要为两方面：一是微缩胶卷。如国家图

书馆中的《琼崖民国日报》。其中1935年和1936年的较为完整，还有1937年6—7月，1946年5月、11月、12月，1947年1—8月。需要说明的是，显示有的月份也大多不齐全，比如1947年3月，就有1日、8日、10日、11日、16日、20日、24日、26日、30日等九天没有。由于1935年的相对齐全，所以被使用得较多，还有广东省立中山图书馆中的《世纪晚报》《新琼崖报》等，遗憾的是，大都只有部分年月的零星几张。第二是档案馆和图书馆的珍藏纸质文献。如海南省档案馆的《琼崖红旗》《新琼崖评论》《琼农》等，及广东省立中山图书馆中的《布尔塞维克的生活》《列宁学校》《琼崖青年》《琼崖通讯》《琼海校刊》等一批珍贵报刊资料。

除了前面提及的各大图书馆和档案馆寻觅到的微缩胶片和纸质资料外，给本研究带来重要帮助的资料还有公开发行与出版的各类工具书或文史丛书。如《广东省志》《海南省志》，20世纪80年代为收集琼崖革命史料而出版的《琼岛星火》系列，20世纪90年代海南省党史办出版的《海南文史资料》系列，以及海南各市县出版的文史、党史资料，都是研究琼崖革命宣传的宝贵资料。

## 二、研究方法

### （一）历史文献法

由于本研究偏向报刊史，故需要查阅、发掘和梳理大量的典籍记录资料，尤其是对各种重要报刊文本的诠释和解读。通过文本细读和知识考古，以及对史料的梳理与考辨，解读作为文本的文献依托的语境和历史情境。再者通过"厚重叙事"，将重要的关节点诸如"他者"群体与事件，置放在关联场域下深度解读。"历史现场"则侧重于从史实和逻辑上梳理和搭建人物与人物、事件与事件之间的脉络。

### （二）比较研究

从某种意义上讲，本书中对琼崖国共两党的报刊业发展研究就内含比较视角。此外，作为一个区域新闻业研究个案，为检视其内部机理的独特性，并找出某些合规律性的东西，可以适当地把它与很大程度上具有可比性的另一区域进行相关比较。为此，本书在最后"结语"部分选择了将琼崖（民国时期）与地理位置和资源禀赋相近，历史背景相似度很高，与琼崖合称为祖国两大宝岛的台湾（日据时期）的报刊业进行一些粗陋的比较。

## 三、研究步骤

本书时间跨度为 1912 年至琼崖解放。围绕民国的政治场、经济场、文化场等与新闻场之间的动力学及关系主义的角度展开论述。由于之前隶属广东的事实，所以在分析过程中会不时地把琼崖新闻场置于广东的大场域中论述。

首先，需要完成对琼崖民国报刊史的梳理。系统梳理包括国民政府系列、旅外琼籍学生系列、琼侨系列和共产党系列的报刊。国民政府系列主要是以《琼崖民国日报》为主，配合《广州民国日报》《澄中校刊》《文中校刊》等执政党宰制下的各类刊物；琼籍学生系列主要以《琼崖旅京同乡会特刊》《广州琼崖学会会刊》《琼东》《琼崖留沪同学会会刊》《新琼崖评论》《琼崖学生》《琼崖新声》《国立暨南大学琼崖同学会会刊》等为主；琼侨系列由于目前还没有发现完整刊物，以二手资料为主；共产党系列主要以《琼崖红旗》《新民主报》《建军报》等为主。

其次，如果说梳理琼崖民国报刊史是经的话，那么于琼崖报刊中运用"场域理论"则是纬。民国琼崖因海岛性质而具有一定的孤立性，但又有琼侨、旅外琼籍学生等与岛外保持着较为密切联系的多个渠道，这种具有历史的、经验的、关系的、动态的社会生态结构特点，与适合描述具有某种程度自主性和自己运作逻辑小世界的场域理论很是契合。为展现特殊区域琼崖新闻业的演进脉络，把握其新闻历史独特的运行规则与逻辑，窥视新闻场与政治场、经济场、文化场等主要几个密切相关场域之间的互动空间运动，立体化呈现出琼崖新闻业独具特色的生态结构，场域理论是一个较为理想的理论工具。

布尔迪厄给场域理论操作制定了三个步骤：一是要对应地分析场域的位置和权力场；二是要绘制出场域中争夺权威性或合法性位置的占据者之间关系结构；三是分析社会行动者的惯习。[32](93) 本书在考察琼崖各个时期的报刊时，大体上遵照了布尔迪厄设定的操作路线图行走，整体思路是把琼崖不同历史阶段的新闻场时时置于不同历史阶段的政治场、文化场和经济场的制约机制中。如第一章解析琼崖近代报刊为何未在清末出现，是从政治（政党）、文化（传教士和岛内学校）、经济（外商和本土商人）等角度进行考察的。第二章分析岛内近代报刊的出现与发展滞缓，也是从尽管出现了第一份政党报刊，但因割据军阀的残酷压制而致发展空间严重受限，以及旅外琼籍学生报刊因文化资本优势开花于岛外，却因政治原因无法开花于乃至香于岛内等方面论述的。在第三、四章分析琼崖国共两党报刊较量的过程中，同样贯穿着这个思路。把从属政治场的新闻场置于其中进行分析，共产党组织创办的革命报刊在1938年之前与之后处于完全不同的新闻场位置。分析各个时期的新闻场位置占据者的关系结构与类别，还包括研究新闻次场域——琼侨报刊、旅外琼籍学生报刊、革命报刊等——中的传播结构与机制。而第五章中有关历史关系身体化、社会化的惯习，则是从建构主义的角度分析琼崖新闻场中的语言是如何建构社会他者的。本书始终把政治资本与文化资本置于重要位置。琼崖新闻业的真正内生力量是入琼后的革命政党，故本书重点分析国共两党在琼崖力量此消彼长的历史语境中，二者在琼崖新闻场中的博弈过程。同时，对为外部嵌入力量，助力革命报刊场域，促进了琼崖新闻业的进步与发展的旅外琼籍学先报刊和琼侨报刊，也给予了必要关注。

## 第五节　核心概念：报刊、场域等

本节对本书涉及的核心概念做必要的解释与说明。

### 一、报刊

需要说明的是，本书讨论的"报"和"刊"并非今天严格意义上的"报"与"刊"。如果按照当今对"报"的认识，民国琼崖时期的好多"报"只能算作"刊"，乃至小册子。当时民众对报刊并没有非常鲜明的区分观念。正如潘贤模所言："我们不能以今日的眼光，依据刊期的条件"，来对待以前特殊历史时期出现的"报纸"。新闻史大家方汉奇先生亦认为，"精确地阐明报纸的特性及其和杂志的区别，那是新闻学在中国认真开展研究以后的事了"。对于19世纪突然开始传入我国的报刊，赵晓兰甚至认为彼时"中国人根本不知道近代报纸杂志为何物"。[33]再者，由于琼崖党组织根据地条件简陋等，许多革命报刊时断时续，且期刊的信息功能与报纸类似，大家对报与刊的看法基本上是含混合一的。故，本书的"报刊"，是对民国琼崖时期的"报"或"刊"的统称。另外，根据《布莱克维尔政治学百科全书》中对"革命"的解释为，"通过使用暴力或令人信服的暴力威胁推翻政府（或政治制度）"[34](656)，现对本书涉及的一些报刊概念予以界定：近代报刊为鸦片战争后产生的新式报刊业；琼崖报刊包括在琼创办或岛外以琼籍人士为主体办的报刊；当局报刊即指民国统治者所办的报刊，因历史时段不同而不同，1922年的琼崖当局即是邓本殷军阀集团，1930年的琼崖当局即是国民党政府；革命报刊指为反抗当局专制统治而创办的各种报刊，包括民初反抗袁世凯政府的《琼岛日报》，旅外琼籍学生报刊和琼侨革命报刊，主体是中国共产党在琼崖创办的各类报刊；非进步报刊为革命报刊的对立面，除了国民党反革命报刊外，还包括在政治上大体持中立或模糊态度的校刊、民营报刊等非官方报刊。

## 二、场域

民国琼崖区域体系特殊，与广州、上海、香港、南洋等地密切联系的同时，又保持着一定的独立性、封闭性，由于其内部具有琼侨、琼籍学生、特委等与众不同的复杂性因素，且时间上具有延续性。但在一定程度上又受到广东政局和南洋经济的影响。这种受外界影响但又保持一定程度独立的区域特征，很大程度上符合法国著名社会学家布尔迪厄（Pierre Bourdieu）场域概念描述的关系主义特征。布尔迪厄认为场域是"在各种位置之间存在的客观关系的一个网络（network），或一个构型（configuration）"[35](133-134)，是社会世界中具有某种程度自主性，又有自己运作逻辑的小世界；是一个"具有自身逻辑和必然性的客观关系的空间"，诸如政府机关、商业组织、文化教育、新闻媒体等都是场域中的位置占据者，或说网络中的"节点"。场域是围绕某种特定资本而组织的结构化空间[36](136)，也是事物存在、运行与互动的一般性社会空间。其中，若干密切关联的场域积聚成一个权力场。布尔迪厄认为权力场就是一个类似牛顿力学场中的真正环境，不过其力量形式是通过行动者的心理动机表现出来的。[37](15)作为一个用来脱离对社会世界模糊指涉的概念[38](262)，场域中各位置间的状态取决于各自的权力与关系，即位置占据者拥有资本的多寡与权重。场域根据占据者拥有的资本构成情况，具有多样性与分层性。场域的不固定性与竞争性，意味着存在多元场域，因此可以细分出诸如政治场域、经济场域、文化场域、新闻场域、哲学场域、文学与艺术场域等小场域。这些场域具有同源性特征，即它们的运行逻辑和关系类型都是相似的。各场域间存在互相依存和交换的关系，但也存在主导与被主导的属性结构特征。场域间具有位置等级差别的主导者的优势来自其占有资本的体量与构成。基于资本又生产资本的各场域，不仅具有一定的边界，其运作也具有程度不一的自主性，而且不可化约为其他场域的特性。换言之，依据自律程度的不同，有些天生具有他律性强特点的场域更为基础与强大。其中政治场域最不自主，而对其他场域形成他律；科学场域相对来说最自律、自主，即最不易受其他场域他律；其余的自主性居中间。本书围绕不同历史时期与琼崖新闻场他律强弱的政治场、文化场、经济场等几个主要场域关系结构，尤其是琼崖党组织和革命报刊与当局的各种场域力量竞争，立体化地部分还原琼崖革命报刊成长史，进一步推进琼崖革命史和报刊史研究。

## 三、资本

布尔迪厄概括的三种基本资本类型，依重要性排列为：经济资本、文化资本和社会资本。经济资本是可以直接转换成物质性金钱，以私人产权形式制度化的一种资本。文化资本是以身体"性情"、客观产品、体制制度三种形式存在的资本。或者说，文化资本具有身体思想（认知）、客观产品（实物）、体制（制度）三种存在形式。身体形式是指个体表现出的认知文化，产品形式是个体用客观物质表现出的实物文化，体制形式是国家社会层面承认的制度文化。认知文化是个体最为精髓的文化资本，可以熏陶后代，但无法客观化继承；实物文化可以脱离个体而继承与交易；制度文化乃国家对文化资本的保护与再生产。社会资本是由社会义务或联系构成，为实际或潜在的占有相关资源的集合体，也是期待能得到回报的社会关系投资。[39](3、6、14) 其分析对象既可以是社区的，也可以是经济或政治的。[40](18) 土地革命时期琼崖党组织通过开展对贫农、雇农、工人、学生、兵士团丁等各种民众运动，许诺政治保证和各种建设与改革，从而获得了嵌入社会网络中的各种资源——社会资本。布尔迪厄后来又加上一种通过感知范畴或者误识"资本占有和积累的任意性"而成的象征资本（符号资本）。[41](161) 象征资本是用以表示行动者声誉或威信影响力的一种积累性资本，是一种信誉资本、荣誉资本、信任资本。故而有人把象征资本称作可以通过感知而把握的表征性资本（reprensentational capital），其他资本为客观性资本。[42] 由于象征资本是对前三者资本的抽象化形式，故布尔迪厄的基本资本种类依然是三种。

布尔迪厄对资本理论最大的贡献是，实现了并深化了源于马克思"一种以物为媒介的人和人之间的社会关系"[43]"资本化的剩余价值"[44]的有关资本概念。布尔迪厄认为，除非引入一个超越经济学理论层面上的新的资本概念，否则直接对社会世界的结构与功能加以解释是不太可能的。他把经济资本视为纯功利性质的商品交换，而把其他非功利性质的交换视作经济资本的"变容"，那么文化资本与社会资本就是另一种形式的经济资本。[32](124-125) 除了经济资本是物质性存在外，文化资本、社会资本、象征资本等均为非物质性存在，且各类型资本间存在着难度不一的转换率，而转换率的大小与难易程度则视各资本的重要性而定。

尽管布尔迪厄的资本概念"开拓了我们的社会学想象的边疆"[45](109)，但可能还是无法完全解释清楚封建社会和威权主义社会中的资本构成与运行逻辑。根据资本构成与体量的多寡情况，布尔迪厄揭开了现代资本主义社会中等级与不平等的深层奥秘，如拥有经济资本和（或）文化资本的群体是统治阶级，但又指出，相对于商人巨贾，知识分子又是统治阶级中的被统治阶级。实际上，权力的来源除了经济资本和文化资本、社会资本外，还有更为重要的政治资本。从理论上讲，权力主体有国家、社会组织和个人三种，但在集权政治体制中，权力主体特征更多的是体现于国家层面上，一切组织和个人都被支配于垄断了政治资本的国家权力之下。换言之，在集权国家中，政治资本表征的权力形式最为权威，是其他权力形式的元权力，也是所有资本种类中最值得拥有的资本。"政治资本指政党和政权所提供的身份、权力、资源以及由此而来的威慑力、影响力。"[46]与个人的政治资本为党员身份或居政党中的职位高低不同，一个政党的政治资本大小视该政党与群众情感距离的远近而定，即受群众爱戴程度表征着政治资本丰厚度。为此，争夺群众的信任和支持就成为政党毕生致力追求的目标。尤其新生政党初创时必须表明与群众生命一体，荣辱与共，代表群众利益，为群众而诞生的政治目的。后来，布尔迪厄可能意识到了缺少政治资本是个很大的缺陷。他发现在官僚国家里，存在一种各个场域都争夺的对象——"国家资本"（statist capital），它统治所有的场域以及在这些场域中流通的各种资本类型的权力形式，发挥着"元资本"的作用。[36](159)这里的国家资本即是政治资本。尽管布尔迪厄采取了一些补救措施，但政治资本在其著述中不太受重视是个不争的事实。原因可能与布尔迪厄所生活的社会政治制度有关。20世纪上半叶资本主义社会中的法国，社会政治较稳定，资产阶级与无产阶级间的矛盾与对立较为缓和或说隐蔽，行业分化更为多样复杂，而科技、文化、教育等方面变革的重要性逐渐凸显，生产关系的私人占有制加强了经济资本的社会构成结构与比重。故而经济资本一直占据着布尔迪厄研究中的主导位置。

  布尔迪厄于欧洲发达资本主义社会中得出的资本理论，不仅分类标准不具有普遍性，就是具体资本范畴的蕴意也有待修正空间。按照布尔迪厄的观点，经济资本是资本之首，是最高统治阶级的必备资本，但根据伊万·撒列尼（Ivan Szelenyi）对18世纪至19世纪中叶沙俄统治下的波罗的海德语人群大起大落的非凡经历研究表明，毫无经济资本优势且数量明显弱势的波罗的海德语人群照样可以获得令人艳羡的政治权力和社会地位。由此可知，经济资本并不是在每一个社会/群体的支配地位中都必须占据优势位置。另外，布尔迪厄的资本理论也没有对阶级或族群间权力关系的变化机制做出明确的说明。[39](147-170) 其他一些学者也同样意识到了这点。如约翰·罗默（John Roemer）和埃里克·赖特（Erik Wright）就认识到布尔迪厄的文化资本理论在社会主义条件下无法解释因生产资料的私人占有权消失而带来的剥削矛盾问题，开始用"技能资产"（skill assets）取代文化资本概念。[39](296-329)

由此可知，经济资本绝对主导的观点似乎只适应于资本主义社会，这在近现代中国报刊生产逻辑中同样可以得到验证。曾虚白认为，我国近代报业只有两条道路可走，除了在经济上有固定补助或津贴的"政治性报纸"外，就是时刻谋求经济独立的"营业性报纸"。但是后者限于政治及社会环境，成效不大。[47](352) 李金铨教授则认为我国近代报刊存在三种主流报刊范式，分别是突出文化资本的专业报，突出经济资本的商业报，和突出政治资本的政党报。但各自并非绝然分割开来，如基于"强烈的国家主义倾向"的"儒家知识分子"作为文人论政主要工具，以《大公报》为典范的专业报[48](15-18)，不独区隔文化资本，还兼有政治资本。而以政党报为主干的民国中期国共两党报刊体系，加重了全国范围内资本在报刊体系中的不均分布，"最有权势"的政党报凭借垄断着至关重要的政治资本而在商业报不发达、专业报薄弱的新闻场中取得绝对地位。在民国集权社会中，政治资本的重要性绝对超过布尔迪厄强调的经济资本。从属于文化场的新闻场严重被他律化于政治场。如《琼崖民国日报》凭借对政治资本的垄断，进而对媒介的经济资本，通过对各类公告（广告）行政化予以垄断。"依现行法规，凡法权广告须登内政部发给登记证之报纸，始能历史生效。本报悠久，早经中宣部及内政部登记发给登记证，有案经历各界认定本报为刊登法律广告绝对有效之报纸，如有业权买卖典当承顶催租声明辩诉遗失证件及缔结婚姻等项之法权广告，请登本报，绝对保证于法律上发生效力，希为注意。"[49](1946-11-14:1) 政治资本严重不均等分布可在表0.4统计的民国中后期媒体情况中体现出来。

**表0.4　1943年全国报社通讯社背景统计表**

| 背景 | 报社数 | 通讯社数 | 合计 |
| --- | --- | --- | --- |
| 国民党 | 330 | 34 | 364 |
| 政府 | 99 | 12 | 111 |
| 军事机关 | 30 | 2 | 32 |
| 党政合办 | 17 | 5 | 22 |
| 私人办（领有津贴） | 124 | 67 | 191 |
| 私人办（未领津贴） | 26 | — | 26 |
| 共产党 | 165 | 75 | 240 |
| 不明 | 1 | — | 1 |
| 总计 | 792 | 195 | 987 |

资料来源：方汉奇、王润泽、郭传芹主编：《民国时期新闻史料续编》（2），国家图书馆出版社2017年版，第13页。

布尔迪厄根据多年对教育体制的深度批判，为与经济资本相对而提出文化资本，后者在其资本理论中占有十分重要的位置。社会不平等根源乃资本的不平均分配，各人获取途径和能力不同。从理论上说，资本的占有与运用是同构的，强资本拥有强运用能力。但场域的魅力之处在于变化性，打破静止状态场域构成的是行动者之间资本的此消彼长。而资本的消长表面上是占有，实际上是运用，即资本消长是动态运用后才成实际静态的占有。这至少说明了两点：一是运用先于占有；二是占有了不等于会运用，不然场域就静止不变了。所以，英国拉夫堡大学的格雷厄姆·默多克（Graham Murdock）认为，研究文化资本之前可首先考虑文化能力，这种能力不仅包括储备文化资本的知识，掌握与使用文化资本的消费知识与技能，更重要的是利用文化资本知识与技能获取地位的能力。[39](97-98) 很明显，默多克在此强调，场域中行动者拥有竞争的资本固然重要，但如何拥有及如何调用这些资本则显得更为重要。所以，一种资本的获取或保持还须要有一种对应的能力，如文化资本对应文化能力，政治资本对应政治能力，经济资本对应经济能力，社会资本对应社会能力。客体化文化资本可以通过买卖来实现，体制化文化资本取决于体制的稳定与否，而最本质、最有文化运行能力的身体化文化资本在很大程度上不如前二者的明确化。由此可知，有丰厚文化资本表现的并不一定具有很强的调用文化资本的文化能力，而较弱文化资本表现的可能具有较强的文化能力。就如新生的琼崖共产党，尽管初期的政治资本、文化资本不占优势，但具有很强的政治能力和文化能力。资本运用能力是分析资本占有的一个重要维度。

### 四、中国共产党琼崖地方党组织

共产党在琼崖最重要的政治组织是琼崖特委。琼崖最早的共产党党支部是随同国民革命军渡琼的中共党员王文明等，于1926年2月在海口成立的中共琼崖特别支部委员会（简称"琼崖特支"）。是年6月召开的中共琼崖一大会议，选举产生了以王文明为书记的13人组成的中共琼崖地方委员会（简称琼崖地委）。1927年6月，琼崖党组织在乐会县召开紧急会议，将琼崖地委改为中共琼崖特别委员会（简称"琼崖特委"）。该会议还做出了成立琼崖特委军委、县委和琼崖讨逆革命军的决定。此届特委领导了于1927年以建立陵水苏维埃政权为代表的土地革命第一次高潮，打响了全琼武装总暴动的第一枪。1930年特委在母瑞山召开中共琼崖四大会议，选举产生了以冯白驹为书记的新特委。该届特委领导了琼崖土地革命的第二次高潮。1947年5月，中共琼崖特委召开五大会议，琼崖特委改为琼崖区委员会（简称琼崖区党委），隶属中共中央和香港分局领导。[50](11-22)

共产党在琼崖的军事组织是琼崖纵队。琼崖纵队的历史沿革是：琼崖讨逆革命军（1927年7月）—琼崖工农革命军（1927年11月）—琼崖工农红军（1928年2月）—广东省民众抗日自卫团第十四区独立队（1938年12月）—独立总队（1939年3月）—独立第一总队（1939年8月）—独立纵队（1944年）—中国人民解放军琼崖纵队（1947年）—中国人民解放军海南军区（1950年）。[51](50-51) 由于琼崖共产党实行党政军一元化领导，故本书所指的党组织为中国共产党琼崖地方党组织。

第一章

清末近代报刊
出现的可能性

我国著名新闻学者、复旦大学宁树藩先生把辛亥革命前后的报刊大略分为五类：官办报刊、他政党和政治派系报刊、商业性报刊、科技文化教育报刊以及外国人在华报刊。认为这五类地域线路相互交叉，又各自流向的结构多元化报刊，是各种社会力量综合运动的结果。[52](126) 清末民初动荡的国内政治，发展不平衡的地方经济，加上本就优劣不一的地理条件，报刊这个外来新物种进入，自然有着不同的运动轨迹。既然试图探寻1912年前琼崖报刊可能的"蛛丝马迹"，则不妨参考宁先生的分类模式来一一对照。朝廷督办的官办报刊自然不属于琼崖报刊可能范畴。本章将分析剩余四种报刊在1912年前出现于琼崖的可能性，并追问制约近代报刊出现的因素条件。

历史上第一份中文报纸《察世俗每月统记传》和国内创办的第一份中文报刊《东西洋考每月统记传》，创办者都是西方传教士。有学者研究发现，"各地出现的第一份报刊大多是在华的外国传教士创办"[53](5)。如此说来，把新事物报刊这颗火种带入我国的传教士，确实值得新闻史一书。值得注意的是，作为西教东进中国主要工具的传教士报刊，其最早传入中国的路线正是从马六甲经南海航线输入，而琼崖就处于这条线上。那么通过考察琼崖传教士的活动轨迹，应该对清末民初有关早期琼崖报业发展可能的探讨有所帮助。

## 第一节　传教士活动角度的分析

清末民初海南岛上最重要的两个传教士支派是法国天主教和美国北美长老会。[54](1)天主教于距今约400年前的1630年,就传入了海南岛,而基督教则是1881年传入的。[55](476、498)一个有意思的现象是,虽然天主教进入中国比基督教早很久,但前者的文字事工历来很弱,报刊创办也明显弱于后者——中国第一份中文报刊的创办者即为基督教徒。据马光仁对上海天主教报刊研究发现,虽然天主教比基督教传入上海地区早许多,但在鸦片战争前,一直处于隐身状态,谈不到报刊活动。[56](54)罗文达统计出,至1917年,天主教报刊只出现在以北京、天津、上海为主的10个城市中,其中广东是香港(2份月刊)和澳门(1份月刊)。[57](11)方汉奇先生也认为,组织严密,行动统一的天主教初期活动以吸收教徒为主,在文字布道和宣传教育方面没有基督教重视。[58](49)天主教活动进入中国尽管最早,但自清中期以来一直秘密"蛰伏",应与他们对分别于1784年和1805年遭受的两次大搜捕心有余悸。[59](129、134)朝廷的禁教政策迫使在华天主教低调隐秘生存。当然,天主教对琼崖的传教事业似乎也不太重视。1851年,琼崖年轻的天主教神父马逸飞(Jacues-Auguste Maifait)被文昌人打死。[60](65)早期琼崖民众对传教的"排斥"及琼崖孤岛地域的限制,让天主教对琼崖的传教事业未投入大量人力与资源。清末民初琼崖天主教归广州天主教主教区管辖,由后者派一位修女在琼山县府城镇主持传教。其传教人员很少,一般只有一两位。真正有点规模是20世纪20年代末,1929年才扩展至12人规模。[55](478)

与香港等同属南部沿海区域，基督教为什么没有在1881年之前进入琼崖？或者问，同样处于南海航线上，为什么传教士最终选择马六甲和香港、福州这样的地方作为据点，而不选择琼崖呢？

　　其实19世纪初期，基督教未考虑琼崖为据点的首要因素自然是政治。马六甲作为第一份中文报刊创办点，主要归因于清政府实行的闭关锁国政策，虽然当时开辟了广州为唯一通商口岸，但严禁传教士活动。马礼逊（Robert Morrison）被赶出广州后，希望"在中国境外寻觅一处由某个欧洲基督教国家所管辖的地区"[61](100)，又要离中国不远，能作为总揽东南亚传教事业的"差会总部"，这样方便传教士们可以在相对短的时间内能够保持一定频率的聚会和讨论。还有一条是"这个总部还可以让患病的传教士在无法工作时，有一个养病和退休的地方"。[61](96) 后来找到的马六甲就很符合这些要求：既离中国很近，又离英国殖民地部署有兵力的东南亚和印度很近，安全系数高。另外就是那里最适合传教的对象——东南亚华侨——众多。中国首位传教士，也就是戈公振著作中提到的免费发放《察世俗每月统记传》的粤籍雇员梁亚发就是华侨。

　　其实除了清廷的禁教政策高压线外，马六甲还有重要一点——"是一个理想的休养地"[61](99)，这点让琼崖难以满足。彼时琼崖的医疗卫生条件着实难以令不远万里到来的传教士感到满意。时人感叹琼崖"瘴地也，染瘴，一病几殆，皆人所难"。这可从时为广东巡抚吴大澂幕僚的胡适父亲胡传到琼的一次经历加以注释。胡传1887年受命巡视琼崖，时间为农历十月二十一日至十一月二十二日。这一月应该是琼崖结束雨季后的好天气，但胡传不到一个月时间就因身染重病而不得不提前结束巡视工作。[62](21-22) 另外，基督教海南差会创始人冶基善（Mr.C.C. Jeremiassen），也是因为劳累过度加上染上伤寒后于1901年去世的。

　　尽管基督教于1881年才正式进入琼崖，1893年成立海南差会，但其实在此之前已有一些基督教徒在琼崖短暂停留过。德国人传教士郭实腊（Karl Friedrich August Gützlaff，1803—1851），曾冒着严禁西方传教士进入中国的清政府禁令的巨大风险，三次乘船环中国旅行传教。1831年，郭实腊从琼崖开始一直沿海北上，沿路讲道、诊病，并分发宗教宣传册、书籍等，各地"向他主动索要宗教书籍和小册子的人也越来越多，有的甚至答应帮郭实腊把这些宣传品分发给自己的亲朋好友"[63](55)。据其后来为他赢得巨大声誉的《中国沿海三次航行记》(Journal of Three Voyages Along the Coast of China, in 1831, 1832, & 1833) 一书中记载：大量的琼崖出洋民众，每年从曼谷除了购买物美价廉的米外，还会带回大量的书籍。[64](83) 郭实腊把琼崖只是作为一个临时落脚点的叙述与经历，尽管再一次把基督教关注琼崖的时间往前推了不少，但遗憾的是，其短暂的旅行，没有留下办报刊的可能。或许只能从其记录的文化活动信息中，看出琼崖与现代文化有过一次较早的近距离接触而已。

　　琼崖于第二次鸦片战争期间的1858年《天津条约》签订后被迫开埠，禁教的政治因素被消除后，那又为何之后很长时间没有出现传教士报刊呢？实际上，在1890年有过一次这样的机遇。是年，基督教海南差会获得了一台美国人赠送的印刷机。被安置在那大男子高中成立的"海南差会印书馆"（海南美华印书馆）内，但主要印刷罗马文字版的《圣经》等读物及《海南差会年报》。[60](78) 但据美国女传教士孟言嘉（Mary Margaret Moninger，1891—1950）的著作《棕榈之岛——清末民初美国传教士看海南》(Island of Palms: Sketches of Hainan，王翔译) 记载，1890年，来到琼崖的传教士们在"传教站搞起了一份印刷的报纸，报社就设在一唐姓人家的家里，并且得到了英国与海外圣经教会的代理肯缪勒先生的帮助"，后来发展成为《海南时事通讯》。[65](69) 如果这个发现得到确证的话，那无疑对琼崖近代报刊起始时间的讨论来说是个重大成果，这标志着琼崖新闻业往前推了近20年。

　　但此论断难以让人采信。原因有：一是孟言嘉的记忆可能有误。因为孟言嘉进入琼崖开始做传教士的时间是 1915 年，中间写就的该书于 1919 年由上海商务印书馆出版。虽然从 1917 年起，《海南时事通讯》由孟言嘉编辑，但 1890 年至 1915 年，中间相隔 25 年之久，难免某些地方出差错。

二是海南差会冶基善时代的大部分书籍是由美国长老会印刷所、丹麦和英国圣经公会提供的，只有教义等部分书籍在琼崖自己印刷。尤其是英国圣经公会，它承担着从 1891 年的《马太福音》到 1915 年的《路加福音》，及用琼崖话翻译《圣经》的大部分出版业务。[60](134、78) 可以看出，海南差会与英国圣经公会之间有着较为密切的业务关系。毕竟配合传教所需的《圣经》销售也是一个巨大的商业计划。创立于 1804 年的英国圣经公会，"其宗旨是致力于《圣经》的推广和销售"。清朝通商口岸陆续开放后，英国圣经公会加大了印书量，在预测太平天国运动可能会大力促进基督教发展后，更是启动了"百万本圣经"计划，最终共印制了 25 万本《圣经》，并招募大量信徒负责售书。另外，其一直对进入中国的传教士进行物质性投资，如马礼逊、米怜、麦都思和郭实腊等人就曾接受过帮助。[66](186) 1893 年，英国圣经公会资助海南差会 150 块银圆，并派遣了一名中国信徒作为售书人携带大量《圣经》进入琼崖销售。[60](78) 有英国圣经公会提供的现成书籍及相关利益所在，海南差会所需的有限传教书籍根本不需要自己动手印制。不仅琼崖地区教会资金严重依靠国外捐赠，广东其他地方也同样如此。如黄增章在《广东宗教刊物知见录》中就指出，中华基督教会广东协会的绝大部分经费是靠国外八大教会资助。[67](125) 实际上，海南差会很早就计划向西方人及传教士编写一本介绍海南岛基本情况的小手册（litter handbook），但因出版经费得不到落实而延迟至 1919 年才实现。[60](2)

三是海南差会未能成功印刷报刊，还与其人手紧张有关。据辛世彪介绍，基督教在海南岛的传教士在 1881 年的时候只有冶基善 1 名（传教士兼医生），1886年增加到4名（包括1名专任医生和3名牧师，2间诊所），再发展到1893年海南差会成立时13名。虽然看似增加了人手，但繁重工作导致人手依然不够。如医术名声渐隆的冶基善医生每天要诊治100多人，1886年甚至创造了独自诊治1万病人的纪录；1889年，冶基善在那大接诊5000人，巡回治疗2000人。如此大的医务工作量，使传教士们甚至无法分身完成其最为根本的使命——给群众传讲福音。另外，还有3所学校需要管理：府城有1所男校、1所主日女校，那大有1所男校。[60](7)不仅如此，海南差会成立当年，冶基善因与其他同工意见不合而独立出来，内部发生变故，力量进而被削弱了。黄增章发现，广东各地传教士"大都着力于开拓宣教区，设立教堂和吸收教徒，由于人员少，各种环境相对不稳定，故大都无余力从事编印刊物来作为宣传，布道的方式以聚众演讲和散发圣经、小册子为主"[67](125)。

四是编印一份连续出版物，还需要考虑准备一批编辑人员和撰稿人作基础。台湾教士会于1881年获得了史上第一台近代印刷机，巴克礼（Thomas Barclay）牧师利用回国休假间隙，专门去印刷厂学习印刷、检字、排版等印刷基础技艺，所以能在1884年回台后即开始了印刷工作。[68](408)而琼崖"传教先驱冶基善"[60](133)于1881年才正式进入琼崖传教，目前还未发现他曾有专门学习印刷技艺的经历资料。以至于有人说，当时广东的基督教刊物"绝大部分是华人教徒为主干，撰稿人也是华人教徒占绝对优势，西教士不过管其大要，或干脆徒挂虚名而已"[67](125-126)。

另外，尽管琼崖传教士于1890年获得了一台印刷机，但并没有印刷中文书刊所必需的中文活铅字。这种情况并非琼崖特例，同时期国内有印刷机但缺乏中文活铅字的地方很多。如1869年，宁波"英国圣公会差会书局"得到了第一台印刷机，因没有中文活铅字而无法印刷中文书刊，只能用来印刷罗马注音字母的小册子和用于布道的传单。另外，距离海口1000公里的汕头英国长老会书局，同样因为没有中文活铅字，即使到了

1893年，还只能依靠福州的卫公理主教团书局提供中文刊物。而福州的卫公理主教团书局是当时国内基督教印刷中心之一，其资产将近2万美元，印刷设备包括9台多种型号和品牌的了印刷机，其中中文活铅字有6套。[69](64-67) 所以，琼崖传教士虽然获得了印刷机，但还缺乏印制中文报刊的必要条件，只能印刷罗马文字的《圣经》和向上级报告的《海南差会年报》。罗马文字的《圣经》应该是传教士所用教材之类，教徒自然无法使用；《海南差会年报》是给美国人看的，自然是英文版。

  琼崖传教士人数不多，力量单薄，如果创办报刊，势必更多可能是依赖于学生和地方信徒。鉴于报刊编辑的较高技术要求，学生也只能做一些简单的辅助性工作，如高中部男生曾帮助印刷过《海南话罗马字》(*Hainanese Romanized*)。[60](115) 相对于学生，琼崖信徒们的素质可能较低，如需帮忙进行文字布道工作，也是经过较长时间的学习之后。这与1915年进入琼崖的女传教士孟言嘉对当地教育状况的发现相吻合。"这里的人们绝大部分无论如何都没有接受教育的机会。"[65](102) 鉴于教育与文字事工的密切关联，如果教会学生众多，有大量书刊的需要，也可能会促使海南差会考虑印刷报刊，或者想办法置办一套中文活铅字，进而较早开启琼崖报刊历史。但彼时学生并不多。至1887年，那大学校学生14名，1893年65人；女校1897年学生9人。[60](10) 可以推知，海南差会传教士们繁忙的医务工作和教育工作，难以匀出人力和挤出时间去印制报刊，仅仅是教义类的书刊需求并不足以形成对于印刷机的强烈依赖，当须向外界寻求帮助时一封信就可以解决的事，自然没必要花费大量人力物力。其得到了虽是琼崖史上第一台印刷机，但并没有得到最好的利用。可以说，1912年前的琼崖传教士虽然曾有机会开创琼崖近代报刊事业，只因条件不够成熟而未遂。

## 第二节　商业角度的分析

　　政治禁令解除前，琼崖不被传教士注重，实为不可抗拒因素，全国各地几乎一样。除了一直作为唯一通商口岸的广州，有传教士暗度陈仓"走私"外（《东西洋考每月统记传》是1833年，《各国消息》是1838年），其他地方如香港的《遐迩贯珍》（1853）、上海的《中外新报》（1857）都是当地被迫开埠、政治禁令解除后创办的。周振鹤教授从一封1890年美国传教士范约翰（J. M. W. Farnham）提供的中文报刊目录中发现，从1815年至1890年，从鸦片战争正式陆续开埠起，共计76份报刊（包括出版地为国外）的分布状况，国内分别为：香港7份，宁波2份，上海33份，广州5份，北京1份，汉口5份，福州3份，厦门3份，天津1份，台湾1份，汕头1份，九江1份。[70](68-70) 从中可以得知，除了天津和北京外，大部分是南方，且从数量上论，重心明显为华南和江浙一带。宁波以上海为中心，福州、厦门和汕头以广州为中心，九江以汉口为中心。最终大致上形成了上海、香港、广州、天津、汉口等五报业基地格局。[52](114) 这说明了传教士报刊进入中国后，遵循着沿海至沿江，由东向西，由南往北的分流路线。交通条件的重要性在此得到进一步确认。

　　在马礼逊选择马六甲的诸多理由中，还有重要一点就是，马六甲恰好处在来自南洋和广州之间英国商船航行线上。交通便利使得马礼逊能把在马六甲印刷的报刊通过密集运行的定期商船，运到广州后转输入内陆。台湾著名学者张朋园认为，报纸、杂志、无线电、电视等交通（communication）是狭义之说，还有如海上、陆上、空中交通，电讯设备等泛指之义，并强调交通与经济发展，尤其是区域发展的重要关系。[71](310)对于讲究速度和时效的新闻而言，交通自然是一个重要制约因素。所以，应该把交通因素归入经济场中考察。

外国人办报刊，除了传教士就是商人两个群体。而在1815—1894年之间，外国人所办的中文报刊中，传教士占七成；而英文报刊中，商人占八成。[72](506)报刊的信息功能和广告功能最吸引商人兴趣。因此，在清末开始开埠正式通商的琼崖，除了传教士，第二大办报可能的群体应是外国商人了。那为何他们也没有创办呢？

其中一个主要原因是外商人数太少。琼崖开埠后，首先对英、法、俄、美开放，继而依次对西欧各国开放。但清末的琼崖外国商行及人员并不多。[60](11)外商数量与其业务量的大小有直接关系。琼崖被迫开埠，外国人主要是觊觎其地理位置优势。对于琼崖在南海区域地理位置和国防战略上的重要性，我国台湾琼籍学者王会均曾在《海南文献资料索引》一书的"自序"中说得非常明确：海南岛"东望菲律宾，西濒东京湾与越南相邻，南控南洋群岛，北隔琼州海峡，与雷州半岛对峙"[73](自序)。所以说，琼崖的优越交通条件，是外商更为看中的。琼崖水资源丰富，河流众多，水路发达，水网密布，全岛河流皆可航行帆船与小汽轮，岛内沿岸民船帆船往来不绝。岛内岛外水路交通顺畅，四周约1500公里海岸线，每年出南洋大型帆船总数百余艘。琼崖的交通便利优势是无可置疑的，但几乎没有工业基础，孤独一岛的自然资源，可提供对外货物数量很少。这从1832年一位旅居暹罗的外国商人的言谈中可知晓一二："海南整体而言不毛之地，除了兽皮、米、砂糖之外，没有可供输出的货物。"[74](261)虽说琼崖"不毛之地"太夸张，但在一位德国著名汉学家，曾在中国海关任职的费里德里希·夏德（Friedrich Hirth，1845—1927），于1872年有关海口港的报告里，也认为琼崖的对外输出品"仅限于海南岛出产的物品和数量很少的琼州及附近的加工品"，"所有商品都属于支那的国内贸易，几乎没有属于对国外输出的物品"。从其掌握的资料中可知，吸引外商的琼崖货物并不是很多，且贸易在开埠前主要是被"福建行""潮行""广行""南行""高州行"等"五行"掌握着。[74](262)琼崖外商的贸易规模可以从琼海关与沪海关的进出口贸易价值对比中看出，前者约为后者的1/20，见表1.1。出口货物仅为岛内有限自然资源和牲畜的琼崖贸易在外国商人眼里只能算是"小生意"，自然不可能投入大量的人力驻扎于海口。

表1.1　1882—1890年琼海关与沪海关进出货物价值对比情况（单位：海关两）

| 时间 | 进出口货物 | 琼崖 | 上海 | 对比 |
| --- | --- | --- | --- | --- |
| 1882 | 输入货值 | 665013 | 24488401 | 2.7∶100 |
|  | 输出货值 | 886776 | 25680783 | 3.5∶100 |
| 1884 | 输入货值 | 1118766 | 14346107 | 7.8∶100 |
|  | 输出货值 | 1253080 | 26603194 | 4.7∶100 |
| 1886 | 输入货值 | 1532126 | 21414443 | 7.2∶100 |
|  | 输出货值 | 1400710 | 30233980 | 4.6∶100 |
| 1888 | 输入货值 | 1242910 | 29471734 | 4.2∶100 |
|  | 输出货值 | 1258498 | 32803460 | 3.8∶100 |
| 1890 | 输入货值 | 981961 | 22263116 | 4.4∶100 |
|  | 输出货值 | 935742 | 30200356 | 3.1∶100 |

资料来源：海南省地方志办公室编：《海南省志·对外经济贸易志》，海南出版社2009年版，第43页；徐雪筠等译编：《上海近代社会经济发展概况（1882—1931）》，上海社会科学院出版社1985年版，第18页。

另外，可以通过各国在海口设立领事馆时间表得知，正式开埠后，在琼外商数量规模也是不大的。1858年，清政府与英、法签订《天津条约》，海口被辟为通商口岸，1860年正式生效。当年，英国即在海口设立领事馆。虽然1861年，清政府先后与德国、丹麦、比利时、西班牙、奥地利等国签约，但后者并没有立即设立领事馆，见表1.2。在陆续设立领事馆的10个国家中，主要以英国商人为主，合计外商总数应该不超过百人。而外商人数在1915年来到琼崖的传教士孟言嘉的观察中更为悲观。其言除传教士外，琼崖外国人不超过40人。[65](45)如此规模的群体，加上外商本就占有交通便利条件——可通过频繁的商船往来形成的人际通讯和捎带岛外各种可能报刊来琼。费正清等编写的《剑桥中国晚清史》亦认为，清末中国沿海的鸦片走私快船，就有包括报刊在内的邮件运载业务。而外商向琼崖输入商品中，鸦片甚是可观。故从信息获取的角度看，无多大必要另外创办报刊满足自己的信息需求。

**表1.2　清末各国在海口设立领事馆时间**

| 国家 | 英国 | 美国 | 日本 | 德国 | 法国 | 奥地利 | 匈牙利 | 葡萄牙 | 意大利 | 挪威 |
|---|---|---|---|---|---|---|---|---|---|---|
| 时间 | 1860 | 1872 | 1873 | 1881 | 1888 | 1895 | 1895 | 1897 | 1899 | 1904 |

资料来源：海口市地方史志编纂委员会编：《海口市志》(上)，方志出版社2004年版，第25—28页。

外商量少，其在琼崖创办商业报刊营利的可能性就低，且本就不多的外商被要求全部在海口二岸之外，不允许在人口稠密的府城（琼山县）居住。这个隔离政策应该与时任两广总督张之洞有关。因中法越南之战关系，张之洞于1884年至1889年就任两广总督，为期5年4个月。作为历任两广总督中最关心琼崖的国防、资源、人民与历史文物的朝廷大员，张之洞任内于有关琼崖的第一件交涉，就是为琼山（府城）应否划归于通商口岸海口市之范围以内一事。张之洞根据李鸿章建议，"执烟台条约与争"；"英约明定'天津郡城海口作通商埠'，且有各国租界，所以划为一起，琼州府城虽非内地，然城内无洋商居住，故可分开。张氏依此再与交涉，终获胜利，故英法德等领事只设在海口市港口二岸之外，而洋商也未居府城"。[75](89、129) 而海口港在海口北部，距离府城十里。[76](72) 把外商与海口最为繁华、学校众多、商家林立、人员稠密之所的府城民众隔开，虽多少有点排外、惧外情绪作祟，但被圈地围屋的外商失去与海口民众更多接触的机会，自然在很大程度上也斩断了外商面向市民与商家创办商业性报刊营利的念想。

商人对于深具信息功能的报刊有着特殊爱好。既然外商因人数和居住地限制，失去了培育创办近代报刊土壤，那么海口本地商人为什么也无创办条件呢？海口为琼崖经济、政治、文化中心。清康熙撤除海禁之后，海运发达，商号剧增，形成了以"福建行""潮行""广行""南行""高州行"等为主的商业"五行"，并各自相继设立"会馆"。[17](13) 开埠前虽然本地商人众多，商业较兴，经济条件允许，但刚进入国内大城市的近代报刊未能深入本地商人脑海。前面已述，报刊观念甚为进步的基督教传教士进入琼崖也是开埠后的事情。开埠后海口的本地商人因业务往来关系，多少可能接触过这种新事物。但国人顽固的传统观念惯性，要接受一种全新的事物，虽然不至于完全拒绝，但至少需要一点时间。而就在这段过渡期内，他们的劲敌——外商——突然介入本是前者自留地的领域，迫使前者丢城失地，优势不再。开埠后，本地商人的业务多被外商抢走。这是海口开埠后让人始料未及的结果。1872年的夏德氏就真切地看到了国内商人面对外商竞争的压力。海南输出货物只有少量的兽皮、糖之类的土产品，而且主要是国内贸易，尽管有棉布、鸦片等物品大量涌入岛内，但是由外商垄断的。[74](263) 局限于国内贸易而无法参与到国外贸易实践中，使得海南本地商人几乎难以与外商打上交道，也就制约了前者接触到后者带来的现代报刊理念和报刊经验的可能。

从运输工具的大小，亦可测出本地商人接触外界报刊的可能。由于海南本地商人经商范围主要局限于国内，用于国内贸易的交通运输工具，自然比不上跨国贸易的大型运输工具。[75](196) 外商侵入恶化了本地商业环境，曾经风光无限的广东十三行或许是个很好的例子。[77](84-90) 本地商业恶化的后果会出现内讧，广州总商会机关报《广州总商会报》就是先例。[78](52)

外国商品的大量涌进，以及外商交通工具的改善，带来的一个意外后果是，琼崖人更方便出洋了。换句话说，外商铺就了通往南洋的便捷通道，加剧了南洋经济对琼侨的虹吸效应。据记载，1876—1898 年，前往海外（多为南洋）的琼侨达 24.17 万人，1902—1911 年，前往新加坡和泰国两地的琼侨平均每年 27000 人。[55](11-12) 琼崖人出洋历史早，原因众多，但清末海口开埠后，交通工具的改善，在很大程度上加快了往外移民的进程。见表 1.3 所示，出洋人数明显多于返回人数。这种青年劳动力的净流出，带来的一个严重后果就是琼崖田地无人耕种。这对于以农业为本的琼崖经济来说绝对是个不好的趋势。前往南洋人数逐年增多，墟市日渐萧落，有半数以上被废止，"贸易萧条，商业经营倒退"。最终导致辛亥革命后海口"五行"商业逐渐消失了。[79](112)

表 1.3　1902—1911 年从海口出洋与返乡（中国香港、新加坡、曼谷等地）人数统计

| 年份 | 出洋人数 | 返乡人数 | 净流出人数 |
| --- | --- | --- | --- |
| 1902 | 26649 | 17785 | 8864 |
| 1903 | 22429 | 19444 | 2985 |
| 1904 | 23911 | 18388 | 5523 |
| 1905 | 20472 | 18545 | 1927 |
| 1906 | 22260 | 19228 | 3032 |
| 1907 | 40701 | 19724 | 20977 |
| 1908 | 25546 | 19852 | 5694 |
| 1909 | 28013 | 19450 | 8563 |
| 1910 | 44423 | 23176 | 21247 |
| 1911 | 45831 | 26318 | 19513 |

资料来源：苏云峰：《东南亚琼侨移民史》，载《海南历史论文集》，海南出版社 2002 年版，第 203、206 页。

海口商业的兴盛状况也可通过其管理机构和组织的成立时间推算出。清末琼崖工商管理机构为琼崖道，协助政府管理海口等地工商行政管理事务的为组织会馆、公所、行业公会和帮会等民间团体。[80](6) 尽管海口商会成立于 1904 年，但至 1919 年改为总商会时，入会商家才达 400 家规模。1926 年，海口人口 4.5 万人，商家 600 余家；琼山县城内居民 1929

年 1600 人，商店 170 余家；儋县新英镇 1928 年商家 285 家。[79](12-13) 数百家的店铺经济状况自然难以引起商业人士创办报刊的欲望。作为琼崖经济中心的海口商人创办报刊的冲动，要到 1932 年。是年，海口商会委员罗雄洲为介绍工商业知识，提倡国货，创办了琼崖最早的经济专业类报纸《商业报》(三日刊)。[81](624) 其在《海口市商会月刊》"发刊词"中指出，海口为我国极南之重要门户，就其商业地位及事实而言，不仅有着国内贸易，而且具有国际贸易之资格，然海口商人却不具备国际贸易之眼光与力量。本地商人团体在应付世界千变万化浩浩荡荡的商业新潮中，眼光有限。最为明显的例子是，成立有年的海口商会，加入会员者仅有半数。即使入会者，对商会的态度也是痛痒若不相关。"凡文告之往来，议案之可否，职员办事之勤惰，经费收支之盈绌，殆皆茫然弗知。"竟多责成商会专为政府各项派款机关。1933 年，海口商会改组完成，新一届执监委员认为：

> 本会前此所有缺憾，皆由未有宣传工作，致会员与一般市民，未明了本会内容真相，及所处之地位环境，遂生出种种误会与责备，爰有编辑月刊之议。夫以成立十有余年之团体，除近来每年有收支数目表印派外，未曾有只字片词与社会相见。今当全市商业大不景气，商人正垂头丧气之日，本刊始呱呱出世，虽云吾生也晚。然所负之使命与责任，实不为小。盖商业既不景气，则商人之团体，愈不可不加以固结，商人之智识，愈不可不加以锻炼，以期从恶劣环境中，打开一条生路。故本刊虽以登载本会每月经过事实，使会员与市民明了本会内容，以免办事隔阂为主要目的。而关于世界经济状况，国内外商业情形，或商业之论著，足资考镜者，必采录焉。盖不仅为宣传机关，且予商界同志以研究之机会也。兹当出版之初，略述历代商业沿革，及本刊编辑之大旨。各界大雅君子，尚其进而教之。[82](1-3)

海口总商会组织乃感于商会团体工作成效不佳，商人入会不积极，会员与一般市民对商会多有误会与责备，认为是宣传工作不到位，成立十余年，"未曾有只字片词与社会相见"。其主要栏目有题词、祝词、影片、论坛、公文择录、议事录、名表、收支数目表、办事细则、海口市出入口货物统计、国内商业、文艺、诗歌、杂录。[82](1-3) 从栏目设置中可看出，《海口市商会月刊》主要为商家服务。海口经济体量小的客观事实，除了像《海口市商会月刊》《商业报》专为商人提供信息服务的有限几家自办专业报刊外，实难支撑一份以普通大众为市场的大众报纸。20世纪30年代初期，支撑两份商业行业报刊的市场，见表1.4所示，有行业与商家38家，从业人员近4000人。这仅是一半入会者。而这样的商业规模，在清末时的海口是无法想象的。一般琼崖略具近代性都市规模者，"海口而外可谓绝无"[2](44)。如要营利，势必考虑销量，以及市民的规模和文化水平。清末海口市民的数量、文化水平也是重要制约因素。目前虽没有清末相关的具体数据，不过民国的一些数据或可参照。因为如果比清末人口要多的民国初期都无法培育出一份商业报刊，清末可想而已。海口城区琼山城市人口，据1936年的调查数据为8000人，商店不上200家。[83](6)

表1.4 海口市商会名单表

| 会员 | 营业种类 | 用工数 | 会员 | 营业种类 | 用工数 |
| --- | --- | --- | --- | --- | --- |
| 布头什货业同业公会 | 布头什货 | 138 | 海南书局 | 书籍印刷 | 46 |
| 汇兑找换业同业公会 | 汇兑找换 | 106 | 会文书局 | 书籍 | 8 |
| 五金业同业公会 | 五金 | 239 | 安龙号 | 陶瓷缸瓦 | 8 |
| 海味干菜业同业公会 | 海味干菜 | 309 | 陈合和 | 陶瓷缸瓦 | 5 |
| 药材业同业公会 | 药材 | 445 | 聚兴隆 | 陶瓷缸瓦 | 2 |
| 纸料业同业公会 | 纸料 | 151 | 万和号 | 瓷器 | 10 |
| 旅店业同业公会 | 旅店 | 555 | 琼定公司 | 征收车路通过 | 25 |
| 进口米行业同业公会 | 进口米 | 153 | 启明电灯公司 | 电灯 | 29 |
| 烟丝业同业公会 | 烟丝 | 133 | 永发行 | 代理船务 | 16 |
| 丝绸布业同业公会 | 丝绸布 | 260 | 宝生祥 | 椰壳器 | 5 |

（续表）

| 会员 | 营业种类 | 用工数 | 会员 | 营业种类 | 用工数 |
|---|---|---|---|---|---|
| 南北办庄业同业公会 | 出口货 | 217 | 连丰号 | 柴炭 | 7 |
| 九八行业同业公会 | 九八 | 217 | 三万利 | 汽水 | 5 |
| 牛皮业同业公会 | 牛皮 | 178 | 美利号 | 汽水 | 5 |
| 生猪业同业公会 | 生猪 | 164 | 琼南酒店 | 酒楼 | 41 |
| 锻造业同业公会 | 锻造 | 232 | 何雨全 | 茶房 | 9 |
| 米谷业同业公会 | 零沽米谷 | 151 | 中国酒家 | 酒楼 | 37 |
| 大光书局 | 书籍 | 10 | 中华西菜馆 | 西菜 | 18 |
| 文教书局 | 书籍 | 9 | 广南昌 | 洋酒罐头 | 7 |
| 华文书局 | 书籍 | 9 | 中和祥 | 洋酒罐头 | 17 |
| 合计 | 19 | 3676 |  | 19 | 300 |
| 总计 | 38家，3976人 ||||||

资料来源：《海口市商会月刊》（第1期），1933年，第5—10页。

清末琼崖未能发展出商业报刊，不能完全归咎于外商人数少、本地商业经济不景气，全国商业报刊未能形成气候，也是一大因素。宁树藩先生认为，由于封建专制统治和政治斗争激烈，以及经济落后和地区发展不平衡，中国商业报刊的地区布局出现严重失衡状态。迄至武昌起义前夕，中国还有云南、贵州、甘肃、陕西、江西、河南、吉林、新疆、内蒙古、西藏等广大地区，没有出过一张商业报纸。[52](130) 换言之，商业报刊主要还是在以上海、香港、广州和武汉等为中心的沿海沿江经济较为活跃的城市发展。

## 第三节　政党与文化角度的分析

革命派报刊主要是为配合革命起义创办的。革命派报刊由此形成三个主要出版地区：一是京津地区，二是长江流域地区，三是以广州为主要基地的两广和云贵地区。而其中创办的革命报刊，第三个地区最多。[52](128)这不难理解，作为孙中山的家乡，广东（包括香港、澳门在内）一直是革命派的大本营。

进入20世纪，在中国有两股政治力量在迅速发展，孙中山领导的兴中会革命派和康有为、梁启超领导的保皇派，绝对核心骨干大都是广东人。兴中会创立于1895年，1905年改为同盟会，1912年改为国民党。创立之初的兴中会在"本会拟办之事"中，就以"设报馆以开风气"为要。[84](22)实际上，孙中山非常重视琼崖建设，民国建立伊始，就提出琼崖建省，甚至连名字都想好了——广南省。[16](78)广东人孙中山自然非常清楚琼崖的地位，1908年，在给南洋琼侨的信中，就指出琼崖对于革命成功的重要性。"至琼州形势，最有可为，而又得诸兄伟力合持，为本地方之领袖，将来粤省他方大动，琼州为之后援，则尤为事半功倍。"[84](399-400)琼崖角色如此重要，并于1909年派人前往琼崖建立同盟会支部组织，但因革命事业时间紧，任务重，在革命"边缘"琼崖创办报刊的事宜无法在1912年前提上议事日程。

创办革命报刊首先是要革命分子身份，琼籍同盟会成员多为华侨身份，吴陆荣整理的琼崖籍同盟会成员有39位。[16](107)而具有报刊经验者亦不乏其人，如"同盟会星洲琼帮分部"职员中就有：琼山人王斧为《中兴日报》记者；文昌人王汉光为大同阅报处主席；琼山人施先东为《国民日报》记者；琼山人王建中为《泗水端口日报》记者；朱绍祖为报界干事。[75](232) 但实际上，同盟会琼籍最有可能回乡办报的只有王斧、林文英二人。

王斧（号斧军，1880—1942），早期同盟会会员，琼山县人。1901年在香港结识了陈少白、黄世仲、郑贯公等名士，认识了孙中山并加入兴中会。王斧是琼籍同盟会成员中离报刊事业最近的一位。在香港时为《民报》《少年报》《人报》记者。深受孙中山赏识的王斧被派往新加坡，任《中兴日报》主笔，与保皇党《南洋总汇报》展开笔战。后因清朝向新加坡当局施压，王斧被迫逃往泰国。1905年，王斧在泰国与人创办学校，并任同盟会暹罗分会主盟人，兼任《华暹日报》主笔。辛亥革命前夕，孙中山因资费不着，向南洋华侨募捐。[85](54-55) 为此，在泰国同盟会中，王斧除了为革命派组织舆论战外，主要就是尽力筹款。这从1909年3月2日孙中山写给王斧的信中可看出，筹款是当时身为泰国同盟会会长王斧最为紧要的事情。"日前各同志所认之款，弟预为指定为办某事之用，到时函电数催，皆不见答，而事已为延误。""遂致弟坐困重围。""今辩护之费、安置余人谋生活之费，在在需钱，刻不容缓。"并指出，筹款关系孙中山革命的成败，使得王斧不得不全力去办。"弟现实处于得失之交点，倘日内能解决经济问题，得以妥办各事，早日成行为欧美之经济大计划，弟所谋一通，则全局活动。倘以后亦仍如近月之情势，则恐诸事误失，机不再来，则吾党之前途真有不堪设想之悲态也！"[84](402-403) 可以看出，王斧在泰国的首要任务是筹款。孙中山后来言及革命之功，直言"慷慨助饷，多为华侨"，革命在很大程度上归功于华侨的钱袋子。王斧身为一同盟会分支负责人，自然有义务为首领分忧，为革命伟业出力。假如把王斧派回琼崖家乡建立机构，创办报刊，成功概率是极大的，但从当时孙中山的革命谋划来说，肯定不如留其在南洋的贡献大。

其实，孙中山不是没有考虑过派琼侨回琼建立革命组织，创办革命报刊的事情。这个人就是林文英。林文英（1873—1914），字格兰，泰籍华侨，文昌人。1903年到日本读书，次年结识孙中山，随即加入同盟会。从此开始其追随孙中山革命脚步的人生。林文英真正与孙中山关系亲密起来，是1906年随孙中山从西贡到新加坡，参与地方同盟会分会建立及革命经费筹措工作，任孙中山文书工作。在南洋还曾协助汪精卫、胡汉民等人负责主持《中兴日报》报务工作。1909年曾秘密回琼，建立琼崖同盟会支部。1910年，广州新军之役失利后，计划去云南参加革命的林文英，被孙中山劝"返琼州，调查一切风土人情，并布置各件，以为他日响应两粤之地"[84](473)。林文英是年回琼在海口创立了同盟会琼崖支部后不久就离开了。

1911年10月10日，辛亥革命爆发。11月9日，广东宣布独立。时任琼崖兵备道刘永滇见大势已去，遂宣布独立，自称琼崖临时都督。广东都督胡汉民委林文英为琼崖民政长，王斧副之，但刘永滇拒绝交权。林文英不得已在菜市场设立总机关，后被小贩寻殴，负重伤后不久即愤而离琼。[16](13-14) 林文英在琼时间很短，又处于政权交接与斗争的关键时刻，应该说没有时间，也没有把心思放到创办报刊上。

琼籍同盟会中，王斧和林文英虽是最有可能给琼崖带来现代革命报刊种子的人选，但是，前者长期在泰国工作，后者虽曾回琼参与革命工作，但鉴于时间和工作急促等原因，都未在民国建立前为琼崖创办一份报刊。其实琼籍同盟会中还有一人也是具有为琼崖创办报刊条件的，他就是孙中山的岳父（宋庆龄的父亲）宋耀如先生。拥有传教士身份的宋耀如是靠卖《圣经》起家的，与孙中山在上海历史性的相识后，二人的合作在一定程度上改变了后来中国的部分历史。宋耀如以印刷中文版《圣经》为掩护，在其印书馆秘密印制革命文章和小册子，自然有能力创办革命报刊。但鉴于宋耀如的牧师身份不便出面冲锋陷阵，同时也为了革命长远计，不宜让他冒险在上海创办报刊，更不可能"大材小用"地回琼创办报刊，其最佳角色是做革命幕后工作，最成功的是为孙筹集革命资金。[86](28)

在琼崖拥有文化资本的群体中，最不可能创办报刊的就是岛内学生知识分子群体。文化类报刊要以文化重镇为依托，除了凭借一定规模的拥有文化条件的学校师生群体外，还需要办报刊的物质条件。显而易见，清末琼崖不具备这些条件。清末琼崖文化中心之海口的教育机构，尽管随着"新政"中的"新教育场"（应星语）兴起，新式学校陆续取代旧式学堂，但总体上呈现新旧并存、体量少、层次低的格局。虽然目前在有关琼崖教育史文献中，还无法找到有关清末教育的详细资料与数据，但据一些零星记载，亦可大致推算清末教育状况。如作为走在琼崖文化前列的文昌县教育，1883年有私塾210所，学生1540人，教师198人；临高清末有私塾64所。[87](208)另据1915年来到琼崖的传教士孟言嘉观察，琼崖公立中学有府城和嘉积两所，府城还有一所规模较小的中学。她发现，虽然新式学堂在一些地区已悄然逐渐兴起，但"旧式的私塾教育体制仍然在当地甚为流行"[65](39)。另外，关于琼崖的教育实力，可能学生本人更有发言权。实际上，对岛内教育现状看得较为透彻的是升学旅外琼籍学生，大多表示出不满。1922年，有人在《琼崖旬报》上刊文指出，琼崖虽有中学与师范数间，但高小毕业生知世界新潮流者"寥若晨星"，中学毕业生不能写家信，无法阅报，不知记账者"恐亦类是"。假如指望岛内学生开通琼崖民智，改造琼崖，"殆犹掌破船以涉巨川，望其有济，不亦甚难哉"[88](29)。1921年回国在琼从事革命活动的吴明发现，琼崖"学生头脑极守旧，深受孔二之毒"[88](44)。民国建立10年后的教育尚且如此，新旧学制杂陈的清末能好到哪里去！所以，清末琼崖教育界，尽管作为岛内数量最大的文化群体，但无论是创办现代风格报刊所需的思维与认知，还是能力、资金等相关报刊技术与物质储备，与传教士、商人、革命组织等群体相比，都与近代报刊距离最远。

## 小　结

　　本章按照宁树藩先生对清末国内报刊的大致分类，分析了清末琼崖为何没有发展出近代报刊的主要原因。报刊属于文字工作范畴，因此首先需要文化资本。这种文化资本除了语言本身的习得外，还要有报刊编辑认知，即对近代报刊这种新事物的基本体认。而具备这种条件的群体，首推几乎具有高等教育经历的传教士群体。身处南海航线上的琼崖，虽然很早就吸引了传教士注意，但较早进入的天主教由于政治及自身对报刊的认知限制等原因，无论是设备还是人员，一直没有靠近报刊印刷的核心边界。反而是基督教，清末进入不久就意外地拥有了一台印刷机，具备了基本印刷书刊的必要条件，传教士群体的高学历和对印刷设备的先进认知，保证了报刊所需的文化资本，但因缺乏报刊编辑技术及需求不强，加上繁重的医疗工作和教育工作，以及与英国圣经公会的特殊业务关系等原因，只能局限于当地人知晓的方言版罗马文字《圣经》书册和英文讲义及年报印制范围。本身人手紧张的传教士们缺乏自己动手印制大量必要书刊的动力，更别说开展会无限加大工作量的具备新闻功能的报刊制作了。

　　作为外来新事物的报刊，除了传教士，外国商人也是一个最接近近代报刊的群体。开埠后海口集聚的外国商人，由于琼崖货物不多，驻守人数不多，规模不大；加上两广总督张之洞把其隔置于海口二岸之外，与核心生活区琼山区隔，琼崖外国商人创办报刊的可能性就没有了。不仅外国商人的办报热情消失，就连本地商人的办报兴趣也不存在。开埠后，外商的涌入，先进的经营理念和交通工具、"质美价廉"的货物，挤压和抢占了本地商人的业务。经营状况不佳，加上对近代报刊认知不佳，本地商人亦无办报可能。

　　清末政治性报刊要数孙中山领导的革命派了，琼籍同盟会成员不多，有报刊认知和接触经验的要数泰国同盟会会长王斧和泰侨林文英，但二位主要工作在泰国，负责筹款和舆论宣传。后来虽然于辛亥革命前后回到琼崖，但亦主要是进行政权斗争与交接工作，没有精力进行报刊工作。而作为文化类报刊理论上的主办者之一，清末琼崖知识分子最为集中的海口教育界，转型中颇为传统的私塾大量存在，而规模小、力量弱的新式学校师生，因其非常有限的近代报刊认知与技术储备，很难触摸到近代报刊业的核心。

　　所以，民国前，近代报刊因为种种原因，虽有一些必要条件，但不具备充分条件，而与琼崖失之交臂。

# 第二章

## 脆弱的开端
## （1912—1925）

清末海南差会具备了基本印刷条件,为琼崖近代报刊诞生准备了必要的物资条件。与此同时,政治领域方面,同盟会琼籍成员中也集聚了一些报刊经营人才。此外,一批旅居穗、沪、宁等地具备文化资本优势的琼籍学生也在加速成长。这一切显示着,在琼崖这个区域社会,近代报刊的出现只是时间问题了。本章即在此基础上探讨民初琼崖的报刊历史开启之旅。

## 第一节　第一份报刊

基督教海南差会于1890年就获得报刊出版的必要设备印刷机一部，意味着其与近代报刊的距离，在当时的琼崖是最短的。在1890年至1911年的20余年间，阻碍海南差会启动近代报刊出版工作的各种制约因素中，首要的政治限制已不存在了，基督教因其精湛医务水平还与地方官员关系良好。1887年，张之洞派兵前往琼崖中部平息叛乱，正值夏天，军中热病暴发，伤亡惨重。牧师兼医生冶基善前往军营中，成功地治愈了所有染病士兵，为表谢意，军队主管雷琼道台特批一块地和一笔钱给海南差会作为医院建设用。清末琼崖基督教凭借出色医术不仅与官府的关系得到进一步改善，其引入现代医学和先进的医院与设施条件，以及现代化教育制度的教会学校，还给琼崖民众带来真正的福音，故而"教育、医疗方面，颇得岛民之信赖"[2](137)。良好的群众基础及与官方的融洽关系，在很大程度上减少了外界对传教士们生活和工作上的不必要麻烦。1911年，辛亥革命爆发，琼崖各地传教士齐聚府城，其中一些女性前往香港避难，战乱结束后陆续返回。不久，海南差会的对外交往工作活跃了起来。Chas E.Bradt 博士（1911）、中国大会（China Council）主席路崇德博士（Dr.J.W.Lowrie）（1912）、怀特博士（Dr.Stanley White）陆续到访琼崖；冯卓支（Rev.G.D.Byers）夫人和陈西美（Dr.S.L.Lasell）夫人也于1912年回到琼崖。[60](144) 海南差会1912年参加在上海召开的中华圣公会大会，1913年加入中国大会。[89](247) 1911年与1912年，多名岛外重要人士来访，以及与香港、上海等岛外教会进行的密集而重要的交流活动,对处于广东基督教文化外缘区[90](287)的海南差会来说,其办刊决定,包括印刷编辑技巧的获得,应该就是这时候。某种程度上还可能受到了广州基督教青年会的影响,后者于1909年11月出版了内容多为该会会务的《广州青年报》。[78](52)而面向西方人士介绍琼崖情况的《海南手册》(Hainan Handbook),编辑工作由1903年来琼的Mrs.L.E.M.Kelly负责,其丈夫嘉约翰医生(Dr.J.Kerr)即是广州差会先驱之一。[60](67、143)

实际上,海南差会这些大学毕业的高素质人才[60](12),除了自身业务外,一些人本身就是文字书写爱好者。据辛世彪介绍,男传教士就经常在《教务杂志》《中国评论》《海内外教会》等杂志上发文章,女传教士则在《妇女事工》上发[60](129、130)。此外,孟言嘉和克拉拉(Clara Laura Primm)还爱写书。[91]

1912年对中国政治来说是一个具有特殊意义的年份,对琼崖报刊史来说更是如此。是年,海南差会给琼崖带来了第一份近代报刊。海南差会编辑出版了一份名叫《海南通讯》(Hainan Newsletter)的刊物,每年3—4期,内容主要刊载有关琼崖3个传教站的事工,出版地址是那大,这也是印刷机当初获得后被安置的位置。据孟言嘉书中记载,这份季刊每年订阅价格为25美分。从可用"国际回信邮票券"或中国邮票支付方式得知,该刊发行计划面向国内外。该刊停刊于1949年(1939—1946年因抗日战争影响没有出刊),共出63期。[60](130)按照1912—1938年、1947—1949年30年计算,实际每年2期左右。

从关系主义上讲,海南差会办刊与1911—1912年的动荡政局有着很大关联。尽管促使海南差会办刊的力量有岛外介入因素,但《海南通讯》的诞生很大程度上表明了海南差会自身对时局(1911年辛亥革命爆发,1912年民国建立)的乐观估计,乃看好新政权的一种姿态。从工作管理上看,将差会报告由年报变为季报,采用报刊这种更为现代的联络工具,使得海南差会内部之间,以及与上级之间的工作与指导更为及时与紧密。

《海南通讯》的定位就是服务于岛内3个传教站,专注于多事之秋传教站中事工信息互通。另外,在人员配置上,此时海南差会传教士人手也大量增加了,有海口、府城、那大等3个传教站,至1919年,已发展到46个传教点(府城19个,包括徐闻2个;那大10个;嘉积17个),传教士有32名。[60](7、86、94、101)而1905年时就已有传教士19人。[54](21)再有,各传教点还有10余所中小学教会学校和3家医院。[60](7、86、94、101)学生数1917年达到1500名,那么5年前的1912年,规模至千人是可能的,见表2.1。学生和传教士人数激增,势必需要提高管理水平,主要作为工作性质的《海南通讯》很大程度上是为了满足管理要求,它具有为各站点间提供互相学习、互通讯息的功能。

表2.1 清末民初琼崖基督教事务人数变化情况统计

| 年份 | 教徒(人) | 慕道者(人) | 教会学生(人) |
| --- | --- | --- | --- |
| 1892 | 78 | 220 | 74 |
| 1900 | 106 | 265 | 86 |
| 1917 | 1642 | 3535 | 1500 |

资料来源:王翔译著:《棕榈之岛——清末民初美国传教士看海南》,南海出版公司2001年版,第134页。

海南差会的《海南通讯》是否使用了中文铅活字不得而知,很大可能依然为英文版。它虽然可向岛外的传教机构发行,但主要服务于岛内传教站的事工。英文内容及传教站范围的局限,这就排除了岛内民众的普遍接触可能。这也是该刊一直未被后来研究者注意到的主要原因。尽管该刊局限于教会组织内传播,但鉴于该会的本地基督徒、慕道者和教会学生的庞大数量,仅从受众数量考虑,该刊的影响力就不可小视。对于基督教刊物的历史重要性,黄增章在《广东宗教刊物知见录》一文中总结得十分到位。在解放前广东省200种以上的宗教刊物中,占绝大比例的"基督教刊物在我省杂志界起过筚路蓝缕的作用"[67](123)。

## 第二节　第一份革命报刊

　　清末民初，国内政局瞬息万变，改朝换代的伟大变局中，新兴产物报刊的作用渐被国人认知，尤其被革命政党视为秘密武器加以利用。国父孙中山直言，革命事业"实报纸鼓吹之力"，还说过，"革命之成功，革命军队之力半，报纸宣传之力半"。[92](337) 据统计，"在整个辛亥革命时期，以孙中山为首的中国资产阶级革命派，在国内外一共创办了176种革命报刊"[93](1-2)。辛亥革命期间，仅省城广州就有15家报馆。[20](292) 1912年民国肇建，政局未定，政党林立，政争激烈，反袁拥袁撕裂厉害，思潮涌动，宣传驳杂，声音喧哗，广州报馆增至30家，位列北京、天津、上海之后。[94](677) 不久，革命办报热潮就波及了"天涯海角"琼崖。

　　1912年至1913年，广东"以广州为中心，东到潮汕，西至琼崖，新办报刊不少"[95](1299)。随着孙中山于1912年3月被迫把中华民国临时大总统职位交于袁世凯手中，以二者为代表的革命派和北洋派之间的矛盾旋即公开激化，袁世凯随即解散国会，宣布国民党为非法组织，广东革命报刊立遭重创，国民党系统报刊和所有反袁报刊均被封禁。尽管革命党人报刊伴随着辛亥革命胜利如火燎原之势遍布全国，但在随后的权力斗争中，"失败的国民党人也不断丢失自己的报刊阵地"[96](31)。1912年8月，同盟会改组为国民党，并在1913年前后的国会选举中获得压倒性优势。随着宋教仁被杀和袁世凯欲对南方革命力量动用武力，孙中山发起"二次革命"。国民党注重舆论文力配合军事武力一起讨袁。于是，国民党中一些不热衷于利禄思想，不乐于为官之清高者，"乃相率与孙中山同退，还其书生本色，从事于笔墨生涯，藉新闻纸以宣传国民党的主义和政策"[97](25-26)。"海南最早的一家报纸"《琼岛日报》[14](8)正是在此境况中诞生的。

　　1913年年初，林文英再次返琼后，和陈子臣等海口国民党支部成员，"创办了海南第一张革命报纸——《琼岛日报》"[16](33)。具体地址为海口西门外街（即今新民西路139号），初期设备简陋，字粒不全，一架旧印机，每日小张五百份，半赠半售；以宣传民权思想为主旨。[17](77)得益于临时政府新政权的法律保护和初期各色政党的竞争态势，才形成广东政治性报刊的短暂繁荣局面。[96](972-973)当年9月，南京被袁世凯占领，孙中山流亡日本，"二次革命"失败，"癸丑报灾"随即发生。《琼岛日报》"尝揭当道隐私，为帝制党琼崖督办陈世华令参谋陈子楷诬以组织图琼机关"[2](389)。该报被禁，正是因为其积极宣传三民主义与共和，反对袁世凯推行的封建主义和独裁统治，甚至直接呼吁袁世凯退位。1914年3月27日，袁党徒广东都督龙济光指使琼崖绥靖公署督办陈世华，逮捕林文英及资助过林的海口总商会会长陈家富二人，并匆忙于4月2日将其杀害于海口。林文英被杀后，报馆被查封。

　　另据1913年9月22日的《申报》第6版的《粤省报界最近之风潮》报道，当年粤省被禁的报刊中就有琼崖的《琼崖报》，与其一同被查禁的还有汕头《大风报》，嘉应《培风报》等。以"鼓吹共和"罪名被禁的《琼崖报》，从现有的文献资料来看，当为琼崖史上第一张革命报刊。那它与琼籍泰国华侨同盟会成员林文英所办的《琼岛日报》有关联吗？目前有关琼崖新闻史的论述中，许多学者把琼崖最早革命报刊的荣誉赋予林文英创办的《琼岛日报》。如陈铭章在《解放前海口新闻事业的回忆》认为琼崖"最早一家报纸是《琼岛日报》"[17](77)。暂不纠结于《琼崖报》和《琼岛日报》谁是"海南第一"，先从二报被禁的时间记载入手探究二者的可能关系。麦穗在《民国时期海南岛报刊目录简编》中认为，林文英1913年年初创刊于海口的《琼岛日报》，年底即被封闭了。[17](53)这个观点也得到陈植的认可。陈植在《海南岛新志》中，附录了一篇来自《琼崖同乡会特刊》的文章《林格兰烈士小传》（作者沈裕民），其中写道：林文英自京"及返琼时，《琼岛日报》已被封闭。乃改办《琼华日报》"[2](389)。如果是这样，《琼岛日报》被封闭则与《琼崖报》被查禁的时间相吻合。不过，陈铭章在介绍林文英1913年创办《琼岛日报》时提到，因林文英被选为国会议员，进京与会后，《琼岛日报》中间曾"宣告停刊"。国会解散后，更新印刷设备再复刊至1914年3月真正停刊。[17](77)前已述，琼籍同盟会成员中，最有可能回琼创办报刊的林文英和王斧于1912年回琼主持接收政权工作，林文英当年因受伤，暂时离开了琼崖。后于1913年前后返回了琼崖创办《琼岛日报》。如此说来，陈铭章文中的"宣告停刊"，不过是麦穗和陈植文中被当局查禁的一种委婉表述了。这样说来，《琼崖报》与《琼岛日报》，以至后改办的《琼华日报》，应为同一张报纸。那《申报》把名字搞错，可能是该报记者得到《琼岛日报》被查禁的新闻是经过多次中转，造成信息丢失扭曲的缘故。

国民党系统革命报刊《琼岛日报》被扼杀，主要原因固然是北洋派政治力量强于国民党革命派的结果，但此后很长一段时间，国民党革命派报刊没有出现于琼崖，与琼崖国民党自身政治能力不强有很大关系。因人手不够，一人身兼报馆多职，林文英几乎是单打独斗，个人"胳膊"自然扭不过当局"大腿"。重组后的中华革命党仍是一个没有明确革命纲领的政党，不然1914年孙领导发起"讨龙运动"（又称"三次革命"），就不会因起义队伍脱离群众而再致失败。[98](53)

陈铭枢认为，孤悬海外的琼崖，远离政权中心，似乎不受政治大场域的影响。"然考诸成事，则每当省局动摇，本岛即随之变化。"[1](511)民国广东的政治实力，1912年至1936年，一直以输入的外来军阀势力为主，依次为龙济光、旧桂系、滇桂军、李济深和黄绍竑、张发奎和黄琪翔、陈济棠等人。这些封建军阀势力彼此竞争，轮流割据长则五六年，短则一两月。觊觎粤省富饶，抱着掠夺广东人民财富目的入粤的军阀们，给广东人民造成了严重的灾难。[97](13) 而1926年前琼崖的当权者，则是广东政治实力的分支与延续，或为军阀败北退居，或是被安插的羽翼——1916年至1918年由龙济光割据，之后由邓本殷统治至1926年1月。"南海龙王"龙济光和"活阎王"邓本殷对琼崖的统治相当残酷，百姓日子一日不如一日，也是琼崖言论空间与报业发展的"白色恐怖"时期。动荡的广东政局牵引琼崖地方小政局异常，这可从琼崖地方机构沿革和职官频繁变动中窥知。1912年设琼崖绥靖处，1913年改设琼崖镇守府，1914年改置道，1920年改设琼崖善后处，1926年改设琼崖行政委员会，1928年设南区善后公署，1929年设琼崖实业专员公署，1932年设琼崖特别行政长官公署，1936年设第九行政督查区。主政官员更迭更是异常，基本上一年一任。1912年绥靖处长为古应芬，1913年镇守使为邓铿、陈世华，1914年道尹为姚春魁，1915年道尹为王寿民、朱为潮，1916年道尹为梁迈，1917年道尹为周沆，1918年道尹为黄明堂，镇守使为黄志桓，1919年道尹为饶芙裳，镇守使为沈鸿英，1920年道尹为杨晋，1926年行政委员为张难先，行政视察专员为周演明，1927年行政视察专员为邝嵩龄、王斧，清党委员会主席为黄镇球，1928年南区善后公署为陈铭枢，1929年实业专属专员为黄强，1930年行政专员为陈策，1932年特区长官为伍朝枢，绥靖委员为陈章甫，1934年绥靖委员为陈汉光、许廷杰，1936年行政专员为黄强，1937年行政专员为张达。[99](37-40)

1916年被驱至琼崖的龙济光，3年前因讨伐陈炯明有功被袁世凯任命为广东大都督时，上任伊始还受到广东民族资产阶级商铺停业燃炮欢迎。[98](37) 袁世凯极力重用龙济光，为褒奖龙济光在巩固封建政权过程中"忠勇诚朴"，"以纾中央南顾之忧"，袁世凯对其一路加封。1914年，龙济光被授予上将军衔，1915年又被授爵位一等公，1916年被封为郡王。

为袁世凯尽心效力的龙济光扩充形成了一支拥有118个营和2个连的庞大军事力量——"济军"①，用其大力清除革命策源地广东各地的革命力量，以绝后患。高压政策下的"革命党人无法在广州立足，纷纷往香港海外逃避"，龙济光与革命党人已到誓不两立的地步。[98](38、39)广东革命力量的生存空间被挤压殆尽。军阀政治的特点是私人武装、独立地盘、反对革命。[98](3)而占据广东的军阀中，龙济光是赤裸裸地打着反对革命旗号。为了帮助袁世凯复辟帝制，重建封建官僚体制，龙济光大量起用旧官吏，如重新起用辛亥革命时期被驱逐下台的琼崖定安原知县王寿民。后者复职后，变本加厉地榨取民脂民膏，"遇有人民诉讼，任令索，其黑暗较前十倍"[98](41)。袁世凯为维护其封建专制集团利益，破坏共和，解散议会，捕捉国民党，政治比以往更加窳败与黑暗。"地方吏治，州县之官，十之九，焉为前清声名狼藉之污吏，而报馆既不敢据事直书，地方公正绅士惧言及公事，彼可诬为乱党，以钳其口，则不能不采明哲保身之义，以故生杀予夺，为所欲为，吏治之坏，达于极点。"[100](7-9)

龙济光督粤期间，粤省军费开支占军政府总开支的一半强，巨额数目列全国首位。龙采取解决经济问题的措施，就是把负担转嫁到广大人民身上，加征名目繁多的捐税是其统治广东时期的一大特点。"吾粤屋有捐，地有捐，米有捐，柴有捐。屠牛也，市肉也，售卖鸡犬也，亦莫不有捐。细至于品茗，微至于拜神，几无一能免者。"[98](43)琼崖政治不良，肆行律政，任意剥削，"地方财政尤为紊乱。各县市署及城乡警团学各机关团体，皆得自由征收杂税，税目繁苛，几于无物至税，若定安县岭门至海口之槟榔，临高县南丰兰洋等处至金江之牲口，及其他产品皆如此"[1](125)。故，琼崖经济不发达，失控的抽税制度是一主要原因。

---

① 用语双关。一是龙济光的部队；二是广州俗语：称不受约束，无所不为，专事捣乱的人为"济军"。参见肇庆市政协文史资料委员会编《肇庆文史》(第1辑)，1989年。

在革命派存在政治资本不足,以及政治能力欠缺诸问题的同时,以龙济光为首的广东封建势力日益加紧对革命政治力量的围剿。封建体制的特点是家长专制,不允许民主存在,故龙济光十分警惕报刊的言论尺度,一旦违反舆论一律,就毫不犹豫地实施舆论钳制伎俩,不给革命派以生产和增加政治资本的任何机会。在琼崖严酷政治场作用下,社会一片沉寂,他律化的新闻业完全政治化,全部自我吹捧、自娱自乐。龙济光用尊孔复古的封建文化来钳制人们的思想,"把不同政治倾向的报刊、社团目为异端,视若猛兽,而加以禁止"。"对那些稍为有些民主言论或正义、进步报刊,肆加蹂躏和摧残。"[98](47) 为维护政权的稳固统治,针对当局执政的任何批评都是不被允许的,有时哪怕是议论。当局对言论场的形塑,主要是政党报刊,以及商业报刊和专业报刊中涉及被认为不利于"和谐"的时政新闻。地方报刊"非议"独裁实力军阀的后果是很严重的,生杀性命操之他手的报刊死伤缘由,往往是在言论上得罪了军政要人。那些故意涉及时政的政党报刊,或忍不住(不小心)触碰"雷区"的报刊,其生存除了勇气,还要靠运气。这就可以解释为什么民初报界旋生旋灭的现象甚是常见。民初广东地方当局对出版业的压制格外努力,"实非仅仅施行检查制度所给予的不自由可同日而语","事后检查主义事实上普遍存在,好恶全凭己见,追惩漫无目的"。[101](39) 1913年9月,袁世凯致电龙济光称,"前此胡陈(指胡汉民、陈炯明——引者注)两逆倡乱,粤中即系以报纸为武器,藉以抵抗中央、煽惑人心——现在乱事甫平,民心未定,而乱党野心不死,难免不藉此等报纸,遂其狡谋,望即严加取缔,实行干涉"[102](1913-09-22:6)。

袁世凯剿灭革命报刊的行政手段之一是禁邮,官方动员政治资本,利用垄断的物流渠道,对非常倚重外部交通网络的报刊——尤其是缺乏经济资本的革命报刊——传递多为致命的。如袁政府交通部第255号训令:"现因赣宁乱事发生,政府为维持秩序安宁起见,所有足以扰乱治安,淆惑人心之报纸及各项印刷物，应一律停止寄递送达。"第428号训令称："嗣后再有以国民党名义发布印刷品者，应即一体拿办，勿稍宽纵。"并规定四条具体办法："一、凡封面题有国民党字样之寄件，一体扣留，送交地方官检查。二、凡戒严地方之地方官派员到局检查寄件，即应遵照办理。三、凡属地方官指名停寄某报，亦应遵办。四、所有反对中央传单及一切印刷、抄写等件，停止寄送。"交通部邮政司对此的解释是，"凡已宣布戒严令区域，检查邮件，统由军队司令部担负施行之完全责任"。龙随即下令封闭了《中国日报》《国民报》《平民报》《民生日报》《中原报》《觉魂报》《震旦日报》《粤东公报》等报馆，诱杀了《震旦日报》编辑人康仲荦、《香山新报》撰述人毛嘉翰等。《申报》披露了1916年年初粤省报界："报局复受非常之束缚，大抵言论不能自由，莫如粤省今日之甚。"刊发文章须经邮局、电局、报馆三检。[98](49) 北洋政府采取的言论防控措施，除了行政干预外，还有军阀式习惯动用武力——拘捕乃至杀害"反动"报人。1917年，广东都督谭浩明枪杀首揭其密谋弛赌禁的《南越报》编辑人兼发行人李汇泉；1918年，桂系督军莫荣新逮捕抨击其把持财政、阻挠护法的《民主报》记者陈耿夫；1919年，广东警务处长魏邦平，对据实报道军警殴捕游行学生的各报不满，搜查广州十几家报馆，并捕走30余人；1920年，莫荣新被援闽粤军回师驱逐，迁怒于广州报纸，以致做出封禁全城报纸的骇行。"军阀专横暴戾，舆论稍有触忌，即封报拿人，报刊出版事业继续遭受蹂躏。""在军阀的淫威下，报界一片惨淡，不少报纸避开政治，或空放高论，聊以应付。"对革命性言论的高压打击，迫使军政压制下的广东报界颓废不堪：不敢评论政治，监督式微；逃避政治，遁入风花雪月文学；不采时政，伪造新闻；逐利昧心，假药广告泛滥。[20](387-391)

当然，民国早期报馆命运沉沦不只广东一省，报业史上使全国报刊由1912年500多家骤降到1913年139家[103](122)的臭名昭著的"癸丑报灾"发生，可知当权军政界对新生革命报刊的畏惧与镇压态度。龙济光主政广东时的新闻事业，"广州报纸原有27家，前因逐日检查，有稍及战事者，即取去，以至每日能出报者，不过半数，且多空白。近日以来，继续封禁者，23家，其经理及主笔，或饮枪弹，或系囹圄"[104](145)。据不完全统计，当时全国被查封或查禁的报纸达70种之多，反袁报刊所存无几。[105](117-121)

1918年11月，被桂军围困的龙济光弃岛而去，宣告琼崖龙济光时代正式结束。1920年冬，粤军旅长邓本殷率队入琼，随即琼崖进入邓本殷时代。邓本殷治下的琼崖，贩运鸦片，广开赌场，公开卖官，"吏治腐败至极点"[106](149)。士兵不发饷，任由士兵们自己在外寻伙食，致有士兵的地方就有赌、鸦片，而地方不敢干涉。所以，被迫四处抢掠的士兵成为武装的土匪，在河流路边每两里路设一卡，以查军火之名搜抢财物，民众怨声载道。[107](1922-07-02: 4)上海大学琼籍学生许侠夫发表在《南语》的一篇题为《告琼崖诸同胞》文章中，历数邓本殷的三大"罪状"：勒饷派捐、烟赌遍地、纵兵殃民。琼崖人民生活的凄惨与羸弱，致使琼崖人民与造成此恶果的邓本殷之间势不两立。许侠夫号召大家起来反抗，"快联合起来！反抗邓本殷"，因为"反抗要死，不反抗也要死"。[108](642-643)旅穗琼籍学生杨善集在《新琼崖评论》中也表达了对邓本殷用穷极手段压迫琼崖人民的愤怒，但苦于岛内的"小老百姓受惯此种的痛苦，旋亦安之若素。惟在外之商学政各界，耳不忍听，目不忍见，故集会讨论对付方法，奔走呼吁政府，一直自陈炯明时到现在"[88](72)。

"五四"之风似吹入压抑沉寂琼崖文化场域中的一丝清凉，也是渗入琼崖政治场中的一抹润滑剂。汹涌的五四运动浪潮，冲击一切阻碍，席卷全国，琼崖也不例外。1919年5月8日，海口学生进行游行，尤其是在五四运动中牺牲的北大琼籍学生郭钦光的死讯传回来后，全岛民众异常激愤。[109](20-26)5月18日，成立了琼崖十三属学生联合会。五四运动中的反封建、民主、科学的革命精神随现代通讯传至海口,琼崖岛内革命报刊复出。"五四"产物的《琼崖日报》,其内容主要刊载一些关于取缔私塾,恋爱自由、废除旧婚姻、反对早婚等教育和婚姻及男女平等方面的文章。但反帝国主义政治行动难敌地方以维持秩序为根本的政治压力,当局以防外交纠纷为借口,强力弹压学生及各地的爱国运动。广东省长就此多次发布通告,明确宣布此种行为为"非法","布告诸色人等知悉,尔等各宜安分守纪,毋以身试法,倘敢仍纠众肆意骚扰,定予严拿尽法惩办,决不姑宽"。甚至把广州日本总领事太田喜平写给省长的函附在公告中,要求学生"自当专心学业","即为学生爱国之方,政治问题,应听政府解决,断不能有妨邦交之举动"。把压力向下传导给各校校长,要求各自负责贯彻执行。为便于管理,规定学生一律穿校服佩领章,"而资识别"。"如有此等扰乱举动,应即派队弹压,严加制止,毋任滋事,以维治安,并由各镇道转饬各县一体遵照。"[110](63-64) 当局勾结外国人,强力弹压地方民众的爱国言行,具有鲜明政治属性的媒体首当其冲。《琼崖日报》不久被迫停刊。虽说邓本殷不像龙济光那样明目张胆地举起反革命大旗,但军阀惯习决定着他们难以容忍有"威胁性"的革命报刊存在。军阀治下的琼崖已似个难以敲碎的椰子壳,阻绝了革命报刊生存空气的出入。

　　随着"五四"浪潮涌入琼崖的还有马克思主义思想。1920年,海口率先诞生了宣传马克思主义学说的报刊——《新琼岛报》,创办者为革命先烈冯平、符节、徐成章等。作为琼崖最早宣传马克思学说的该报,主要刊登介绍马克思学说的文章,但出版仅月余便被琼崖督办李根源查禁。[81](623) 虽然被当局查封,出刊历史短暂,但马克思主义火种已经播下。经过五四运动洗礼的琼籍青年徐成章,自云南陆军讲武学堂毕业回乡后,决定通过文化的形式改造琼崖。他努力有效地工作,供给琼崖青年们新鲜的书、报和杂志,作为青年酿造甜蜜新思想的资料。为此,1920年,徐成章首先募股创办琼崖文化书局。书局以有系统的和最便宜的方法,介绍中国新出版的书、报和杂志给琼崖的青年们和一般民众，同时兼理中小学校最新教科书和教育用品，并决定合适时机介绍外国的新出版物给一般读者。[107](1922-05-23:4)不久，徐成章等认为，只以书籍输入方式还是难以迅速改变民众的传统观念。他们虽然想到了自办报刊这种时效性与鼓动性很强的宣传渠道，但因驻琼的桂派李根源"凶恶异常"，把稍有觉悟的青年判为乱党。他们权衡后决定暂时离开"政治不光明"的琼崖，拟先在香港筹设《琼崖旬报》，最终是在广州印刷第一、二期，第三期开始移至海口出版。[88](4-6)《琼崖旬报》之所以能迁至岛内出版与传播，其政治有利因素是，任嘉积公安局长的徐成章，动用社会资本联系到琼崖各县县长帮忙分销，"聚到二千余份，计算支出收入，渐可不至亏折"[88](7)。不久，从欧洲留学归来的"海南最早的马克思主义传播者"罗汉[111](138)、鲁易、李实等被邀请陆续抵琼，加入《琼崖旬报》的编辑队伍，"介绍欧洲最近的社会主义学说"[88](7)。新革命力量不断加入，使报刊宗旨更加鲜明与激进化，从最初的传播民主、科学的"五四"思想趋向革命。以《琼崖旬报》为革命基地，明确提出了"改造琼崖"的宗旨，进行鼓吹革命、反对封建迷信、提倡男女平等、宣传改革旧社会风俗、提倡文字改革等一系列变革活动。

以"改造琼崖为帜志"，"希望引起琼崖人民对于政治运动的兴味"[88](22/21)的《琼崖旬报》急促地介入政治，最终引起当局的不满。1922年1月，受当时广东团组织扩张建团，吸引青年人入团的号召[112](57)，罗汉等发起组织成立以改造社会为目的，以马克思主义为中心思想的琼崖社会主义青年团。[111](138)有可能，琼崖社会主义青年团的成立要早至1921年。[113](68)。社会主义青年团的建立，意味着一个真正革命组织的正式诞生。按照青年团应有机关报的逻辑，徐成章等人欲将《琼崖旬报》改为琼崖青年团机关报，而青年团地方分团大纲要求经费须自筹。[112](76)谨慎的股东们出于商人的利益考虑，担心过于激进的青年团行动会招致当局的关切而拒绝绝对政治化。不久,《琼崖旬报》被迫停刊。1923 年年初,徐成章离琼赴穗任湘粤桂联军某支队参谋长,琼崖青年团其他成员另创机关报《琼岛日报》,仅出 3 期,于 1924 年 1 月 16 日,被海口警局总理何元之派人将《琼岛日报》"四字私灭",并以砖石筑塞报社出入之大门,被迫停刊。[114](1924-01-16:4)

20 世纪 20 年代前后几年,琼崖新闻业一片沉寂,在本土报刊《琼岛日报》被扼杀后,琼崖很长一段时间没有出现革命报纸。除了彼时琼崖专制统治下的政治场力量过于强大外,报业自身经济资本不够强大也是一个主要原因。故,琼崖报刊,从民初开始,能真正生存下来的多为政党工具,政治宣传压倒商业利益。林文英的《琼岛日报》每期几乎是送完的。其间,林文英得到过海口商会会长陈家富的帮助,购买全套新印刷机后,日报才成了真正日出的报。另一份《琼崖日报》,经理林干成,官宦子弟,家财不薄,但维持一份不赚光赔的报纸也是难以为继的。开办不久即遇经济危机,欲向当地富商认股募资金,但鉴于林文英和陈家富因《琼岛日报》获罪的悲惨遭遇,认股者寥寥。后来尽管林干成倾家荡产注资,但还是没坚持多久。不仅如此,就连备受瞩目的旅外琼籍学生回琼创办的革命报刊遭遇的主要困难也是经济压力。《琼崖旬报》从第一期起就"大半系送看,收入报费,不敷邮费",后虽得到琼崖各县当局摊派部分费用,但仍须不时向琼侨"接洽招股及分销事务"。[88](7) 1924 年的《琼岛日报》,报道虽说是被当局封门堵路而停刊,但从该社的紧急通告中可知,该报主要困境还是经济压力:"本报前因经济压迫,不得已暂行停版,各员纷向内外筹措,图速恢复,以遂各界之渴望。"[114](1924-01-16:4)

大革命时期,与负有热血的旅外琼籍青年回乡进行文化活动一样,以经济资本著称的琼侨在经济支援家乡的同时,也积极进行系列文化活动。实际上,孙中山领导的革命伊始,南洋琼侨就尽心尽力地组织捐献、宣传乃至参加国内革命行动,奉献生命。其在琼崖新闻史上也有不俗表现,但因隶属广东之关系，故把琼侨归入粤侨之列。再者，革命仰赖华侨主要是其经济资本，而琼侨相对于其他华侨群体，人数少，且多为下层工人，经济社会地位较低[75](228)，琼侨这个与粤、闽、潮、客等帮齐名的"琼州帮"易被忽略。

实际上，琼崖本地第一份中文杂志的诞生应归功于琼侨。乐会籍马来西亚琼侨卢鸿慈等人，于1923年倡议成立了"乐会自治研究会"，并创会刊《良心月刊》。该刊主旨强烈反对尊孔读经，提倡婚姻自由，提出新文学与白话文。"对宣传进步文化，传播革命思想，唤醒当地民众之觉醒，起了良好作用。"[115](209)《新琼崖评论》曾专门载文予以介绍。作者"善哉"在《对于一九二三年琼崖出版界之评论》一文中评论道：佩服乐会南洋华侨的热心公益，及卢鸿慈先生的奋斗精神。卢君一人单枪匹马，帮助他的人太少。作为当年琼崖四大期刊之一的《良心月刊》，内容不十分丰富，因为琼崖没有好的印刷设备，印刷不是很好。但从第六期开始，投稿的人渐多，有所进步。[88](57)并于第三期以"于桂花女士的作品"为标题，重点介绍了琼崖妇女于桂花在1923年《良心月刊》第6期刊载的6篇著述，其中：论文两篇——《旧家庭险恶环生》《对于琼崖教育感想》；新诗两首——《群蚁抬螳螂》《夏日可畏》；旧体诗两首——《夏日早起》《观潮有感》。对于诸如当时琼崖之妇女地位、男女平等、封建家庭制度等进行了猛烈的抨击。如于桂花写的新体诗《群蚁抬螳螂》，该诗运用象征手法，将受压制的妇女隐喻为螳螂，托物抒情，哀其不幸，怒其不争，激励妇女起来争取自身解放。诗中呼喊着"螳螂！螳螂！你为何竟被蚂蚁抬着呢？你的力量不够吗？还是你的知识不如呢？"在马克思主义宣传和新文化运动热潮中，琼东、乐会广大妇女迅速觉醒，她们为了挣脱自己身上的枷锁，争取自由解放，奋起斗争，拉开了琼崖妇女运动的序幕。《夏日可畏》中对劳动者与资本家二者的显著阶级差异表示不平："劳动家、资本家，一切俱是父母生……为什么他坐吃肥甘？为什么我要受着炎炎的太阳

赶工程？"[114](1924-02-01:3)

琼侨对大革命的宣传从岛内至岛外，方式也是多元的。在文昌，马来西亚琼侨林尤烈先生于20世纪20年代创办了冠南书报社，经费来自马来西亚华侨捐助。购置铺面、桌椅，订阅当时在琼崖出版的一些报刊，供大家免费阅读，目的是"长知识增见闻，接受新文化、新思想，培养爱国爱乡的感情"[116](213)。阅报社一直到日军入侵才被迫停办。在东南亚，辛亥革命时期，华侨纷纷成立了工会、书报社、夜校、俱乐部等各种群众性正式组织或地下组织，开展民主革命宣传教育活动。在民主革命中心的新加坡，琼侨创办了作为同盟会支部之一的"同文书报社"。活动主要内容是"进行文化教育，宣传民主共和、三民主义，捐款与物资支援国民革命，组织和输送革命志士回国参加国民革命"[16](83)。"同文书报社"遭到当地英国政府的压制后，改为夜学（夜校）继续活动。夜学的主要目的是"向工人宣传革命道理，启发工人的阶级觉悟"[117](43-44)，作为宣传主义、革命输出工具存在的夜学，在侨居地之所以繁盛一时，原因有三：一、提高琼侨工人识字水平、学习文化知识；二、提高琼侨工人找好工作的概率及工作效率；三、更重要的是可以躲避政府对"非法"政治党派开展激进政治运动的镇压。所以，夜学大受当地华侨工人和革命团体的欢迎。仅星洲一处，1914年至1925年间就有26所，每所有学生三四十人，有时多至200余人。[75](256)

有意思的是，熟知报刊作用的邓本殷自己也出版过一份寿命仅有三个月，宣传国粹、主张复古的《南声日报》。1925年，因发难于广东南路，邓本殷遭到革命军第四军讨伐，1926年1月败退逃往香港。[1](511-513)

对于民国前期混乱无序又无为的革命运动，大家认为中国当时最急切和最需要的，就是需要一个有主义、有组织、有纪律的群众革命团体。虽然改组后的国民党为当时最大的政党，并掌握政权，但依然不是令人十分满意。[118](8)

## 第三节　旅外学生报刊

清末，在西方政治、经济、文化殖民化刺激作用下，"应对"式地出现了留学青年学生群体，与此类似，民国早期，亦出现了国内各省旅居沪、京、穗等大都市的旅外学生群体。目前，作为知识分子生力军的旅外学生群体研究主要关联于五四时期的新文化运动，和之后的革命运动，而且视角以中心主义为主，像琼籍旅外学生就鲜少关注到。琼籍叙述者的历史性长期"失语"现象，造成旅外琼籍学生群体"消失于无形"。如果从全国，乃至全广东省中心视角看，旅外琼籍学生群体的绝对人数与影响力指数，或许"不值一提"。但如果站在琼崖中心视角，旅外琼籍学生群体是琼崖与外界进行文化联系的主要桥梁与通道，该群体当为琼籍知识者的"中心"和新文化场代表者，尤其是在"孤悬海外"民国早期的琼崖，绝大部分报刊都有旅外琼籍学生的影子。① 可以说，旅外琼籍学生与琼崖文化教育的现代化和现代新闻业的发展，乃至琼崖革命事业关系甚大。所以，无论从琼崖文化教育，还是琼崖地方新闻事业的角度，旅外琼籍学生群体都非常值得关注。

旅外琼籍学生超越岛内学生的一个显而易见的特征是制度文化优势。因为无论是从学历高低之别，还是学生进阶认知角度，大学优于中学都是再明白不过的道理。此外，旅外琼籍学生超越岛内学生的又一特征便是实

---

① 在麦穗统计至1927年的38种报刊中，三分之二的报刊为琼籍学生旅外或在岛内所办。见麦穗《民国时期海南岛报刊目录简编》，载政协海口市委员会文史资料委员会编《海口文史资料》（第五辑），1989年版，第54—61页。

物文化优势。岛内学生无制度文化和经济资本优势，便无实物文化的优势。目前民国时期岛内学生自主刊物只发现 1926 年的《琼崖全属学生联合会会刊》一期。另外，类似《琼中季刊》等校刊虽标示隶属学生会，但岛内在校学生并不完全具有自主性。

如果从文化的角度说，民国琼崖与外界联络的主要桥梁即为旅外琼籍学生群体。近代读书人走出偏于一隅的琼崖，接受高等教育，只有北上，琼崖第一所大学（海南大学）至 1947 年才创建。除省会广州外，琼籍学生升学目的地以上海、北京、南京等大城市为主，其中又以上海为最；学校层次以大学为主。北上求学具体始于何时，目前已无法考证了，但可确定的是不晚于"五四"前。因为在五四运动中成为全国瞩目事件主角的郭钦光，就是 1917 年入学北京大学文学预科[①]，应属于最早的一批琼籍旅外学生。具有强烈家乡情结而分散于全国各大都市及沿海城市的琼籍学生，各自在旅居城市创办了以地缘纽带形式结合，以琼籍学生为主体，以家乡琼崖为主题，目标读者为旅居地琼籍人士和琼崖岛内学生的报刊。并形成了 20 世纪二三十年代旅沪、京、宁和穗等地琼籍学生团体刊物的繁荣之势。

旅外琼籍学生报刊目前所见最早的是 1921 年创办的《琼崖旅宁同学会杂志》（后改名为《琼崖新声》）。目前已见留沪的琼籍学生刊物有《海南潮》[②]

---

① 郭钦光（1895—1919），琼崖文昌人，1917 年入北京大学文学预科。1919 年参与五四运动学生大游行被打伤，后抢救无效于 5 月 7 日逝世。郭逝世后，全国各地举行追悼活动，亦掀起琼崖五四运动的高潮。

② 《海南潮》，旬刊，上海琼崖留沪学生会在上海编印出版。1923 年 1 月已出至第 6 期。关于这些刊物的介绍，主要援引麦穗《民国时期海南岛报刊目录简编》，载政协海口市委员会文史资料委员会编《海口文史资料》（第五辑），1989 年版，第 54—61 页。以下同。

《南语》[1]《琼崖留沪同学会会刊》[2]《琼海潮》[3]《国立暨南大学琼崖同学会会刊》[4]《琼东》[5]《琼崖新青年》[6]等；旅京的有《琼崖旅京同乡会特刊》[7]《琼岛魂》[8]等；旅宁的有《琼崖青年》[9]等；旅穗的较多，有

---

[1] 《南语》，季刊，1923年年初，琼人在沪组识南语社并出刊。主要援引麦文。

[2] 《琼崖留沪同学会会刊》从第2期开始改为《新琼崖》（月刊）；《琼崖留沪同学会会刊》（创刊号）有着销售过千的不错纪录，但出版时间也不能定期。该同学会以联络感情、砥砺学行、发扬团结精神、促进琼崖文化为宗旨，于民国二十六年（1937）元月，创《琼崖留沪同学会会刊》，重要内容包括论著、科学研究、转载、随笔小品、诗歌、学校介绍、会闻等七项。尤以论著、转载两项，特重海南建设，以供乡人研究参考。参见王会均编著《海南文献资料简介》，台湾文史哲出版社1983年版，第19页。

[3] 《琼海潮》，半月刊，上海琼海学生会编印，1927年创刊，仅见第3期。

[4] 《国立暨南大学琼崖同学会会刊》，暨南大学琼崖同学会编，1936年8月创刊。本会纯粹为学术性研究，以追求知识态度，期从博学深思中，锻炼真实理论，研求时代新技，俾使琼崖故乡，改造社会，促进文化。主要内容计分论著、文艺二项，尤以特重论著，提供建设性意见，以供开发参考。参见王会均编著《海南文献资料简介》，台湾文史哲出版社1983年版，第18页。

[5] 《琼东》，琼东留学泸宁同乡会印行。该会1924年1月1日在上海成立。经见1925年12月出版第2卷第3期，本期由第四届委员主持，编辑为黎伯光、陈骏业。又有见1924年6月第1卷1期。主要援引麦文。

[6] 《琼崖新青年》，半月刊，1924年在上海创刊，王文明、陈垂斌、黄昌炜等留沪琼籍学生组织出版。发行处：上海大学，联络：上海东华大学陈德华。经见1925年出版第31期。主要援引麦文。

[7] 《琼崖旅京同乡会特刊》，琼崖旅京同学会编，1932年创刊，内载有关琼崖善后问题，建筑琼崖公路，以及琼人林格兰烈士等传略。参见王会均编著《海南文献资料简介》，台湾文史哲出版社1983年版，第16页。

[8] 《琼岛魂》，1924年莫孔融、何柏森、柯嘉予等于北京组琼岛魂社并出此刊。主要援引麦文。

[9] 《琼崖青年》，月刊，1924年创刊。联络人为南京建业大学韩输光。有见1926年6月出版的。主要援引麦文。

《琼声》[1]《新琼崖》[2]《觉觉》[3]《新琼崖评论》[4]《琼崖改造同志会月刊》[5]《琼崖革命同志大同盟盟刊》[6]《广州琼崖学会会刊》[7]《岛光》[8]《琼声》[9]《琼东学会会刊》[10]《琼涛》[11]等。这些琼籍学生创办的刊物不仅数量众多，而且一直持

---

[1] 《琼声》，周报，广州琼声周报社出版。该社成员以琼穗留学生为主体。1923年1月已出至第21期。抗日战争时期亦有一份同名刊物。1939年秋，中共琼崖特委和广东民众抗日自卫团第十四区独立总队在广州湾创办半月刊《琼声》杂志，后因编辑人员和印刷出版的关系，改名为《南路堡垒》。每期印2000份，三分之一留在广州湾及琼崖发行，三分之二由交通员带到南洋各埠发行。见《党史文化与中国抗日战争研究》（第三册），中共党史出版社2015年版，第182页。

[2] 时任青年团广东区委书记刘尔崧在1923年的一份关于广东青年团的报告中提到《新琼崖》，其中《新学生》《劳动》标明是"团体的"，而《新琼崖》《琼声》《觉觉》等是"有关的"。推测"团体的"即是隶属广东省团委的，而"有关的"即属局部性、小团体。参见广东省档案馆、广东青运史研究委员会编《广东青年运动历史资料》（1），1986年，第133页。

[3] 《觉觉》，海外品学观摩会出版。杨善集是该会主要组织者与撰稿人。经见1923年2月出版一册，新会员名录中有黄昌炜、钟衍林、陈三才等18名；又1924年3月出版一册，新会员名录有王文明等21名。主要援引麦文。

[4] 《新琼崖评论》，半月刊，该社1924年1月1日在广州成立，并出创刊号。杨善集、徐成章、洪剑雄、徐天炳等人主持。至第4届，社员发展至460余人。现存1924年1月1日创刊号至1925年5月15日第30期。主要援引麦文。海南省档案馆藏有30册的复印件。

[5] 《琼崖改造同志会月刊》，1925年6月在广州创刊。经见1925年7月1日第2、3期合刊和8月1日第4期。该会成员有郑介民、黄珍吾、王俊、邢森洲等一批黄埔军校学生。主要援引麦文。

[6] 《琼崖革命同志大同盟盟刊》，1925年4月集宁、沪、京、穗的琼崖革命青年，社团代表于广州成立大同盟并出版盟刊。主要援引麦文。

[7] 《广州琼崖学会会刊》，王千浩等主持，经见1931年12月第三册。主要援引麦文。

[8] 《岛光》，广州琼山学会1932年成立并出刊。会员123人，由冯大椿、王鸿兰、王俊等主持，经见1933年1月刊。主要援引麦文。

[9] 《琼声》，半月刊，广州琼崖学会出版，经见1934年第1期。主要援引麦文。

[10] 《琼东学会会刊》，广州琼东学会出版委员会，经见1937年第1期。主要援引麦文。

[11] 《琼涛》，广州中大琼崖学会会刊，1935年6月已出第3期。《广州中大琼崖学会近况》，《琼崖民国日报》1935年6月24日第3版。

续至20世纪30年代,但以20年代的为主。尽管目标读者主要为琼籍人士,但通讯范围较广,不止于该刊编辑群体的籍贯地。如琼东留学沪宁同乡会的《琼东》(1925年12月),寄售处除了琼东县教育局及县城中学校外,还可以通过上海各大书局向国内外各地寄售。而琼崖旅宁同学会的《琼崖新声》(1922年7月),通过另加邮费注明方式,告知每册加邮费五分可寄达日本,每册加邮费一角可寄达南洋及欧美各国。

当革命报刊在故乡新闻审查制度之下渐趋绝迹之时,旅外琼籍学生报刊不断涌现,不仅仅是巧合而已。传播工具、时代思潮、群体特性、旅居地政治等,均是重要的催化剂。国内各省"留学生"报刊滥觞于清末留日革命青年报刊。旅日学生依托地缘熟人关系而办报刊,在联络乡谊、互相学习的初衷之下,无形中亦把日本当时最先进的科学技术和西方文明介绍给家乡青年,同时,也是这些革命报刊最先向国内读者介绍社会主义。[94](428) 而真正把学生办报热情完全激发出来的是"中国青年的政治运动"五四运动。[97](32) 五四运动中,宣传介绍新思想、新思潮的报刊多达200余种。[119](354) 五四新文化运动不仅是一场知识青年的思想解放运动,也是一场学生报刊的解放运动。《新青年》《每周评论》等一批巨大影响力报刊的先锋模范作用,报刊编辑形式的革新,白话文的倡导,使办报群体由开始的职业革命者过渡到青年学生群体。五四运动后的一年里,传播新思潮的进步社团大量涌现,其新出版的革命学生刊物有400多种。[120](103) 五四运动的巨大成功不仅使学生更深刻地认识到报刊的作用之一即是政治斗争的"利器",也使他们开始学会运用这个"利器"。作为表现学生思潮结晶之一的"五四"报纸,其中具有不同程度的社会主义倾向的有200多种。[121](163) 需要说明的是,师生办刊主要发生在中心城市里的大中学校,每种刊物的背后几乎都有一个社团,参加者都是青年人。[122](19) "五四"学生社团激增,废科举后的读书人走出家门,因学校和社团而结合为进一步的共同体。"从前这个学校的学生和那个学校的学生是一点没有联络的,所有的不过是无聊的校友会、部落的同乡会;现在居然各县各省的学生都有联合会。"[123]五四后大学中青年学生以省界、系界为基础办刊情况很常见。浓厚革命气氛中的学生,因政治信仰不同而争斗,除了通过辩论、讲演外,还通过各自的报刊来表达。这多少有民初政党报刊的影子。当时上海宣传主义、鼓吹革命之刊物,上海大学所出者"凡数十种"[108](1032)。在革命师生活跃度高的同学会中,既有以省市地域为圈子的,也有以系为圈子的。每个团体一般都有自己的宣传刊物,如教职员工组成的中国孤星社有《孤星》旬报,中文系戊辰会计划出文艺期刊,上海大学浙江同学会成立亦计划出不定期刊物一种,湖北同学会成立决定发行刊物,甚至一些区县级的亦组成同学会,如台州同学会成立并计划出一月刊。[107](1924-11-20、1925-03-23、1925-04-05、1925-10-27、1925-11-16)

琼籍学子从"边缘"琼崖移向"中心"旅居大城市,变化的不仅是教育与信息的更新,更有角色与身份的转换。新式大学与"五四"孕育出的学生刊物,使琼籍学生的角色与使命找到更加明显与合理的完成途径及方式。学生刊物集中与兴盛于20世纪20年代的上海,与通商口岸崛起、租界兴起、文化多元、经济繁荣、自治运动蓬勃发展有关,更与"五四"后激进的政治思潮密切相关。[124](41)罗苏文认为,自清末民初以来,中国社会开启了从自然经济向商品经济的过渡,这一新旧交替转变时期的一个明显特点是"区域发展的极不平衡"。而在20年代率先完成这一转变的上海,与其他广大"极微弱的商品经济"地区之间的巨大梯次差距,不仅"可能使社会内部的冲突表现得更为激烈",还成为国共两党如何实现不同政治构想与实践的深刻背景。[125](141)上海作为民国时期资本主义最发达的地区,也是无产阶级反帝国主义反封建主义最早最激烈,革命最彻底的地区之一。[126](4-5)上海汹涌的革命洪流裹挟众多学生直接介入政治,尤其是"五四"被发现和利用的学生力量。国共两党"都认识到吸收青年学生为新政治力量的可能性而寄以希望。……当时所有的政党都想争取青年知识分子的支持,其结果便弄得〔知识界里〕人人对政治都发生了兴趣"[127](194)。

　　旅沪琼籍学生就读的学校主要有上海大学、复旦大学、国民大学、真如暨南大学、浦东中学等,其中以上海大学(以下简称上大)居首。上海作为中国近代化最主要窗口,其多元文化与商业经济吸引着来自四面八方的读书人,尤其对来自多重边缘地区的琼籍学生冲击更大。上大是一所具有革命基因的大学。1925年上大建立党支部,上大"办事全靠共产党员"成了公开的秘密[108](1014),以致1927年"四一二"反革命事变后,最后被蒋介石以"上大是赤色大本营,是煽动工潮、破坏社会秩序的指挥机关"予以"查办"。[128](166)以文化和政治活力吸引青年的上大,聚集着当时大学中比例最高的公开身份的教师共产党员,如教务主任邓中夏、时任中文系主任陈望道、社会学系主任瞿秋白、教授施存统等。在充满浓郁革命气氛的上大,1924年官方调查发现,全校约四百人的学生中,"大部分是共产主义的信徒","有智力的共产主义宣传家"。[128](130)革命声誉远播的上大"兼收并蓄",吸引着因"闹革命"而被其他学校开除的各种学生,以及许多政治觉悟高的青年学生,包括众多琼籍学生。上大琼籍学生大多就读于人数最多、师生党团员比例最高的社会学系,其中有许侠夫、陈垂斌、冯骥、黄鹤琴、郭儒灏、罗文淹、黎光撰、黎伯光、冯运刚等,约占全系学生人数的四十分之一。这批琼籍学生中的许侠夫、陈垂斌、罗文淹等人,后来都成为共产党在琼崖革命中的重要领导骨干力量。如上大《南语》主编,后任琼崖特委宣传部长的许侠夫;曾任《琼崖新青年》主要撰稿人,后任特委常委的王文明和陈垂斌。从上海返琼参加革命的罗文淹后来回忆道,留沪琼籍青年人数近千,上海的革命行动,"都有琼崖同乡参加","其思想行动总比其他各地之琼崖人为趋新、为革命,故其在琼崖之影响实颇巨大"。[129](119)

　　民国早期学生刊物大多"昙花一现",主要问题是出在被布尔迪厄认为最重要的资本——经济资本上。革命元老戴介民回忆上大学生时说道，同学会活动"主要是宣传活动，有时举行会议、发表通电，也自己办刊物，印发宣传品，办刊物用费是大家捐献的。这种刊物多半不持久，印数也不多，一二百份，不是出售，而是赠送，范围不限本市，也分寄外埠"[108](1131)。第一、二期在广州出版的《琼崖旬报》，据创办者徐成章介绍，"大半系送看，收入报费，不敷邮费，完全为本报牺牲的时期"[88](7)。原名《琼崖旅宁同学会杂志》的《琼崖新声》，原拟免费，但因印刷费考虑而定价。"本杂志原拟作赠品，但以印费甚巨，恐未能继续出版，故暂定价出售，幸乞阅者诸君见谅。"[130](1922-07:2) 但光有文化资本和一腔热血，对一份希望长久维持的刊物是远远不够的。20世纪20年代国立大学教育经费被拖欠挤占非常普遍，北大的蔡元培就曾为此多次请辞。而经费对于全靠自筹的私立大学就更为艰难，故，私立大学学生以商人家庭者居多。[131] 如1918年，私立复旦大学校长李登辉曾亲赴南洋募捐，向爱国侨胞募得建校资金15万元[132](107)，并招收了大量华侨子弟。[133](142) 以上大为例，学费每学期40元，膳食费每学期30元，寄宿费每学期15元，体育费、书报费各1元，还有其他杂费。[108](83) 合计每人每年至少200元的花费。以20年代工资与生活水平位居全国前列的上海为例，其一般工人家庭年收入为200—400元[134](39)，这意味着上海一般家庭供养一个大学生略显困难。大学生多殷富子弟的事实，使时任上大校长于右任都感叹贫困子弟少不是个好事，故在向国民党中常委请求增加经费预算理由书中，把拟减少学费以广纳寒门优秀子弟作为其中一条重要理由。总而言之，民国新式教育的门第化趋势严重，大学不是寒门子弟读得起的。①

---

① 许多学者认为民初时的大学生多是官宦子弟。[美]魏定熙：《权力源自地位：北京大学、知识分子与中国政治文化：1898—1929》，张蒙译，江苏人民出版社2015年版，第103—104页。许纪霖等：《近代中国知识分子的公共交往（1895—1949）》，上海人民出版社2007年版，第13—14页。

能出来到各大城市读书的琼籍子弟,家境一般不差,主要是琼侨背景家庭。

众多的华侨子弟回国读书得益于祖居国与华侨二者共同推动。由于文化因素及侨居地的政治歧视等原因,华侨子弟教育问题随着其经济实力的增加而越发凸显。华侨子弟回国升学能让民国政府获取华侨经济资本与政治资本,所以,民国政府对于华侨子弟回国读书的要求是持欢迎态度的。其重视体现在,陆续为华侨教育专门设置了一些机构和颁布了系列政策。诸如在南洋各地设立教育会、设立教育部华侨教育专员、培养华侨师资、广设海外华侨补习学校、设立华侨教育会与教育基金等。其中,最明显的是1914年2月6日,教育部颁布的《侨民子弟回国就学规程》七条。该规程对世界各地的15岁以上的华侨子弟回国就学做了制度上的安排,并提出一些诸如减分、从宽录取等实惠条件。[135](342) 另外,政府每年在国库中拨出专款用于培养华侨师资与考选优秀学生回国就学。[136](121) 1926年10月,国民党中央通过的《国民党最近政纲》有关侨务的政策中规定,除须特别保护受邀回国兴办实业的华侨外,还强调"华侨子弟归国求学,须予以相当便利"[137](106)。华侨子弟回国读书人数日增,至1915年8月,归国求学的侨生已经达到300余人[138](9),主要分布于上海、北京、厦门等地。虽没有关于琼侨子弟归国读书的具体数字,但根据东南亚华侨主要来自闽粤的事实推测,琼崖定占一定比例。当时因普遍处于发展建设期而资金缺口较大的上海众多私立高校,与去上海就读水路便利的众多琼侨子弟,二者间很容易产生交集。与东南亚经济发展相依存的琼侨,因前者于20世纪初至"二战"前夕在世界出口贸易中居优势位置经济强劲而"经济阔绰"[139](159)。故,东南亚经济形势与华侨回国投资大好的20年代,是琼侨捐赠的高潮之一——如海南中学和海南医院都是此时琼侨出资捐建的,同时也是琼侨子弟回国读书的鼎盛时期——随着30年代南洋经济衰退而退潮。

从某种意义上说，相对于其他地区部分同学，琼籍学生办刊的一大优势，就是琼侨较多，经济较宽裕。学生花销中，其中一项支出是办刊费用。20世纪20年代的上大琼籍学生，几乎都是琼侨子弟。如1924年4月上海大学中文系新生花名册中，陈垂斌的通信地址为南洋芙蓉埠维商号陈魁球转，许侠夫的通信地址为南洋马六甲打金街鸿盛高号，冯骥的通信地址为南洋雪子园莪申洞新琼盛号，黄鹤琴的通信地址为南洋星加坡日本街裕泰号。[108](29、35)这几位都是《南语》的创办者与编辑。虽说所填地址并不一定就是学生家里的准确信息，但作为通信联络之用的地址信息至少可以表明他们的东南亚华侨身份。这一时期，办刊的琼侨子弟还有许多。如南京《琼崖新声》的编辑，琼崖旅宁同学会会长王坚白、副会长符树汉亦是。《琼东》的编辑、上大学生黎伯光和黎光撰虽未显示为东南亚华侨，但家庭通信地址显示为岛内商行，可见家境亦不差。从已见的琼籍学生刊物看，其经费来源主要是内部人员的会费和外部人士的捐助——其实会费可看作"常捐"，外部捐助看作"特捐"。《琼东》经费除了琼籍学生会员捐款，就是向南洋琼侨募捐，如1925年第3期，就有332个人和"琼崖现身教育社"与"洲坡黎氏兄弟同乐会"两个社团捐款，个人捐款金额从一元至十五元不等。《琼崖旬报》创办之初亦曾派人赴南洋募捐。[88](3-8)自治中的琼籍学生刊物秉持"五四"民主程序，所有机构组成人员均须经过会议选举产生，所有账目支出报告在大会上通过后还要在刊物上公示。如《琼东》为做到公开透明，每期都公布经费预决算情况，其第1期1924上半年收支账目情况非常明细：

一月一日开成立大会收来会费银十三元五角

收十九名会员聚餐银二十八元五角

收会员基金期金刊费一百六十元零五角

收募捐银六十元

以上四条共收银二百六十九元五角

支开成立大会聚餐银三十一元

支两次摄影银三十四元

支期刊付印定头银四十元

支杂费银十三元八角八分

以上四条共支银一百十八元八角八分

原收入二百六十九元五角

合二百六十九元五角

支一百十八元八角八分

存一百五十元零六角

  琼侨子弟相对优渥的生活条件是其热衷办刊且不计成本的一个重要因素，也是琼籍学生团体这种非营利性组织运行稍微较长久的关键。因部分琼籍子弟经济资本较"雄厚"，但不具备现代报业经营理念，所以会出现类似"集资办报，蚀光亏光为止"的志士办报可能。[58](225) 一位回国华侨在上海发现侨民子弟"用钱太厉害""食用太过度"，站在家长角度，批评后者花钱"大手大脚"的毛病，希望这些回国就读的子弟能像其祖父辈一样，勤俭生活、刻苦学习。[140](205) 这从一个侧面印证了华侨子弟要比其他同学"手头宽裕"的事实。毕竟只有经济比较充裕的华侨家庭才有能力送子弟回家乡接受教育。[141](242) 这或许是上海琼侨子弟热衷办刊，且数量众多，同时又能维持稍为长久的一个原因吧。

## 小　结

清末传教士是海南岛内最大的外国人群体[60](11)，因医疗和教育等公益性事业，与当地人接触频繁，对当地人影响很大。尽管19世纪90年代就已初步具备印刷报刊条件，但因种种原因而未正式开启的高素质群体组织海南差会，在1912年的特殊政局中，创办了琼崖第一份近代报刊。尽管其主要内容为服务于岛内三个传教站事工，但鉴于海南差会的信徒和教会学生的规模较大，该报刊的影响力不可小视。琼崖早期的部分革命先驱就是从教会学校毕业的，如罗文淹和陈垂斌等。[142](44-45)

琼崖本地第一份中文与革命报刊的创办最终还是由国民党琼籍成员实现的。最迟至1913年下半年，泰籍琼侨林文英在孙中山的指导下创办了海口国民党支部的机关报《琼岛日报》。作为革命党主要武器的报刊，其主要使命是生产核心资本——作为政党合法性和威权表征的政治资本。但在随后展开的国民党革命派与北洋实力派之间的权力斗争中，取胜的后者对前者的系列政治活动进行严厉镇压，袁世凯发动的"癸丑报灾"主要就是为了打击孙中山领导的国民党系统报刊。《琼岛日报》本是因为配合被迫去职的临时大总统孙中山领导的国民党发动对袁世凯的政治运动而产生的，但在执政的北洋实力派武力压制下，所有敌手的革命报刊均被列入"非法"名单，招致严厉打压。《琼岛日报》就因对袁世凯的激烈抨击，招致后者忌恨而被禁。

由于1926年前，琼崖陆续被龙济光和邓本殷军阀割据，军阀封建专制机制无法容忍民主气氛与批评声音，本地报刊无法生长。但这段时期全国割据的态势在某种程度上催发了旅外琼籍学生报刊的出现，异地政治批评成为可能。旅外学子出于联络乡谊的需要，组织同乡团体，再在"五四"激发出来的学生办刊热潮裹挟下，凭借青年群体的激情和文化资本优势，创办以琼籍人士为阅读对象的报刊。报刊于"五四"过后的20世纪20年代前期最为兴盛，很大程度上是旅外学生强烈的政治介入感，以及邓本殷统治带给他们的无助与绝望。另外，除了琼崖家乡的腐败政治刺激和学生群体的文化资本优势外，旅外琼籍学生报刊的相对繁荣，还有琼侨子弟经济资本加持这一重要因素。但对于那些无固定收入、靠家人供养的学生来说，几乎公益性质的学生报刊，也是一笔不小的负担。另外，除了须缴纳一笔固定会费外，出洋向经济实力丰厚的华侨募捐也不是长久之计。捐助者频繁的被捐助请求，琼侨个人的经济状况和捐助意愿，以及对捐助对象（刊物）的喜好等因素，都会影响捐助效果。因此，这种严重依赖他人捐助意愿的筹资模式，为刊物运行不稳定、迟刊乃至突然终刊埋下伏笔。这也应是旅外琼籍学生刊物数量不少，但能长时间连续出版的却不多的一个原因。尽管20年代琼籍学生刊物已开始努力多方开拓资源，有了广告意识。如1925年的《琼东》上就出现了广告价目表，虽已是第2卷第3期，但全本无一广告。商家一般不会向一份受众面狭窄的学生刊物投放广告。这些因素综合影响了琼籍学生刊物的进一步壮大。但无论怎么说，20世纪20年代早期的旅外琼籍学生报刊在琼崖报刊史上占有相当的位置，不仅数量较多，在同时期琼崖报刊中也显得最有活力与力量。因此，鉴于旅外琼崖学生与报刊在20世纪二三十年代琼崖文化场的特殊位置，第五章还将做进一步解读。

第三章

岛内报刊角力
(1926—1937)

结成第一次合作关系的国共两党，于1926年正式介入琼崖。刚赶走邓本殷军阀，在琼崖开始真正意义上执政历史的国民党，于1927年发动"清党"行动，与共产党开始了一番明争暗斗的激烈政治力量角力。本章主要对掌握了政权的国民党当局在政治上如何对待琼崖党组织系统报刊发展，而在巨大政治生存动力下的后者的报刊活动如何应对，还有20世纪20年代末开始的经济危机，以及地方文化教育基础整体上对琼崖报刊业产生哪些影响等方面进行探讨。

## 第一节　当局编织政治管控大网

琼崖国民党当局对琼崖新闻业的监管措施，与帕克论述欧洲早期移民报刊所遭遇到的情形类似，不断地检查或压迫。[143](36) 第一是行政审批管控。通过出版许可制度，对岛内一切自认为有潜在威胁的非本党报刊不予批准出版，进而列为"非法"出版物予以严厉打击。而对付岛内"非法"革命出版物的具体手段，最明显的就是通过严格控制体制内的邮件运输系统，从流通渠道排斥和查禁各类"非法"刊物。琼崖当局不仅规定私营轮船不得染指水路递送邮件的营业，一经邮务机关发现，报告到部，将吊销该轮航证照[49](1935-10-04:3)，还强迫陆路车家也加入实施严禁队伍大军，要求其不得违反私运邮件的例禁，一旦私运邮件（即代客商沿站接受），"自非从严惩罚，不足以儆其余，由绥靖琼崖交通处与公安分局严行取缔"[49](1935-12-03:3)。

当局对于岛内新闻业实施的又一管控措施是定期巡查文化场所。琼崖国民党各级党部除了常规性地向下级党部及各机关团体学校下发各种宣传纲要及宣传品外，就是定期积极审查"易于颠倒是非，混淆视听"的各种刊物。如儋县党部1934年"对于此种工作，异常注意，每周必派宣传干事，前往儋中图书馆及民众阅书报社检查，阅其刊物，有无反动宣传品存于其间，并审核各区党分部之宣传品，察其言论是否正确，有无违背本党主义政策"[49](1935-01-07:6)。当局以非常主观的政治言论"正确与否"的模糊标准查禁本地市场出版物，"成果"甚是丰富。1934年，琼山查禁"反动"刊物六百余种[49](1935-01-01:3)，海口党部查禁"反动"刊物五百余种[49](1935-01-01:4)；1935 年，琼山县党部查禁刊物七百余种。[49](1936-01-11:4) 检查对象主要是各种大众文化机构，除了民众阅报社外，书坊也是当局经常检查的一个重点文化场所，其事先会将应查禁刊物名称列表通告各书坊。1935 年文昌县党部派员前往各书店严格查禁了数十种"反动"刊物，如《火焰》《缺大姐》《第二国际》《第三国际》《社会主义史》《路灯半月刊》《少共国际纲领》《国中土地革命史》《最近情报》《保护花莲图小说》《丰收一种》《救国报》《记言论法》《诗歌月刊》《鲁迅文集》《世界危机的分析》《客观创刊》《两性恋爱指导》《锦绣河山之羊城巡视记》《自然办法》《中国语写法拉丁化》《潜卢论政集》《禽兽世界》《文言白话大众论》《语战集内载之大众语文问题》《自由文艺论辩集》《华北烽火刊物》《哲学概论》等。[49](1936-01-14:4) 仅从书刊名上看，文昌县党部的查禁力度非常大，从文学性的《诗歌月刊》《中国语写法拉丁化》，到《性欲镜》《处女的检验》《我和嫂嫂》的淫秽描述，更别说诸如《自然辩证法》《国际劳动运动史》《三闲集》等有"宣传赤化"嫌疑的书籍了。[49](1935-11-15:5) 学校是当局政治监控区域的重中之重。当局要求各学校，"于督课教育整顿之外，兢兢注意监察职员学生之行动。凡自外投来刊物，及在校书籍，均时时施以检查，不稍松懈"。如当局就曾从寄自江苏的普通包裹内，查获了一份"敏感刊物"——《少年真理报》。[49](1935-02-23:5)

当局阻止岛内革命报刊发展的第三种办法，是对新闻生产物资进行封锁。国民党对新闻原料的查禁一直很严，如果当局缴获革命组织一副印字机，就会在《琼崖民国日报》上以醒目标题凸显。[49](1935-08-03:3) 琼海关的报关规则中，除武器弹药、医药、黄赌毒等例行禁运外，无线设备亦是其中主要禁运对象。琼崖海关对下列各项物品，除按规定专章报运外，概禁进口：

（甲）军械、炸药、炸弹、制造上项物品之原料；（附注）用以自卫之手枪一枝、及旋轮手枪一枝、子弹五百颗、又猎枪三枝、子弹若干（总数不超过三千粒）准随行李纳税进口。

（乙）食盐。

（丙）鸦片及用鸦片制成之物高根药叶者、皮肤注射器。

（丁）无线电话、无线电报、无线电收音机、无线电发音机，无线电收音及留声两用机，及上项无线电机用之零件。

（注意）旅客如于行李内藏匿本规定第七条所列违禁物品、经关查出，应即扣留分别接送本国或各该国政府机关惩办。

（八）赌具例如轮盘及其同类性质者、与及淫书淫画等，概禁进口。[82](44)

当然，还有最为根本的立法防治。除了行政制约手段外，制度化的法律法规是支配阶级约束被支配阶级的常规措施。党国制度下的国民党威权政治，对包括媒体在内的次级社会团体予以垄断和收编，加强对政治异议的管控。官僚系统、党政部门与法律等对媒体制定有约束力的规则，实施正式或非正式的宰制关系。如总动员法、戒严法、出版法、惩治叛乱条例等战时特征的各种临时规定与法令，取代与补充宪法中的相关条款，对言论自由及报业发展形成一股强大的场域力量。[144](82、90、91)自1928年起，北伐后的国民党陆续制定了《宣传品审查条例》《日报登记办法》《出版品条例》《全国重要都市邮件检查办法》《各县市邮电检查办法》《出版法》《宣传品审查标准》《图书杂志审查办法》等法规与条例，试图从制度建设源头上管控国民党系统外的出版品，及清查全国出版事业。[31](23-62)垄断定义合法性权力的当局，用法统手段实施对革命报刊的打击，屏蔽了体制内外民众对革命报刊的真正认知，限制了革命报刊作用的真正发挥。在当局日益趋紧的新闻政策，及新闻检查与图书杂志审查法规两大系统下，琼崖党组织秘密出版或可获得的报刊均遭遇到不同程度的查禁。

如果当局要防范岛外革命报刊的输入，似乎拦截是最佳手段了。为阻止岛外向岛内输入"非法"刊物，不让被国民党视为"蛊惑"的言论流入岛内，尤其是试图隔断旅外琼籍学子报刊或南洋等地革命报刊流入，停止邮寄特权是国民党当局在治外法权的重要包围之下，唯一使得上力的制裁手段。[31](42) 当局行政干预的禁邮措施对于胆小谨慎的报刊或许有效，而对于以"持不同政见"面貌出现的革命报刊而言不一定奏效。革命报刊会有对策性地避开官方邮政的行政盘查，利用自己组织的社会网络，乃至个人进行传递。正因为官方拦截程序的相对固定，这就给革命报刊流动性增加了选择。不然旅外琼籍学生报刊和琼侨革命报刊如何能够进入岛内而产生影响呢？！1935年当局就从澄迈一商店中查获了来自南洋的旧报纸20件重4000余斤。[49](1935-11-26:3) 数量如此庞大的南洋报刊，可知其输入持续时间之长，以及岛内民众规避当局查禁渠道的能力。当局尽管对辖区内报刊的人员、印制和流通等环节实施日常监控，基本情况了然于胸，但对于辖区外的报刊则可能不甚了解。由于广东新闻场较多地受到毗邻的香港、澳门与南洋等外援报刊力量影响，故当局尽管能对内实施"癸丑报灾"式查禁和整顿，然对处于自己行政力量边界外的报刊，从源头上无能为力，只能寄希望于拦截式检查，从邮寄渠道上切断外部革命报刊的输入。当局规定"凡香港各大报，自应以迭奉明令通饬禁止入口者为范围，至于各种小报，大都猥亵诲淫之记载，或揭发他人之隐私，对于社会人心，实毫无裨益，向系一律查禁截缉，不准入口，以免妨碍风化"。1935年7月底，西南执行部突禁香港工商、循环、华侨、大光、午报、朝报、南华、东方等八报入境，原因即为"各报对西南整个局面，多所煽动"。[49](1935-08-01:3) 省府的查禁措施是：

为防范香港各禁报输入，爰体察各方情形，拟定查缉办法四项：

一、广九铁路火车上应由护车宪兵负责于每次由港来省车上严密查缉；二、凡由香港舟车直达内地之地点如宝安县城、深圳、东莞、太平、虎门、江门、汕头、汕尾、石岐、关闸、海口、北海、水东、梅菜、海安、广海、三水、容奇、陈村、九江、沙口等处应由当地军警及缉私关卡共同负责于舟车抵达之时派出队警严密查缉；三、凡广九铁路沿途所经各站由当地军警及缉私关卡共同负责严密查缉；四、凡广州市内港澳轮渡码头广九车站及由港经港入口之码头应由广东省会公安局负责饬属分别奉行查禁。[49](1935-07-25: 5)

对于国民党当局逐渐趋严的新闻管制，反应最为敏感的当为报界。为此，全省报界也曾在一定程度上努力抗议过。1935年，粤省报界公会、全省新闻记者联合会、广州新闻记者公会对立法院通过修正之出版法与现行法诸多变更，一致认为不妥，窒碍难行，并逐条辩驳了新出版法之种种弊端。如出版界之主管官署改为县政府或直属行政院之社会局，记者公会认为此决议不公平，"适足使贪污者得钳制舆论之权力，而抹杀社会之公道是非"。尤其批评了有关书籍及其出版物检查办法，谓"新闻纸未曾道及，驯至无所适从，各地查扣，参差不齐，经营新闻业者，既失其所守而执行，办理者必无标准，势必沦陷举国新闻事业于奄奄垂毙之境。文化前途，何堪设想"。[49](1935-08-02: 2)在全省新闻界的舆论压力下，1936年省政府第五届第一次全体会议决议做出一项妥协性决议，要求"各地方机关，仍有于法令范围以外，任意扣留报纸，干涉舆论情事，殊有未合"进行纠正，切实保障正当舆论，以崇法治，而重民意。[49](1936-02-17: 5)对于彼时国民党当局的新闻管制行为，报界领袖张季鸾的批评可谓一语中的。军政机关与一般官吏始终"不明保障言论自由为各级政府本身固有之职责"，"存有苛责挑剔之念"，"以严重取缔为当然"，滥用权限，抹杀了报界的合法生产空间。[145](159)报界组织在严酷政治场中能够发声，意味着新闻场还有一定的影响力，能抵御一定的外部他律，与当局之间尚存有一些可协议的空间。这也正是报界成立组织，抱团取暖的初衷。但从琼崖新闻界联合组织——海口记者公会，迟至1947年3月9日才正式成立的事实，则可知琼崖报界组织自身力量的微弱，琼崖新闻场几乎完全被政治场他律化了。[49](1947-03-14: 2)

## 第二节 经济危机袭来

从长历史角度看，琼崖经济发展虽有明显进步，但似乎陷入了"荷兰病"陷阱（又称为"资源魔咒"现象），一方面资源丰富，而另一方面却贫困落后。长期研究琼崖经济的陈光良认为，琼崖商品经济发展迟缓的主要原因为：资源丰富但农产品同类性过高；富饶充足却养成了岛民自我满足的懒惰性；止步于低层次的消费需求，进而不注重生产方式的改进和生产力的提高；社会分工并没有形成一定规模的商人群体；等等。[10](429-445) 虽然文昌和琼山等北部经济为琼崖翘楚，但对东南亚侨汇的严重依赖隐藏着巨大的危险。总体上依旧为小农经济的琼崖，在20世纪20年代末期至30年代，随东南亚经济萧条浪潮波及而渐入困境。其间，琼崖对外贸易额虽有增加，但不论是对国外贸易或对国内各省贸易，皆系输入超出输出。[10](429) 见表3.1。正因为琼崖经济巨大入超缺损能由侨汇暂时弥补，才不至于陷入崩溃境地。

表3.1　20世纪30年代前后其中五年琼崖进出口贸易额情况

| 年份 | 洋货进口净数 | 土货出口净数 | 入超 |
| --- | --- | --- | --- |
| 1926 | 3689839（海关两） | 2002899（海关两） | 1686940（海关两） |
| 1927 | 6527528（海关两） | 3280495（海关两） | 3247033（海关两） |
| 1928 | 5120870（海关两） | 3369934（海关两） | 1750936（海关两） |
| 1933 | 1085438（国币元） | 3042681（国币元） | 1957243（国币元） |
| 1934 | 1216375（国币元） | 1733614（国币元） | 517239（国币元） |

资料来源：陈铭枢：《海南岛志》，海南出版社2004年版，第434页；海南省地方志办公室编：《海南省志·对外经济贸易志》，海南出版社2009年版，第517页。

在市场经济不景气的时候，无论是商业化收入，还是政府津贴，自然要受影响。琼崖经济一直来以南洋经济马首是瞻，后者疲软牵动前者衰弱。20世纪20年代后期开始，侨汇减少，由之前正常年景每年至少1100万元[75](223)，减至30年代每年为500万—600万元[146]。如新加坡侨汇由1927年的12453255元减少到1929年的8670923元，见表3.2。

**表3.2　新加坡琼侨汇兑回琼统计表**

| 年份 | 数额（元） |
| --- | --- |
| 1927 | 12453255 |
| 1928 | 9156380 |
| 1929 | 8670923 |

资料来源：许崇灏、郑资约、杜定友、丘岳宋：《琼崖志略　南海诸岛地理志略　东西南沙群岛资料目录　琼崖文献目录　中国南海诸群岛文献资料展览目录》，台湾学生书局1981年版，第56页。

与侨汇减少相伴随的是失业返琼人数的增加，这给琼崖当局增加了巨大的社会治安和就业压力。如1935年4月《琼崖民国日报》连续几天报道了从南洋被迫回乡的失业琼侨新闻：

> 本岛侨民，去岁十二月间因南洋各埠商业渐有起色，乃前后由万澄文等县，沿海口岸偷搭帆船前往谋生者有四百余人。讵到达南洋登岸时，因违反入口条例，被当地政府拘禁，分批解返原籍。上月二次已解回百余名。查昨（三日）晚美西轮船抵埠，又有琼民九十余名，由星洲政府解下该轮返籍。登岸后公安分局即会同市商会逐一登记姓名，并将其劝往大同戏院暂时度宿，候今（四）日再分别资遣返里云。[49](1935-04-04：3)

> 本岛陵水万宁琼东等县侨民，因去岁十二月间，前后偷搭帆船赴南洋谋生，抵埠南洋时，当地政府为违反入口条例，盖将拘捕，分别

解返原籍。上月前后三次解返二百余名。各情迭志本报。查前（七日）晚美南轮船抵埠，星洲政府又由该轮解返一百二十余名，登岸后由公安分局会同市商会逐一询问姓名，分别登记，劝往大同戏院暂度一夜。昨（八日）已雇汽车八辆，分别遣送返籍云。[49](1935-04-09:3)

南洋经济疲软，不仅侨汇锐减，琼侨也被迫大量返乡，经济下行很快传导到家乡琼崖，在琼崖的文化市场上明显地体现出来了。据《琼崖民国日报》报道，1934年海口商店开关变化情况，其中教育文化用品类，新开3家，资本2540光洋，关门4家，资本3460。[49](1935-03-21)

琼崖经济衰败，民众购买力显著下降，对文化消费影响明显。1933年统计，包括培英书局等36家海口商店破产。[147](1933-02:4) 1934年海口中华印务局关了。[82](1934-02-12:16) 1935年，海口商店共180余家，其中文书业仅2家，资本1530光洋，营业额10000光洋；表图印刷业有10家，资本1200光洋，营业额4200光洋。[49](1935-07-24:3) 琼崖绥靖委员公署对岛内纸张实施调控措施，以采用国产纸为由，掩盖经济衰弱真相："第四路军总司令部令发公文稿纸及各种公文所用之纸，与各军官佐人员所用之履历表式样，饬各纸店务宜依式以国产纸印制，并定由十月一日起，如将不按规定之公文稿纸等及旧履历表出售者，应即酌予处罚，俾示儆戒。"[82](1936-10-17:48) 随着日本侵华全面展开，在经济压力与战时的特殊环境下，国民政府运用了调控政策，对用纸实行配额制。1937年全岛七家报社，每月约十吨的用纸量都得不到满足，各报社用纸多各自从黑市上找寻。为此，全岛各报联合向广东省政府申请，希望仿照京沪平津桂广州汕头各地先例，优先配给本岛各报社用纸。① 不仅报社用纸无法保证，就

---

① 虽说有七家，但申请函末只列出六家名单——大光报琼崖分社、和平日报海口分社、琼崖民国日报社、天行晚报社、世纪晚报社、中央通讯社。关于请配给大光报琼崖分社一事的函，广东省档案馆，档号：006-002-1969-003—005。

连成立于 1924 年的琼崖最早、最大的海南书局，也遭遇严重的用纸荒，平时"所用之纸张多采用外国新闻纸，其次用本国各地之连史纸及毛边纸为数量颇多，但琼崖交通不便，采办艰难，甚感无接济之困难"[148]。据民国时期的老报人刘光炎回忆，抗战时期纸张紧张与困难，国民党系报纸亦难幸免。整个国民党在大后方的报纸，真可说是匮乏不堪，贫弱已极，用的是土报纸，印的是平板机，油墨是土制的，铅字是陈旧的，一切是落后的非常之远。[149](393-414) 对于 20 世纪 30 年代琼崖糟糕的经济状况，也可以从琼崖党组织给上级的报告中得到印证。"琼崖在整个国民经济的急剧破产过程中，特别是在琼崖反动统治的各种捐税的繁重的剥削中，群众的痛苦是加深重大"，"革命的潜在斗争正在待时爆发，这是任谁都不能否认的事实了"。[150](35)

## 第三节　相对厚实的文化教育生产

新闻业属于文化生产范畴，新闻场是从属于文化场的次场域。琼崖文化场包括新闻场、文学场和教育场等次场域，相比于文化场和教育场，新闻场被政治场他律更严重；相比于文学场，教育场与新闻场的关系更为密切。因为虽然文学场在新闻场中得到某种程度的呈现，但支撑以党报为主导的新闻场的，是培养作者和读者的教育场。所以，探讨琼崖报刊就不得不首先考察琼崖的文化教育事业。作为文化属性的报刊，对有一定知识水平的读者与作者具有很大依赖性。故，讨论报刊场，又需关注作者场和读者场。琼崖报刊的读者和作者很大一部分为学校师生。在文盲率很高的时期，中小学生应算是琼崖的有知识者——与知识分子概念不同。通过分析琼崖教育场，可以大体触摸到琼崖的读者和作者阶层与范围，间接可知琼崖报刊的区域发展和规模层次。

教育水平高低决定着当地新闻场的影响范围边界与力量强弱，教育的发达程度决定着当地新闻受众的数量与质量。琼崖区域教育不均衡发展的事实，使得以文昌与琼山为代表的琼崖北部的教育水平明显高于其他地方，尤其是中部黎族地区，由此造成琼崖民国时期的新闻业基本上集中于文昌与琼山地区。通过分析文昌与琼山两地的教育发展状况，可以略知琼崖新闻业主要受众的概貌。以平原为主的琼崖北部琼山、文昌、定安等地，现代化进程的文明化速度快于中部和南部，人口规模与教育水平亦明显高于后者。琼山是琼崖政治中枢所在地，其城市商业经济与文昌、定安等地的华侨经济，是这些地方教育发达的决定性因素。琼崖16县，依据经济、政治、文化及人口的比例，被划分为三等：以琼山、文昌为一等县，定安、琼东、乐会、万宁、澄迈为二等县，其余为三等县。而广东全省24个贫瘠县份中，琼崖就有感恩、昌江、陵水、乐会、儋县、琼东、万宁、崖县等9个，占据3/8席。[151](80)作为一等县，经济最为发达的文昌与政治中心琼山两县，执琼崖教育之牛耳，其学校数量和学生人数都居全岛前列。仅以小学学校数量计，1923—1925年，全岛合计2000余间，其中，琼山县有400余间，文昌县有700余间，琼东、乐会、儋县各有100—200间，定安、澄迈、万宁、陵水、临高各约有100间，崖、昌、感各有数十间。[152]可以看出，文昌与琼山的学校数量是琼崖其他县的数倍。

另外，两县的教育投入与产出情况，也可以从报考与录取大学的结果中略知一二。文昌与琼山的中山大学报考与录取人数，与琼崖其他市县差距非常明显，甚至是儋县与崖县等南部教育弱县的数十倍，见表3.3。

表3.3　1927年琼崖学生报考中山大学情况

| 市县 | 文昌 | 琼山 | 琼东 | 乐会 | 万宁 | 澄迈 | 临高 | 定安 | 儋县 | 崖县 |
| --- | --- | --- | --- | --- | --- | --- | --- | --- | --- | --- |
| 报考生人数 | 183 | 105 | 22 | 27 | 22 | 9 | 7 | 18 | 1 | 1 |
| 录取生人数 | 31 | 15 | 4 | 6 | 1 | 0 | 2 | 4 | 0 | 0 |

资料来源：黄有琚：《现代琼崖社会概况》，《琼农》1934年第3期。

文昌和琼山升入著名大学的人数领先，自然可推知这些市县的大学毕业生，以及毕业回家服务的比例也占有优势。这也解释了为什么作为琼崖最高学府广东六师的教职员中，琼山和文昌籍占绝大多数的原因。见表3.4。

表3.4　广东省立第六师范学校1934年教职工情况统计

| 县属 | 文昌 | 琼山 | 定安 | 澄迈 | 乐会 | 崖县 | 琼东 | 广州 | 台山 |
|---|---|---|---|---|---|---|---|---|---|
| 人数 | 7 | 19 | 12 | 1 | 1 | 1 | 2 | 1 | 1 |

资料来源：广东省立第六师范学校：《广东省立第六师范学校概览》，广州市立第三职业学校印刷科，1934年，第203—207页。

还有位于琼山的琼海中学（现海南中学），1933年学生籍贯中有60%来自经济与教育发达的文昌。见表3.5。家庭职业背景中，只有1/4强的学生来自农村，而超过半数的为经商家庭，且学生对于自己未来的职业规划亦有超过一半倾向于经商。见表3.6。

表3.5　琼海中学1933年学生籍贯统计表

| 县属 | 文昌 | 琼山 | 定安 | 澄迈 | 乐会 | 儋县 | 琼东 | 万宁 | 临高 | 陵水 | 感恩 | 昌江 |
|---|---|---|---|---|---|---|---|---|---|---|---|---|
| 占比 | 60% | 17% | 3.1% | 2.8% | 2.5% | 1.2% | 2.8% | 1.6% | 5.1% | 1.5% | 1.2% | 1.2% |

资料来源：《琼海校刊》1933年12月25日。

表3.6　琼海中学1933年学生家庭职业统计表

| 职业类别 | 军 | 医 | 工 | 政 | 商 | 农 | 学 |
|---|---|---|---|---|---|---|---|
| 人数占比 | 0.6% | 1% | 5% | 2% | 59% | 28% | 4.4% |

资料来源：《琼海校刊》1933年12月11日。

文昌教育相对优良，能维持学校规模与教学质量的老大哥地位，与其充足的经费支持是密不可分的。在20世纪20年代早期，甚至还招收过家居海口的日本家庭孩子的文昌教育，经济基本上全靠侨汇支持。文昌华侨数居全岛之首，家庭经济普遍相对宽裕，为此学费多有保障，故文昌学校经费和教育质量，让琼崖绝大多数县难望项背。严重依赖华侨经济的文昌，即使从20年代末南洋经济不景气开始，据林缵春1935年调查发现，依然还存有三四种报纸。① 可见文昌文化即便遭受到经济萧条影响，依然"瘦死的骆驼比马大"。这既得益于该地经济基础的相对厚实，更得益于文昌地方教育长期兴盛培育起来的巨大文化与信息需求市场，保证了具备起码阅读条件的大众规模。教育集中的文昌、琼山，文化场力量的相对强大，基于其拥有相对富有的文化资本优势和文化生产惯习。1935 年琼山县人民教育情况调查统计，全县人口 37 万余人，不识字者 293477 人，占比约为 78%；识字者约占 22%。其中，大学生就有 242 人，科举者 44 人。[49](1935-04-23:3) 文昌的情况更为乐观。1936 年文昌人口 417258 人，识字者 111278 人，占 27%。151523 人的男性人口中，识字者 68882 人（小学学历者 26833 人，中学学历者 3776 人，职业学历者 418 人，专科学历者 344 人，大学学历者 428 人，经过科举者 216 人，私塾经历者 16257 人；在学男生 20610 人）。[49](1936-04-13、14:7) 文盲率为 73% 的文昌和 78% 的琼山都远低于同期全国水平。有人统计，1939 年中国文盲率高达 95.1%。[153](49) 按照全国的识字者数字规模计算，小学文化程度算作有知识者是不为过的。如此，琼山有近 7 万人，而文昌有 10 余万的识字者规模，可以说教育是相当发达了。文昌与琼山等琼崖北部地区高达一二十万的识字者群体，无疑是文化事业的一笔宝贵人才资源。这不得不归功于琼山和文昌二地的庞大规模学校数量。二地对于教育的重视，也可从每年的小学招考、毕业会考消息都会成为重要新闻而上《琼崖民国日报》窥知。

　　文昌教育的相对发达，除了有长期、持续性的制造识字人口的学校数量优势保证外，还有其他大量的各类文化机构数量优势。至 1936 年，文昌县除了有 680 所体制内的中小学（县立中学 1 所，县立完小 1 所，县立女子完小 3 所，区立完小 27 所，区立高小 3 所，区立初小 2

---

① 遗憾的是其没有列出具体名称，无从查证。林缵春：《调查：琼崖考察记（三）》，《琼农》1935 年第 11 期。

所，私立完小33所，私立高小2所，私立初小608所）外，还有数量可观的散落于各处的民间文化机构与场所（民众教育馆3个，民众学校7个，图书馆3个，阅报处12个，公园3个，公共体育场2个，收音机3个）。[49](1936-04-13、14:7)与学校一样，书社和阅报社是作为体制内的文化机构存在的，它们的兴废与当局政策变动关系很大。从某种意义上说，它们承担着"民间学校"的职能，也是一种作为扫除文盲，加强对群众进行信息控制的工具。故，它们对经济不发达地方，或报刊订阅难以普及的民众来说，具有特别重要的政治与文化、信息意义。正因如此，对它们的投资与建设也成为一些有心计的商贾兑换社会资本的一种阳谋。如琼山部分热心教育者集资创设存续十余年的平民书社，"所有书报，为数不下千余种，每日到社阅书之人，甚形拥挤"[49](1935-10-25:7)。文昌县第一区头苑地方绅士詹舫仙等，以头苑镇书报社，"屋宇窄小，大有扩充之必要，月前为集腋成裘计五天，藉资筹款以补助劝捐之不逮，而完成扩充之计划"[49](1936-04-11:5)。各地纷纷设立的平民书报社，"对于平民智识上，确实帮助不少"，文昌九区铺前镇人士有见及此，觉得该镇亦应设立，即召集区中士绅讨论设法举办，经众议效法八区平民书报社筹款办法，择日请戏班演剧筹款，并向区中民众书报社及区中人士筹捐，结果筹得两千元左右。[49](1935-10-24:3)假如没有地方商贾和绅士出来主持，地方政府也会适时出来接力。万宁县当局为便利民众阅读书报起见，"恢复之前停办的阅报社，并向上海各书局订阅杂志十余种，以及琼、港、沪等埠日报数份，内容极为充实"[49](1935-12-03:5)。除了书社和阅报社外，还有众多承担着更为具体多样化文化普及工作的各地民教馆，其功能除了生计教育（推行合作组织、农业指导、提倡副业、提倡俭约储蓄、家事指导、倡办垦殖事业、办理职业补习）、康乐教育（提倡正当娱乐、提倡公共卫生、组织各项体育运动、提倡戒除不良嗜好、举行健康运动、举行游艺会及民众运动）、公民教育（协助自治、实施团体训练、社会调查与家庭访问、改良地方风俗）外，就是语文教育，包括举办民众学校和壁报，组织读书会，举行识字运动，供给适当读物，设立问事代笔处等。[49](1935-12-21: 5)

琼崖文化场自然还包括各书局（书店）等售卖及印刷机构的力量存在。1935 年出版的田曙岚《海南岛旅行记》（中华书局 1936 年版）中记载，彼时琼崖书业有 24 家。其中琼山有海南、会文、文教、大光、华文、培英 6 家，定安有竞华 1 家，文昌有中南、富文、光汉、白延、东郊、文教 6 家，琼东有文英、琼文、会文 3 家，乐会有瑞兴、联和 2 家，澄迈有万胜、万利昌 2 家，崖县有新崖、新民、大元 3 家，万宁有进化 1 家。[62](331) 从数量规模也可看出从北向南呈递减走势。至 1936 年，海口市推销省港及琼崖各报之报社，形成有蔡益纪、逸闻、钟声、新大陆、南溟等 5 家争霸，"市面及内地民众阅报者，亦逐渐加众，各报社营业颇为畅旺"的可喜局面。各报报刊均从港、沪、粤等地各大报馆订购日报，每日出报代为派送。[49](1936-09-11: 6) 如自称为琼崖规模最大的报纸杂志供应总枢的新大陆报社，"寄派快捷、收费低廉、服务周到、搜索完备"[49](1936-09-07: 7)。抗日战争前，琼崖能够提供文化书籍客观化形式文化资本的，除了书局，还有 6 家具备铅印的大型印刷机构，大部分集中于海口，其中尤以海南书局为龙头。见表 3.7。

表3.7　20 世纪 30 年代抗日前琼崖大型印刷机构情况

| 名称 | 地址 | 字粒号数 | 印机（台） | 工人（人） |
| --- | --- | --- | --- | --- |
| 海南书局 | 海口 | 一至六号六种 | 11 | 36 |
| | 府城 | 二四五号三种 | 1 | 1 |
| 东华印务局 | 海口 | 二四五号三种 | 5 | 16 |
| 普通印务局 | 海口 | 二四号两种 | 4 | 10 |
| 民国日报社 | 海口 | 二四五号三种 | 3 | 18 |
| 新民日报社 | 海口 | 二四五号三种 | 3 | 18 |
| 广南书局 | 嘉积 | 二四两种 | 2 | 5 |
| 合计 | | | 29 | 104 |

资料来源：陈铭枢：《海南岛志》，海南出版社 2004 年版，第 426 页。

琼崖北部地区家庭相对富裕，经济资本是文化资本的前提保证，二者使该地区资本量远超琼崖其他地区。这种差别不仅体现在孩子升学与就业方面，还体现在地区报刊差异发展方面，南部地区的报业明显弱于北部地区。琼山与文昌等经济发达地区家庭孩子的认知水平和教育优势，是其文化资本优势的内在逻辑，对于现实的一大贡献就是琼崖的新闻业。琼山、文昌作为北部教育重镇，为琼崖新闻业提供了大部分的读者和作者。琼崖报刊的作者群体，除了公务员就是在校学生了。[49](1935-12-12:7)

1926年至1939年2月日军侵占琼崖，在国民党较为稳定的执政时期内，琼崖教育发展是较为迅速的。相比于20世纪20年代，30年代初期的琼崖教育整体上又获得了进一步发展。见表3.8。从学校数量上观察，增加了一半，超过了3000所。识字者规模的进一步扩大，无疑为琼崖文化事业，进而为琼崖现代化进程持续助力。

表3.8 1932年琼崖各县小学校数、学生数及经费表

| 县别 | 完全小学校（所） | 初级小学校（所） | 男（人） | 女（人） | 经费（元） | 备注 |
| --- | --- | --- | --- | --- | --- | --- |
| 琼山 | 71 | 339 | 9034 | 301 | 172771 | 完全小学57所，高级小学14所 |
| 澄迈 | 23 | 821 | 3400 | 155 | 27650 | 完全小学14所，高级小学9所 |
| 定安 | 31 | 463 | 15440 | 1002 | 154600 | 完全小学9所，高级小学22所 |
| 文昌 | 89 | 512 | 26890 | 2000 | 320000 | 完全小学83所，高级小学6所 |
| 琼东 | 9 | 146 | 5727 | 289 | 49630 | 完全小学7所，高级小学2所 |
| 乐会 | 5 | 153 | 5971 | 118 | 45105 |  |
| 临高 | 12 | 46 | 2310 | 201 | 21710 | 完全小学10所，高级小学2所 |
| 儋县 | 22 | 62 | 501 | 159 | 23189 | 完全小学20所，高级小学2所 |
| 万宁 | 6 | 105 | 2734 | 574 | 23903 | 完全小学5所，高级小学1所 |
| 陵水 | 4 | 82 | 3789 | 226 | 14085 |  |
| 感恩 | 5 | 5 | 498 | 6 | 2738 | 无完全小学 |
| 昌江 | 2 | 15 | 561 | 5 | 4038 | 完全小学高级小学各1所 |
| 崖县 | 4 | 54 | 4627 | 228 | 16748 | 无完全小学 |
| 合计 | 283 | 2804 | 81482 | 5264 |  |  |

资料来源：云晰晨：《琼崖教育剖视与展望》，《国立暨南大学琼崖同学会会刊》1936年第3期。

## 第四节　两党报刊起步

　　1926年1月国民革命军第四军的第11、12师和第三军的一部奉命过琼讨伐军阀邓本殷。随即，邓本殷逃离琼崖。平定后的琼崖革命形势发展很快，同年二三月间，国民党琼崖特别党部和国民党海口市党部，依次成立，一批随国民革命军过琼的共产党员和革命青年学生被派到国民党党部的各机关、团体、学校工作。[14](15) 与此同时，琼籍共产党员王文明、罗文淹等回琼筹建党支部。1926年2月中共琼崖地委在海口成立。[50](11) 新的政治力量加入，意味着琼崖革命进入一个新的历史时期。为扩大马克思主义的宣传和影响，进一步推动革命运动的进展，琼崖国共开始了第一次密切合作。收复后的琼崖政权由国民党左派掌控，作为琼崖最高行政长官的革命派代表张难先，"紧密地和共产党合作，领导指挥全海南岛的国民党和行政任务，取得了海南人民的信仰和拥护。当时在各级行政机构和各级国民党部的工作人员，大多数是一些革命青年和民主人士。所以，当时的政治风气是蓬勃焕发的"。琼崖早期的革命党人士罗文淹回忆道，"琼崖初收复时，一切地方上的政治宣传工作和民众组织工作，主要是由在国民革命军里头工作的共产党员和共青团员暂时兼理"。[142](93-94) 1926年，罗文淹回琼的第一份工作就是负责筹办琼崖国民党第一份党报《琼崖民国日报》。共产党员主持下的该报，所载内容既有三民主义介绍和反帝反封建宣传，也有共产主义宣传和国共合作的主张等，而且该报的许多重要社论和文章出自共产党员之手。[154](90)

　　但琼崖20世纪20年代末期的新闻业，在驱逐邓本殷的国民政府军前线总指挥的陈铭枢看来,是"不发达"的,仅有的几家报刊规模小,"吸引力薄弱"[1](494)。陈铭枢的观点还可以在田曙岚访琼的《海南岛旅行记》中进一步得到印证。后者曾于1932年专门对琼崖报刊进行了一番详细调查,发现当时全岛公开出版的报社只有海口的《琼崖民国日报》、乐会的《乐会半月刊》和文昌的《文昌周报》三家。[62](330)其中,前二者均隶属于国民党系统。另外,1933年北平燕京大学新闻学系编的《中国报界交通录》中,琼崖只有《琼崖民国日报》一份、周刊《海口市党务周刊》一份、通讯社"海南通讯社"一家。[21](139-153)1936年许晚成编的《全国报馆刊社调查录》中,琼崖仅有《琼崖民国日报》、周刊《琼山壁报》两份。[21](386)尽管这两次调查得到的数据不大一样,但有关日报、周刊、壁报和通讯社的政治属性却是一样的,即皆为国民党体制内的。由此可知,抗日战争前,琼崖国民党系统的报刊确实是屈指可数的。实际上,琼崖国民党系统报刊真正能保持正常运行的只有《琼崖民国日报》一家。其中主要原因是人员缺乏。其工作人员只有5人,分别为社长1人,编辑3人,营业部1人。另外,其主要依靠全岛各地的津贴,也只有海口、琼山、文昌等部分市县稍有保证。[1](493-494)疲弱的琼崖经济对在很大程度上靠财政养活的国民党报刊影响甚大。体制化的国民党报刊经济,由政府津贴和商业收入两部分组成。《琼崖民国日报》新任社长张泰琳对于30年代羸弱的琼崖经济甚是悲观,直言"倘极苦艰""艰辛殊甚":

> 经费困难。本报经费来源,全靠本岛各机关津贴,以资挹注。本年九月间,各机关津贴,次第减支,甚至完全停止者,其中因奉令撤销机关名目,亦致无从过问。总计数额,其减短津贴者,琼山县政府每月一百元,绥靖公署每月八十元,禁烟局每月三十元,海关监督,运销检验局,统税查验局,禁烟查验所,山票公司,地方法院,生猪出口捐,三亚盐场公署,每月各五元。至现在之津贴本报者,琼山县

政府每月二百二十三元三角三分,文昌县政府每月四十八元,定安县政府每月二十四元,琼崖公路处每月二十元,琼崖实业局每月十五元,海口建设会每月十五元,海口市商会每月十元,海利公司每月十元,海口支行每月五元,泊来农业局每月三元,均海口大洋券计算,共得三百七十七元三角三分。其余各县政府之津贴,有十元者,有十五元者,有二十元者,概由各县访员就地直接领取,以为生活之资,向未列入报销,故略而不述。至于本报之推销,每日虽出版七百份左右,但赠阅者,计国内外各机关,已有三百五十份以上;而实售者,仅及三百份,且此实售之数。又多派各报社代为推销,其价均照原价八折,故关报费之收入,每月仅二百元有奇。其余广告告白等费,每月大都亦不出四百元之谱。处此情形之下,巧妇难为无米之炊,艰辛殊甚。[49](1936-12-31: 2)

"党报赚钱,盖未之前闻。"[155](28)这证实了当时几乎所有党报都需要靠党部津贴支撑的事实。[31](91)当时《琼崖民国日报》的收入,除了各级政府补贴外,辅有售报和广告收入。果如张泰琳所说,每月仅半数的赠阅量,自然实难收回印刷成本。至于广告收入,虽登载量较大,但每月四百元的情况,在经济萧条时期,亦是可以理解。20世纪30年代,为筹集资金,《琼崖民国日报》几乎每隔半月就要上涨一次零售与广告费用。在巨大的经济压力下,《琼崖民国日报》不得已开始把目标瞄准本就不看好的农村市场。为了进一步拓展市场,推广宣传,《琼崖民国日报》甚至规定,"凡乡间校学订阅本报者,一律原价七折,以示优待"[49](1937-05-04: 6)。但不管如何,每月固定有中央和地方各种补助的琼崖当局嫡系党报《琼崖民国日报》,时常哭穷,可知琼崖地方政府财政收入的有限,连一家像样党报都难以维持了。

尽管由于新闻专门人才的不足难以支撑过多的国民党报刊,但并不妨碍琼崖当局对掌握其他先进新闻工具的敏感度。为加强宣传工作,掌控政治场主动权，除文字与口头两种宣传方式外，当局还积极引进与筹设现代传播技术与机构，预设与掌控先进的新闻机关与设备。1935年设立琼山通讯社，以期达到"收按期将本岛重要消息编印通讯稿，免费分送省港沪及各地报馆发表，以沟通本岛消息之效"。社长、总编辑、编辑及各职员多由党部内工作人员充任，同时并聘请各区专访员，酌给津贴费。[49](1936-01-11:4)另外，当局为了统制新闻供给，利用琼崖僻处南疆，孤悬海外，每周虽有轮船飞机往来，消息毕竟仍属迟滞的客观条件限制，为"沟通省港及本岛各县消息，使琼民了解国内外时事，及旅省港京沪以及南洋各地之琼崖侨胞每日亦得闻家乡之消息"，1936年2月，当局在海口市筹设了琼崖史上第一座播音台：

> 许委员以琼崖僻处南疆，孤悬海外，每周虽有轮船飞机往来，消息毕竟仍属迟滞。兹为沟通省港及本岛各县消息，使琼民了解国内外时事，外处人士明白本岛情况起见，特在本市筹设播音台一座。即旅省港京沪以及南洋各地之琼崖侨胞，每日亦得闻家乡之消息，此项建设实极适应今岛目前之需要，绥属将令各县至少购备收音机一架，装设于公共场所，如中山纪念堂，民众教育馆，或县党部参议会之内，以便各界民众随时往听各种地方之消息。[49](1936-02-03:3)

需要注意的是，为使各县购备可以随时接收各种指示的收音机，竟特许地方在无经费的情况下，可就地设法筹措，完全不顾政府当时正大力取消各地苛捐杂税的政治政策。可知当局对电台会给政府政治能力建设带来帮助，有非常乐观的预估，才不惜财力制约，要求各地尽快添置。

> 为沟通中外新闻，及本岛各县消息，藉以传达政令，启迪民治起见，特筹拨款项设置琼崖播音机一座于海口地方，各地方亦应购置

收音机一架，装置公共场所，藉利传达，于政令民治均有莫大之效益。要求公署文到达一月内，由地方款项下（如地方款无余存，准予就地设法筹措）筹措大洋法币一百元来署，以使代为购置该县收音机之用。[49](1936-02-19:5)

政府对新传播技术的热衷，背后其实是政府对表面具有"传达政令，启迪民治"的新式舆论工具的事先操纵。广播具有比报刊传播更远更广的特性，这种远程控制技术对于战时状态的当局来说尤其具有吸引力。以此加持，国民党凭借政权"合法性"地调动各种资源来扩大控制区，包括解放区。为了加强对游击区的宣传工作，当局除了要求各专员公署各县政府须安装收音机及无线电台外，还要求各地政府编制小型日报壁报，以及出资购买大报纸在战区廉价销售或免费送阅。[31](190) 20世纪30年代的先进新闻设备，除了政府部门，就是一些较大单位，如学校方有条件用上。如琼崖师范学校王衍林校长就以教育辅助需要，1935年2月间，购置了一台收音机。据说能接收到广州、香港、上海、南京、汉口以及暹罗、菲律宾、日本东京等地的播音，且声音"甚为清晰"。[49](1935-05-16:3)

琼崖当时能公开出版的报刊除了国民党系统，就是民营性质的。田曙岚调查出的《文昌周报》应该是民营的。其实琼崖民营主办的报刊基本上都是琼侨办的，如1928年9月在海口出版的《新民日报》即为琼侨陈为是创办。[156](33) 该报应为东南亚经济衰退潮刚开始时较早一批回琼创业的琼侨所办，旨在向东南亚华侨介绍琼崖投资情况，提倡实业救国。[81](624) 20世纪30年代，南洋经济萧条，华侨失业日众，要支撑一份民营报刊确实困难，《新民日报》没有熬到田曙岚访琼也就可以理解了。

在被史学家称为民国"黄金十年"的1927—1937年[157](301)，一方面，具有"合法"身份的琼崖国民党系统报刊和民营报刊，因经济原因难以为继；但另一方面，同样诞生于此时，却被琼崖统治阶级视为"非法"

的"在边缘发出呜呜之声"的另类媒体[158](170)——琼崖共产党系统报刊，呈现出了一派如火如荼的景象。与国民党系统报刊深受市场经济环境影响不同，为政治生存空间而战的革命报刊首要属性是政治属性，为生产政治资本而生的政党报刊自然把政治看得比经济更重。换言之，同时期，共产党系统报刊对经费的要求比国民党系统报刊要低得多。在土地革命时期，大型、先进的印刷设备和机构被控于当局的严密体制中，唯有落后、小型、灵巧的油印机，适合琼崖革命流动性和隐蔽性高的宣传事业。油印机是革命新闻战士的"小米加步枪"武器。[159](100) 一张钢板、几张蜡纸、些许油墨就是一个印刷所。流动印刷所的特点是机动灵活，设备简陋，人员精少，多数情况下，印刷所往往一人身兼数职[150](221)，且被毁是常态。除了印刷所地点不固定外，印刷纸张和油墨的保障亦是一个大问题。时任印刷所长吴任江回忆道："红军师损失后，革命处于低潮，环境非常恶劣，纸张、油墨更难找到。""一张纸、一盒油墨，不知经过多少人的手，冒着多少风险才能送到我们的手。"[150](220) 简陋的印刷设备，流动的印刷特点，匮乏的印刷人员，琼崖革命印刷业的落后窘境，让从内地派到琼崖，专门负责办报的李英敏印象深刻，直言内地铅印报刊比琼崖革命油印报，"起码先进好几个世纪"，且出报迅速、方便、容量大。[14](202) 交通和资源、印刷条件，尽管极大地限制了琼崖革命宣传生产的规模和方式，但共产党报刊可以不用考虑市场发行量，不必须通过市场化回收部分经费，只为了达到政治资本生产目的。另外，对于难以接触到报刊的岛内目标读者来说，接受什么内容的政治宣传比内容载体是油印纸张还是铅印纸张可能更为吸引人。

这也是为什么在布尔迪厄眼中的经济资本，在这里的作用要稍微次于政治资本和文化资本的原因。但不可否认的是，经济场对新闻场的影响同样不容忽视。琼崖党组织在军事斗争过程中，逐渐地加强了经济体制的建设。琼崖革命根据地在土地革命战争期间的实物经济，主要是打土豪、没收地主恶霸和反动分子财产收入。如1928年12月琼崖党组织的总结报告中，对经济来源交代是"均系没收反动派财产得来"[160](4)。实际上，对于根据地的经济建设问题，1928年广东省委为此专门下文，就苏维埃政府经济制度化问题予以强调。要求乡镇苏维埃执委会之下须推选财务委员一人，且须由常务委员兼任；区苏维埃须设立经委会，计划本区内经济建设事宜，经委会主席由执委会主席兼任。[160](17)

遗憾的是，第一次合作期间创办了琼崖史上第一份党报《琼崖民国日报》的国共两党，不久即分道扬镳。1927年，国民党内部右派战胜了左派，"四二二""清党"时琼崖大量共产党员被捕杀，而且没被暴露的灰色人员的工作也被调整，尤其是重要的宣传与组织岗位被国民党右派接管。"琼崖特别党部裁撤，另设琼崖党务视察员，但不是由我们主持了。继着《民国日报》也移交他们去接办，我们被迫从许多党政机关内退出。"[142](61) "清党"对初建的琼崖共产党组织产生了巨大的破坏作用，党组织"与各县之交通则除琼山一县而外，余皆断绝"。"各县的奋斗同志，因敌人之严厉屠杀，死亡殆尽，现在在地方尚能立足的皆为新的或不甚活动的同志，红色的同志不但城市住不得，就是乡村也很难住得稳，公开活动更不必说了！琼崖的上级、中级干部同志死亡的约在二百人，下级干部及普通同志约在三千人。余的不是困在山林，则是逃命南洋、香港、上海等处。生活困难，无家可归。甚惨。"[142](11)

"清党"意味着共产党与国民党短暂的合作，毫无征兆地忽然且完全破裂，刚刚起步的革命宣传事业则需要依靠琼崖党组织自己的力量重新开始。更为严重的是，政治、党派的突然分野，让作为革命基础的琼崖群众，在国民党占主导的污名化共产党的舆论宣传攻势下，一时情势难辨，开始对原先由共产党组织领导的工会、农会多取观望态度。[142](11)而对于政治斗争的残酷性，群众除了观望外自是无能为力的。这种情况在20世纪30年代表现得更为明显。琼崖共产党在经历了1932年7月开始的二次反革命大"围剿"失败后,苏区只剩百余人进入母瑞山中打游击。[50](15-18)1937年特委在给上级的报告中分析了群众革命情绪变化的严重性。"经过剧烈斗争的"琼崖群众,面对"革命遭受严重损失和敌人厉害进攻",对革命"都有了不同的变化和表示"。部分苏区群众,"因为敌人压迫太厉害和革命数次的挫折",而"对革命冷淡起来",甚至站到革命的敌对方。占最大多数群众"对革命并不表示反对,但也不参加反革命的行动,他们处处都表示中立,坐待大势的转变"。并强调琼崖大部分普通群众的观望是"现在所含有的共通病态"。[150](39-40)

急遽变化的恶劣局势促使中共中央紧急召开了一次关系党和革命事业前途和命运的八七会议。会议总结了第一次国内革命战争失败的经验与教训,批判了陈独秀的右倾机会主义,为了配合全国开展土地革命和武装反抗国民党反动派的总方针,中共中央指令湘、鄂、赣、粤四省发动秋收起义,并明确指示广东省委立即发动全省举行武装起义,接应南昌起义。1927年8月20日,中共广东省委在香港召开会议,传达了八七会议精神,部署全省的秋收起义,制订了各县市的起义计划。同年9月上旬,琼崖特委在乐四区召开军事会议。会议在认真分析当时斗争形势的基础上,决定于9月下旬发动全琼革命武装和举行武装总暴动,并作出了以武装斗争来推动土地革命,实施武装总暴动的具体方案。[161](10)值得注意的是,从此时开始,历来被忽视的琼崖的战略意义开始被中共中央所看重。在南方局与中共起草的《经营琼崖计划》中,中共认为此时的琼崖天时与地利皆有利于党组织的发展壮大,甚至可以成为"占据琼崖为军事策源地之可能"。并许诺派人训练琼崖农民军、成立工农革命军、调600名纠察队往琼崖、拨给十万元军事运动费及一批武器弹药。[162](111-112)中共中央想趁机抓住琼崖被当局忽略的间隙,变不利为有利,急切地向琼崖党组织下达了几项需要立即完成的任务。要求党员短时间内由不足千人发展至一万人,而且必须使每一个党员都了解党的新政策；两个月内完成全岛暴动，肃清全岛的反动势力，[161](69)不仅任务艰巨，更让琼崖地方党组织感到为难的是，这些重任要靠琼崖用自己的力量去完成。其实省委不能提供更多支持实属无奈。土地革命时期，中共广东省委告知琼崖党组织，因"外面的接济几乎完全断绝"，所以需要全省各地供给，其中琼崖每月"至少三千元"，"必须切实办到，毋得延误！"[161](85)其次，省委自身工作人才常感不足，也需要从下调。如中共广东省委1928年2月27日的会议决议就工作人才问题，决定从包括琼崖在内的各地调人，"从参加广暴的失业同志中训练一批出来；从海陆丰调一批来（中、下级），至少十人；从琼崖调一批来（中、下级），至少五人"[161](123-124)。

除了以上这些，省委还对琼崖党组织在宣传上提出较高要求。土地革命时期，为向民众灌输苏维埃新政权，省委要求琼崖党组织立即开始宣传工作，最终目标是做到使工农及一般平民对工农政权、土地革命、本党政治主张及苏维埃要有了解。[161](49、52)而琼崖党组织则表示，琼崖革命宣传工作主要是以口头为主，"因为印刷机关缺乏，有亦为反动派所占据，刊物无机器可印，兼之自事变后，港口交通又为敌所断，革命刊物无法传入，宣传甚形困难"。对外的《红潮周报》也因油印限制，不能多印，每期只出二千份。[161](78、80)但当时受中央"左"倾冒险主义错误路线的指示，省委显然不理会琼崖地方的实际情况，在关于1928年琼岛总暴动的指示中一再强调，为配合"夺取全岛政权的全盘计划"，"宣传工作必须赶快扩大，《红潮周报》每期至少要印两万份"，"二千份如何够分发？""能设法找到铅印更好，否则可以极力扩大油印机关。《特委通讯》至少须印一千份，办到每个支部和各项工作同志都能得[到]。《省委通讯》也至少须翻印五百份或一千份，使每个支部和工作同志都可以看到。"[161](101)要知道，在整个土地革命时期，琼崖党组织的印刷几乎都是油印，铅印只掌握在当局手中。本岛印刷工业有刻版石印铅印三种，刻版因石印铅印发达而日趋衰弱，但在海口琼山两地有五家，石印有八家，铅印有海南书局和民国日报社两家，所印之物以报告、宣传品刊物及书目报纸为多。[49](1935-05-02:5) 由此可见，省委的改进印刷条件要求对于琼崖地方来说，实在为难。不仅如此，要突破只能印两千份的印刷极限，扩大十倍至两万份，无疑难比登天。再者，为使土地革命宣传工作扩大与深入，省委要求不能仅停留于发传单、贴标语等初级工作层面，"还须有一政治宣传鼓动的刊物，三日或周刊经常出版"，宣传内容以揭破敌人的欺骗宣传为目的。[161](291) 为此，琼崖党组织对于省委"不切实际"的工作指导很是抱怨。针对琼崖党组织对自己的批评，省委多少是认可的，并在随后的指示中表示，组织宣传工作"可酌情形有多少变更"，"政治问题，重要的可由特委决定"。[161](167) 不过，在急遽变化的恶劣局势和中共中央、省委的高要求压力下，琼崖党组织选择克服诸多实际困难条件，且较为迅速地创办了诸如琼崖地委的《扫把旬刊》《现代青年旬报》《琼崖青年》，嘉积县委的《琼崖东路半月刊》，澄迈县委的《救世宝筏》，文昌县委的《三日刊》，海口县委的《路灯半月刊》《新民日报》等革命报刊。

让人不可思议的是，仅一年左右时间，至1928年，琼崖党组织机构规模就突破了万人，见表3.9。但由此带来了如何解决组织内部信息传递的问题。在通信设施极其有限的情况下，党组织内部信息传递、文化教育、政治灌输等各项功能，则通过由具有阅报资格的各县市委负责同志，给普通同志开训练班来实现。[161](81) 故而，20世纪20年代末，琼崖共产党系统报刊主要流通于组织内，用于党内教育，整个琼崖的党组织建设，则需要分级分层指导。按照规定，《特委通讯》只分发给"各县、市、区委、支部同志阅读"，无法达到普通党员层次。通过这种方式，可以较好地实现土地革命伊始省委对琼崖"发展工农军之组织"的要求。[161](46) 至1928年1月，特委领导下的县委有9个、区委46个、支部350个，人数约14000人。[161](77-78) 其中农民占6/10，工人占1/10，学生占2/10，其余1/10。[161](91) 最终迅速地实现了党组织的遍在化，间接使革命报刊的影响全岛化。

表3.9　1928年琼崖特委组织系统表

| 县委 | 文昌 | 琼山 | 定安 | 琼东 | 乐会 | 万宁 | 陵水 | 澄迈 | 海口 | | | | | | |
|---|---|---|---|---|---|---|---|---|---|---|---|---|---|---|---|
| 区委（个） | 13 | 9 | 4 | 5 | 4 | 4 | 2 | 不详 | 4 | | | | | | |
| 支委（个） | 71 | 60 | 42 | 15 | 75 | 48 | 17 | 不详 | 1 | 红军一营 | 红军二营 | 红军三营 | 特委 | 合作社 | 医院 | 嘉积 |
| 人数 | 2700 | 2189 | 1038 | 850 | 2940 | 1100 | 170 | 2000 | 200 | 264 | 281 | 258 | 38 | 32 | 32 | 27 |
| 合计 | 14119人 | | | | | | | | | | | | | | | |

资料来源：中国人民解放军历史资料丛书编审委员会：《土地革命战争时期各地武装起义·广东琼崖地区》，解放军出版社1996年版，第79页。

在土地革命时期严酷的政治环境及异常拮据的经济条件，印刷所时常被捣毁的极端艰苦条件下，琼崖党组织的宣传工作能够取得如此成就，一个重要原因是在人才建设方面工作出色，成功吸引了一批优秀的旅外琼籍知识青年充实革命队伍。这些旅外琼籍青年，本来充满革命激情，"琼崖过去革命之蓬勃起来，大部分是上海琼崖人给以最大鼓动"[129](119)。旅外琼籍学生中的许多人，后来成为共产党在琼崖革命中的重要领导骨干力量，见表3.10所示，由13名成员组成的琼崖特委中，就有王文明与陈垂斌、许侠夫3名。除了毕业于省六师的魏宗周、符明经和不详的王经撰外，特委中其余成员都具有旅外大城市求学经历，而且大多具有丰富的办刊与宣传经验。如曾任上大《南语》主编，后任琼崖特委宣传部部长的许侠夫；曾任《新琼崖评论》主编，后任琼崖特委第一任书记的杨善集；曾任《新琼崖评论》编辑，后任琼崖工农革命军东路总指挥的徐成章；曾任《琼崖新青年》主要撰稿人，后任特委常委的王文明和陈垂斌。

表3.10  1927年琼崖特委成立时组成人员的学习经历情况表

| 琼崖特别委员会 ||||||||||
|---|---|---|---|---|---|---|---|---|---|
| 候补委员 |||| 常务委员 ||| 委员 ||||
| 孙成达 | 魏宗周 | 冯白驹 | 许侠夫 | 谢育才 | 符明经 | 宣传 | 书记 | 组织 | 军委 | 农委 | 工委 | 妇委 |
|||||||陈垂斌|王文明|罗文淹|冯平|何毅|王经撰|邢慧学|
| 黄埔军校 | 省六师 | 大夏大学 | 上海大学 | 省十三中 | 省六师 | 上海大学 | 上海大学 | 大夏大学 | 上海文化大学、莫斯科东方大学 | 广州农运所 | 不详 | 省六师（初中部） |

注：此表为13列表头，合并显示。

资料来源：朱逸辉主编：《海南名人传略》，中山大学出版社1992年版。

从1930年开始，在冯白驹的带领下，党组织掀起了琼崖"土地革命的第二次高潮"。同年2月，冯白驹到上海汇报工作，得到了周恩来等中央领导对琼崖党组织工作的极大肯定。4月15日，琼崖共产党第四次代表大会召开，选举产生了以冯白驹为书记的新一届特委领导机构。1930年春独立团发展到人数约500人的2个营，6个连；8月建立红军第二独立师；1931年5月，成立了红二师第三团女子军特务连（即著名的"红色娘子军"）；相继建立和发展起来了赤卫队、少年先锋队、劳动童子团。还建立了一所重点培养红军基层干部的红军军事政治干部学校，和一个位于琼山、澄迈交界的羊山革命根据地。[163](146-154) 为配合发动"红五月"军事攻势，党组织要求在工人群众中，"开始广大的宣传"。[161](65) 至20世纪30年代初期，革命报刊接连涌现，如《琼崖红旗》（1930）、《团的生活》（1931）、《布尔塞维克的生活》（1930）、《少年先锋》（1931）、《少年旗帜》（1931）、《赤光报》（1931）、《互济月刊》（1931）、《领导》（1931）、《光线》（1931）、《平民小报》（1931）、《新潮》（1931）、《苏维埃》(1931)、《新路线》(1931)等。麦穗在《民国时期海南岛报刊目录简编》中统计此段时期的革命报刊有 40 余种之多。[17](52-76) 此时的琼崖党组织报刊亦成为"广东党的出版活动最兴盛的地区"[19](110)。主要是在上级政治压力下诞生的,以小册子、传单等形式的这些革命报刊,内容精干简短,使能识字句的工农同志均能阅读,达到解释党的策略及各种理论和实际问题,使党员熟悉党的政策,接受政治教育的目的。[67](85)

  琼崖党组织取得鲜亮成绩的背后,依然难掩组织内部人才不足的窘境。尤其是具有宣传才智的革命分子匮乏,是革命宣传工作难以大规模开展的一个重要原因。前已述,一批旅外琼籍青年的归来,是琼崖党组织宣传工作颇有起色的一大原因。但让人倍感惋惜的是,在土地革命开始不久,几位具有丰富办刊与宣传经验的旅外琼籍革命健将接连牺牲了。曾任上海大学《南语》主编,后任琼崖特委宣传部部长的许侠夫,于 1927 年牺牲;曾任《新琼崖评论》主编,后任琼崖特委第一任书记的杨善集,于 1927 年牺牲;曾任《新琼崖评论》编辑,后任琼崖工农革命军东路总指挥的徐成章,于 1928 年牺牲;曾任《琼崖新青年》主要撰稿人,后任特委常委的王文明和陈垂斌,分别于 1929 年和 1933 年牺牲。革命成功离不开现代传播武器报刊,更离不开的还是人。黄学增 1928 年在给省委的报告中,最后一条即是要求省委多派人下来,不仅派一些"坚决勇敢"的人来做县委书记,"党下级干部人才及红军干部人才能多派来更妙"。同时也指出了好多同志不愿留在琼崖,"均要求拼命回去省委"的无奈事实。[164](5) 罗文淹在 1929 年写给中央的信中,在"党的感觉"部分直言道:"党内人才之恐慌,已为事变后不可讳言的事实。就以琼崖而言,目下'有事无人做'的困难,已为紧急的最应注意之点。"[142](12) 以琼崖第三届苏维埃政府(1931.3—1933.5)为例,见表 3.11,31 名成员中,已知的高小以上知识者只有 6 名,占比 19.35%。相比第一届,此届知识者占比下降不少。这一方面是上级为尽快、大量地吸收工农群众,要求"工农中之勇敢活动分子全数入党"，以及明确规定：民选革命政府中要有60%的农民代表和30%的工人代表，[161](46、41) 不可避免地加大了琼崖党组织中党员干部的文盲基数。

**表3.11 琼崖第三届苏维埃政府组成人员学历与主要经历情况表**

| 姓名 | 学历 | 经历 | 籍贯 |
| --- | --- | --- | --- |
| 符明经 | 广东六师（知识贫农） | 1925年入团 | 琼崖琼山 |
| 王业熹 | 上海远东商业专科学校（知识中农） | 1924年入党；1920年新加坡任教 | 琼崖乐会 |
| 王玉甫 | 不详（南洋工人） | 1920年赴马来西亚；1926年回琼 | 琼崖乐会 |
| 蒙汉强 | 不详（农妇） | 海南妇女主任，1932年被捕 | 不详 |
| 陈业祝 | 黄埔四期（中学学生） | 早年新加坡参加革命，1926年入党 | 琼崖文昌 |
| 王永成 | 不详（贫农） | 1933年叛变 | 不详 |
| 王健良 | 不详（贫农） | 不详 | 不详 |
| 杨关盛 | 不详（雇农） | 不详 | 不详 |
| 曾昌鸾 | 小学（工人） | 1924年到马来西亚，1926年回琼 | 琼崖琼山 |
| 王志超 | 不详（知识贫农） | 1916年加入民军 | 琼崖乐会 |
| 王文宇 | 不详（贫农） | 将校团训练班，1925年入党 | 琼崖澄迈 |
| 胡展 | 不详（士卒） | 叛变过来的 | 广西廉州 |
| 梁秉枢 | 云南陆军讲武学堂（中农） | 1910年加入同盟会，1926年入党 | 琼崖琼山 |
| 徐树芳 | 高小（自由职业） | 1924年广州第2届农讲所毕业 | 琼崖定安 |
| 吴崇光 | 不详（工人） | 不详 | 琼崖万宁 |
| 符家宝 | 不详（雇农） | 不详 | 不详 |
| 杜保新 | 不详（雇农） | 不详 | 不详 |
| 李图春 | 不详（士卒） | 叛变过来的 | 不详 |
| 朱鲁 | 不详（工人） | 不详 | 不详 |
| 冯朝天 | 不详（南洋工人） | 不详 | 不详 |
| 陈辉琚 | 不详（工人） | 不详 | 不详 |
| 邢性初 | 不详（工人） | 1926年入党 | 琼崖文昌 |
| 肖仕强 | 不详（雇农） | 不详 | 不详 |
| 吴坤琴 | 不详（农妇） | 不详 | 不详 |
| 邱开拨 | 不详（雇农） | 不详 | 不详 |
| 蔡仕英 | 不详（自由职业） | 1926年任万宁一党支部书记 | 不详 |
| 志荣 | 不详（士卒） | 叛变过来的 | 不详 |
| 莫安全 | 不详（贫农） | 1926年入农会，1927年入党，1929年定安县苏维埃政府副主席，1932年被捕 | 琼崖定安 |

（续表）

| 姓名 | 学历 | 经历 | 籍贯 |
| --- | --- | --- | --- |
| 吴策勋 | 不详（学生贫农） | 长流地区农会负责人 | 琼崖琼山 |
| 刘秋菊 | 不详（农妇） | 1927年入党 | 琼崖琼山 |
| 王天骏 | 不详（南洋工人） | 1926年回琼在农民运动训练所学习并入党 | 琼崖乐会 |
| 统计概况 | 主要以学历划分，6名知识分子，8名工人，13名贫雇农，3名士卒，1名自由职业者 | | |

资料来源：海南行政区财经税收史领导小组办公室、海南行政区档案馆编：《琼崖革命根据地财经税收史料选编》（一），海南人民出版社1984年版，第46页。

另一方面，随着战争展开及南洋经济不景气，旅外琼籍学生总体数量渐少。加上国民党亦对革命学生大力争取，使得原本是土地革命时期琼崖党组织成员主要来源的旅外琼籍学生群体，分化或萎缩了。国共两党"都认识到吸收青年学生为新政治力量的可能性而寄以希望"。"当时所有的政党都想争取青年知识分子的支持。"[165](212)旅外具有较高文化资本的革命学生数量减少，而岛内学校学生深处当局政治宰制性生产下，学校党化政治教育抓得很紧，从低年级开始，从身体化、物质化等方面介入文化场中。对学生实施三民主义党义训练，注入中国国民党之主义及政策，而且"学生头脑极守旧，深受孔二之毒"[162](111-112)。国共两党的政治较量蔓延至教育场中。当局以琼崖受"共匪"荼毒之烈，民众被邪说煽惑之深为由，"共匪诡计百出"，"具有智识者，乃戴着假面具，混进教育机关，企图以邪说煽动学生"，特在绥靖公署添设督学处，以便就近督办教育事业。其第一步工作即为制定学校防共办法，限令各校长职员，须一律立具保证书，并严密检查及指导学生的思想行动言论，使不致误入歧途。[49](1935-12-04:3)严密与高强度的国民党党义教育结果就是，学生对共产党误解加深，这不仅体现在课本中，也弥漫于学生文章中。[166](18-21)这种政治化误识无处不在。1928

年，琼崖"清党"之后，沉寂的社会开始乱起来，社会对于学生开始以"敌人"看待，把所有青年学生，看作共产党。革命青年言行不仅会受到政府体制的无形约束，地方劣绅土豪也把革命青年视为"危险分子"，并散布谣言，说他们"为生计所迫，于是不得不做共产党，去共人家的财产"。[166](9)"清党"学生运动的结局是得出学生受共产党影响者"不知凡几"的结论，并逮捕和劝退许多进步学生。如琼崖六师每年入学学生几百人，但至毕业时则剩几十人，见表3.12，除1912年外（这一年的毕业人数统计有点异常，按道理不会与当年入学人数一样），每年毕业生人数远低于入学人数，即实际毕业人数远少于应毕业人数——当年录取人数。造成学生不能正常毕业、中途退学（包括被开除等）的原因，一是政治原因，或因积极参加共产党，参加革命运动，被当局阻扰与被劝退的情况非常普遍。如琼海中学韩超元、韩授元两学生因在会上力驳教务长而遭开除，后引发全属学生抗议风潮。总之，在岛内的学校场域中，学生被国民党严密控制，岛内学生不像旅外琼籍学生一样敢于反抗地方政权、敢于创办革命报刊是根本原因。与此同时，旅外琼籍学生锐减，使20世纪30年代的琼崖党组织开始认真考虑开辟人才生产资源的其他途径。这也是党组织决定自己生产文化资本——从学校发展党员和创办自己学校的主要原因。

表3.12 广东六师学生历年入学与毕业生人数情况统计表

| 年份 | 1912 | 1913 | 1914 | 1915 | 1916 | 1917 | 1918 | 1919 | 1920 | 1921 | 1922 | 1923 |
|---|---|---|---|---|---|---|---|---|---|---|---|---|
| 入学人数 | 146 | 231 | 342 | 256 | 282 | 332 | 356 | 388 | 401 | 390 | 370 | 374 |
| 毕业人数 | 146 | 32 | 38 | 29 | 99 | 70 | 66 | 35 | 94 | 72 | 46 | 132 |
| 年份 | 1924 | 1925 | 1926 | 1927 | 1928 | 1929 | 1930 | 1931 | 1932 | 1933 | 1934 | 1935 |
| 入学人数 | 379 | 452 | 585 | 582 | 386 | 571 | 462 | 483 | 618 | 609 | — | — |
| 毕业人数 | 170 | 63 | 114 | 118 | 92 | 93 | 138 | 92 | 100 | 93 | 81 | 26 |
| 年份 | 1936 | 1937 | 1938 | | | | | | | | | |
| 入学人数 | 450 | 403 | 383 | | | | | | | | | |
| 毕业人数 | 104 | 75 | 52 | | | | | | | | | |

资料来源：《广东省琼崖师范学校复校周年纪念会特刊》，1947年4月1日。

造成学生无法正常完成学业的，除了政治因素外，还有经济因素。这既与各个家庭资本的多寡有关，又与当时整个琼崖的经济场有关。如有人感慨，在20世纪30年代的中国社会中，特殊阶级凭借着他们的特殊权力，能悠闲安逸地无劳而食，他们的子女，中学毕业可以升入大学，大学毕业可放洋出国留学去，凭借父辈荫庇，很容易获得相当的位置和职务，而不用担忧出路问题。与此形成对比的是，出路问题却不断地困扰着贫苦家庭的孩子们，使他们深深地感到不安与苦闷。中学生的出路，一是升学，二是谋业，而在资本主义商品化社会中，"经济是不可或缺的唯一条件。经济要有相当的把握和解决，才能谈到升学的问题，否则休说你的学问是怎样优秀，你的程度是怎样的高深，这都是枉然而无用的东西"[167](26)。农村家庭出身或家庭遭遇巨大经济变故，使毕业生中"可乐观的恐怕无多，因为你们大多数都是经济淫威下面的可怜者。因为你们毕业后的去路，升学多数绝望，成分大的，自然是当个小学教师吧……我不说了，说出来恐怕要增加你们的悲哀！"[166](32-35) 30年代琼崖经济恶化不仅对学生的职业规划产生消极影响，对学生个人生活的影响也是显著的。在学生们的文章中，随处可见学生对遭受不利经济制约的不满与无奈。如"身不逢时的英妹呵！命运多舛的英妹啊！你为什么不生在一世纪以前，或在一世纪以后，恰巧要生在此经济恐慌弥漫了全球的今日，使你的费用上更加困难"[167](2)。"这是一种空想，因为我一贫如洗，倾囊无一文钱的我，哪里弄到车费呢？"[167](20)

人才补充渠道的不足，让琼崖党组织甚是焦虑与悲观。其在1937年给上级南委的综合报告中坦陈，琼崖革命同志干部能武不能文，"文字上是特别的缺乏，能够完全看懂党的一切刊物和文件，则是少中之少，甚至绝无而仅有，能写能文字通顺的，更找不出三五人，现在各县中，每县都无法找出一人来作一张宣传单和通顺的文字"。一些恢复工作中训练提拔起来的同志，"成份完全是农民，很少受过教育"，"少识文字；对党的刊物与文件，亦很多无法看得懂"。要他们从事教育同志和群众的工作，"传达和[灌]输党的一切工作策略路线之执行与转变"，是"困难无法"的。而且他们革命意志薄弱，间或发生"自行逃走和叛变"，导致琼崖群众对我们工作的不信任。除了一般干部群众的文化素质亟待提高外，即使是在党组织领导层中，除了书记冯白驹综合能力较强外，"其他很难找到一二同志来做帮手"。[150](45-46) 报告中说到组织成员能够完全看得懂党的刊物和文件的少之又少，甚至绝无仅有，多少有点夸张，但也暴露出党组织成员文化素质令人担忧的事实，难以找出几人来担当宣传工作领导重任。抗日战争前期，党组织向上级提出的第一个工作困难和要求，就是如何加强党组织人才队伍建设。鉴于党组织本身各同志工作能力不足，特别是文字人才的缺乏，请求南委要对党组织予以充分的供给，"特别是能写文章的工作同志"[151](31-48)。

所以，在琼崖革命的整个历史阶段，提高成员文化水平与加强党内教育宣传一直是其工作重心。鉴于组织干部和组织成员绝大部分是文盲的严峻现实，特委当时最急迫最重要的工作，就是如何提高干部的文化水平。对于如何掌握和利用好这种不能像经济物质那样可以脱离行动者被转移和继承，有阶级区隔功能的文化资本，布尔迪厄认为，除了家庭熏陶，就是学校制度化教育方式进行再生产（获取）。相对于家庭教育的隐性和个性化，规模化的学校教育成效更明显。革命报刊担负着完成内部成员的政治教育和文化提升的重任，但是对于队伍规模的扩大，尤其是需要大量能承担"再创造"教育民众责任的基层干部与党员，党组织的报刊条件一时难以满足。这些具有一定文化水平和文化能力的接班人同志和群众，需要通过具备大规模的教育机构来完成培养。一方面，琼崖党组织找到了从学校中发展党员的"捷径"。[168](181) 具有文化能力的革命青年与富有文化资本学校的天然联系，是琼崖党组织施展文化能力，运作文化资本、社会资本与政治资本的最佳途径。当看到琼崖"大部分的青年学生还没有普遍地组织起来","全琼有十余间中学校,学生约三千人,现在他们还是过着散漫的无组织的生活"[150](58)的巨大革命资源和空间,琼崖党组织立即付诸实际行动,抓住了当时被国民党忽略而又最宝贵的文化资本与资源。而具有非常强的政治表现的文化资本是新兴政党可资利用的秘密武器。将具有文化资本的学校师生发展为革命行动者,再以他们为次级传播者向下沉入乡村民众中,扩大革命队伍,是琼崖党组织壮大队伍的一条"捷径"。琼崖革命领导人之一史丹的革命经历可视为典型。1935年下半年至1936年下半年,担任昌感县立第二小学校长的史丹,不仅在二小积极发展党员,还以教学为掩护,深入农村做发展党组织的工作。至1937年年底,昌感和昌江学校均掌握在共产党员和进步青年手中。[150](197-200) 学校—农村、工厂,师生—农民、工人,党组织的"工作方法是与成年工作混为一体",动员学生到工厂、农村中去,宣传教育和训练一般青工青农群众。据时为中共琼文县区委干部李苏文回忆,仅1934—1935年,琼文区就恢复和发展党支部28个,党员200多人。[150](156-157)

另一方面,除了在当局体制内的学校中"秘密"发展政治人才和文化人才,党组织还特别创办了真正属于自己的人才摇篮。琼崖党组织从当时人才结构和共产党未来发展考虑,决定还通过尽力兴办学校来解决人才再生机制问题。琼崖党组织走了一条以自我培养为主,举办各式培训班和学校,与创办报刊相互配合之路。党组织创办的各式学校,既是琼崖革命接班人的培养基地,也是革命报刊的读者和作者主力军来源。1927年陵水县苏维埃成立后,"为训练工农武装干部人才,以期扩大工农武装组织",立马开设工农军干部学校。[161](70) 1929年为全琼武装总暴动做准备,开设了一期30余人的军事政治学校。琼崖党组织的强大文化能力最明显地展现于特委共青团于1932年雄雄勃勃地计划在苏区进行的3个月的系列文化建设中,建设教师速成学校一所;各区至少要成立一所初级列校;设立中级列校一所;整理和建立阅报社、壁报、读报团;整理和建立苏区球队、歌舞团、俱乐部、红色戏剧团等；创办农村小报 16 个、阅读小组 260 个。[164](32、37) 根据特殊需要而创办的培训式学校，亦可称为干部式学校，学员招收起点较高。如 1931 年 12 月，少年先锋队琼崖总队部根据全琼少年先锋队迅速发展到将近万人规模，但干部缺乏的态势，决定开办全琼少年先锋干部学校，来培养各级队部的干部人才，以加强各级队部的领导力量，以期造成一支切实为苏维埃为土地革命而战的生力军。其中招收学员的资格条件之一为"能看刊物的参加区队部常委与模范连长，及县队部的负责人为及格"[169](506)。

尽管琼崖党组织为人才培养一直在努力寻找各种途径，但在党组织整体文化素质无法短时间迅速提升的客观情况下，必须面对宣传指令如何通过如此数量庞大、组织顺畅、系统严密的各级党团组织和群众组织，被转换成具体方案后传递至基础民众予以执行的问题。琼崖党组织革命报刊实现成功传播的经验之一，就是翻印上级组织报刊。如同省委对琼崖的工作指导，主要是通过下发中央与省委的各种宣传资料来远距离指导一样，琼崖党组织对下级宣传工作指导，也是通过下发对上级同类刊物的模仿翻印来实现的。如广东省委 1927 年出版的《红旗》是参照党中央办的《红旗》，而 1930 年琼崖特委创办的《琼崖红旗》则是参照中央和省委办的《红旗》。省里参照中央，琼崖参照省里，于是出现省委出版《南方红旗》，琼崖出版《琼崖红旗》；省里出版《省委通讯》，琼崖创办《特委通讯》；省委出版《党的生活》，琼崖创办《布尔塞维克的生活》；省里出版《工农通讯》，琼崖创办《工农兵小报》，乐会县出版《工农兵》；等等。见表 3.13。1928 年，琼崖特委在给省委的报告中，于"宣传部分"明确表示，分发各县、市、区委、支部同志阅读的对内刊物《特委通讯》，择载《省委通讯》，至多不出旬日必出版一期。[161](81) 琼崖党组织之所以这样做，完全是省委鼓励和支持各地模仿翻印的结果。1927 年 9 月 22 日，省委关于起义策略应注意的十件事通告中，其中一条就是"接到省委方而（应为

'面'——引者注）寄 ×（推测为'来'——引者注）之宣言等必须设法翻印，普遍散发，口号必须广为传播及张贴"[161](47)。这种翻印方式，即使到了1948年，依然还是党组织惯用的宣传工作方法。如为做好新形势下的宣传工作，琼崖区党委宣传部要求各级党委应立即动员各级党政军及民众团体，大量抄印中共中央负责人的谈话、冯主席在琼府七周年纪念谈话、琼纵十周年纪念宣言等各种文件；各地委及有印刷设备的县委，也应立即大量翻印文件；新民主报社及地方报纸"数量愈多愈佳"。[170](416) 在不同时期与宣传任务下，下级组织采取层层模仿上级组织刊物，乃至刊名都一样的办刊模式，是上级组织试图最大限度地完整下传各种政令指令的一种保障。即为了准确无误地保证党内刊物承负讯息沟通、政令传达的完成：一是内容精干简短，二是要使能识字句的工农同志读明白，以达到解释党的策略及各种理论和实际问题，党员熟悉党的政策，接受政治教育的目的。[67](85) 当然，这也是下级党组织在自身人才准备不足、通讯不畅等重重困难条件下为完成指导下级工作，扩大宣传效果的一种无奈与灵活之举。

表3.13　1927—1937年广东各级党委期刊一览表

| 名称 | 刊期 | 主办单位 | 创办时间 | 印刷方式 |
| --- | --- | --- | --- | --- |
| 红旗 | 半周刊 | 广东省委 | 1927年10月 | 铅印 |
| 红旗 | 周刊 | 广东省委 | 1927年12月 | 铅印 |
| 南方红旗 | 半月刊 | 两广省委 | 1930年4月 | 刻印 |
| 琼崖红旗 | 月刊 | 琼崖特委 | 1930年10月 | 刻印 |
| 省委通讯 | 月刊 | 广东省委 | 1927年9月 | 刻印 |
| 特委通讯 |  | 琼崖特委 | 1927年 |  |
| 党的生活 |  | 广东省委 | 1928年5月 | 铅印 |
| 布尔塞维克的生活 | 不定期 | 琼崖特委 | 1930年 | 刻印 |
| 团的生活 |  | 团琼崖特委 | 1931年 |  |
| 工农通讯 |  | 广东省委 |  |  |
| 工农兵小报 | 旬刊 | 琼崖特委 | 1930年 | 刻印 |
| 工农兵 |  | 乐会县苏维埃 | 1929年 |  |

资料来源：《广东出版史料》（第一辑），广东省新闻出版局1990年版，第91—92页。

革命报刊的出版并不意味着使命结束了，还面临着如何突破当局设置的层层发行障碍。革命报刊实现成功传播的经验之二，就是创新了一套突破当局设置的各种制度化禁令的发行模式。与20世纪初的琼崖革命报刊旋生旋灭不同，琼崖党组织报刊能安全到达群众手中，得益于党组织经营社会资本与运用社会资本的强大能力。发行工作是革命报刊工作的最后一步，但往往也可能是最重要的一步，如果无法破除当局编织的拦截大网，就会前功尽弃。党组织的发行网络主要靠交通站垂直、秘密传送，但由于交通站和交通员队伍明显不足，要圆满完成发行任务，显然需要借助党外其他力量，这需要党组织探索新的发行模式。

琼崖党组织的社会活动能力十分清楚地展现在专门编撰的《发行工作材料》中，其详述了发行对象确立、发行网建立等发行工作基本问题。在当时的政治场作用中，要做到革命报刊发行对象范围扩大到"工农兵士学生城市贫民的广大群众"，发行工作重视程度必须提高，做足功课。在白色恐怖的秘密环境下，"公开线索"不能利用，原先建立起来的发行交通网又无法完全胜任，党组织找到"补救"的唯一有效办法就是，把发行交通网"建筑在群众路线"基础上。包括"可以利用社会一切关系，私人感情，引导在党政治影响下"找交通线索；运用农会工会、革命团体、党的支部组织交通站；利用汽车和船渡码头工人、小贩、旅客接客者等来做传递工作；最好将邮寄社会化、商品化，这样可以避免当局的检查。为向城市工人发行，可利用与工人有社会关系的同志给他们看或读给他们（不识字者）听，对于不识字的女工，要有渠道把这些刊物带入工厂内秘密发送，将党的政治影响深入工人群众中去。而要发行到白色乡村，可"利用亲戚朋友兄弟牧童，一切社会上的关系"。如向兵营团局发行，要打破害怕心理，群众化、技术化地利用社会上一切关系，亲戚、朋友、兄弟、姐妹等，最好是寻找小贩、卖报人、盲人、儿童等发行员去散发。在纪念日发行，每个同志都应分配任务，有计划地要安排朋友、亲戚、兄弟、姐妹

等同志在群众大会或集中的地方详细解释党的刊物，并争取利用各种可能机会向不识字的群众诵读一次。[67](93-100)

当然，因国民党的政治制约及自身文化资本的限制，琼崖党组织还会灵活地利用私人关系，在国民党的一些对外公开刊物上刊文，用来宣传党的政治主张，传达党的政治消息，以培植政治资本。1937年7月，党派灰色同志在海口出版《救亡呼声》；琼崖党组织的宣传工作主要领导者李雨枫同志在国民党党报《国光日报》上开设专栏，发表抗日宣言，巧妙传递"敌后战场"（共产党领导的革命斗争）情况，突破敌人对此领域的舆论封锁；用"移花接木"办法，以《国光日报》名义办《国光旬刊》，躲过当局的"报刊登记办法"。

1937年上半年重新与上级党组织取得联系，使得琼崖党组织的工作更有指导性和方向性。当年取得的政权有先后恢复和建立起的文昌等7个县委，海口市和陵水、临高县3个工委，以及西南临委。并拥有一支党员600余人，红军260余人，可以再次与国民党相抗衡的革命队伍。"星星之火终于又在琼岛大地上逐步燃烧起来。"[171](9)

## 小　结

1926年，琼崖结束了割据军阀专制独裁，国共两党共同进入，并于第一次合作期间创办了琼崖史上第一份党报。但翌年，国民党右派反动势力开始实行"清党"，以统治者姿态极力挤压共产党的生存空间。琼崖当局力图通过诸如行政审批控制、拦截邮件、定期巡查、严控新闻生产物资、法律法规等方式，构筑一张严密政治布控大网，意图围剿岛内创办和岛外输入的一切革命报刊。

与此同时，从20世纪20年代末期开始，琼崖经济受东南亚经济下行影响，正常侨汇减少，琼侨失业增多，出现虚假繁荣景象。经济疲软不仅对琼崖民众的文化需求影响较大，更对严重依赖于地方津贴和市场广告的琼崖当局系统报刊表现出明显的不利影响。致使琼崖当局最大党报《琼崖民国日报》在抗日战争爆发前就陷入了严重的经济危机中。逐渐失去市场抱注的国民党党报，只能寄希望于岛内各地的津贴接济。国民党报刊经济上由之前的津贴和广告的"两条腿走路"几乎变成只剩下津贴的"一条腿走路"。这也是由强转弱的一个征兆。而悲观的琼崖经济对于完全依赖市场和琼侨的民营报刊来说，打击尤为致命，至30年代初期基本上就消失了。与经济危机对国民党系统报刊的严重打击和对琼侨民营报刊的致命打击不同，对几乎无市场大众，以政治资本生产为全部使命，本就基础条件简陋及处于一种相对稳态社会中的党组织革命报刊来说，剧烈经济环境变动对其办刊影响不太明显。

虽然此时期的琼崖政治场和经济场不利于报刊的繁荣，但对报刊发展作用至关重要的琼崖文化场,却大体保持着相对厚实的基础条件。琼崖工业基础薄弱,新闻场尤其指望教育场的厚重承载。以琼山和文昌为代表的琼崖北部学校教育历史悠久,成效卓著,为琼崖文化场的核心力量所在。琼崖教育场不仅反映了琼崖各市县的教育水平层次与梯度,更显示出琼崖新闻场的城乡差别与南北差异。琼崖北部的学校教育与新闻事业呈现出明显的关联性,前者为琼崖报刊生产了大量的读者和作者,故而也是吸引琼崖文化机构多集中的主要原因。

随着琼崖国共两党第一次合作破裂,国民党开始严格管控非国民党新闻业,琼崖共产党系统报刊开启了自力更生、创造历史辉煌的根据地办报模式。在这个过程中,中央与省委给予琼崖党组织指导的同时,也给党组织很大的压力和任务。包括要把琼崖变成一个重要的革命策源地,短时间内组织完成全岛的武装暴动等。琼崖党组织本着克服困难、迎难而上的革命态度,认识到了宣传工作的极端重要性,在以口头宣传的同时,创办了大量革命报刊。且在特殊时期与巨大环境压力下,取得了广东省革命报刊活动最为活跃的好成绩。

革命报刊取得卓越成就的背后,也折射出琼崖党组织的一些经验和不足。土地革命时期初期,一批极富革命热情的旅外琼籍知识青年加入,极大地增添了党组织的革命力量。这些具有文化资本优势的青年是报刊工作的一把好手,可以说,琼崖党组织早期出色的宣传工作很大程度上应归功于他们。但随着这个群体部分成员的不幸牺牲,以及革命事业的扩大,党组织的文化资本问题日益凸显。在土地革命时期,琼崖党组织主要是在琼崖当局控制较为薄弱的中部和南部地区开展革命工作,吸收大量无教育背景的工农群众,而这些地区的文化教育相当落后,随着革命深入,党组织队伍扩大,其文化素质问题日益呈现。所以,提高革命队伍的文化水平是党组织一直努力在解决的问题。为此,一方面,通过创办革命报刊来承担组织内部的政治教育、工作指导等文件性质的任务。这些具有阅读资格和能力的县、区、乡各级负责人，充当主力讲解员与训练员，再向下级组织与群众宣传，形成逐级传播，组织的发展与革命报刊的影响互动关联。另一方面，琼崖党组织还注重通过在体制内学校发展党员，以及创办自己特色学校、培训班等文化机构，来进行干部与群众的文化资本建设。共产党兴办的特殊性学校和国民党当局体制教育虽然目的各不相同，但二者组成的琼崖文化生产场，共同推进了琼崖社会的现代化转型。

在面临诸多困难的情况下，革命报刊积累了成功传播的经验，一是党组织通过翻印上级革命报刊，来实现对上级指令、政策的准确理解，和保证向下级的无误传送。二是党组织摸索与完善了一套行之有效的发行办法，使革命报刊成功地送达阅读目标手中。其发行策略的根本宗旨就是依靠群众，走群众路线，尽量开拓出新的社会资本优势。

# 第四章

中共报刊优势的确立及其成因（1938年至解放）

在 1926—1937 年这段时期，中共在琼崖的革命报刊实现了从无到有，但要实现由弱至强的转变，则在抗日战争与解放战争时期。本章从琼崖共产党的合法性巩固、国民党系统和民营系统报刊的式微，以及党组织日益成熟的根据地办报模式等方面，探讨"云龙改编"后以《抗日新闻》公开出版为标志的琼崖革命报刊优势位置，在抗日战争时期和解放战争时期逐渐确立的内在因素。

## 第一节 "云龙改编"的标志性意义

中国共产党在琼崖政治地位的标志性转变为1938年国共两党进行的著名"云龙改编"。此时琼崖党组织力量也已走出反"围剿"后的低谷,并于1937年成立了以冯白驹为书记的新特委,成为全琼统一的革命武装指挥机关。艰苦环境中生存下来的党组织力量使得面临日军侵琼压力的琼崖当局不敢小觑。1938年12月22日在琼山云龙地区进行的"云龙改编",是岛内实现国共第二次合作的开始,也是琼崖抗日民族统一战线的正式建立。合作协议的主要内容是:(一)琼崖国共合作的根本目的是共同抗日,放弃互相厮杀;(二)琼崖红军编为"广东民众抗日自卫团第十四区独立队",在政治上、组织上保持独立自主;(三)独立队为一个大队建制,冯白驹任队长,副职由国民党选派,但须共产党同意;(四)独立队设政训室,人员由共产党选派;(五)国民党按一个营的编制,每月发给军饷。[172](30)"云龙改编"的里程碑意义,不仅是中共抗日民族统一战线策略在琼崖的具体落实,也是琼崖党组织活动公开与合法的标志与开始。

借助于中共领导的抗日联盟力量的强大作用,共产党报刊出版活动自由空间得以进一步扩展。时任中共广东省委书记的张文彬,在给中共中央的报告中就曾说道,广东在"七七"抗战爆发以后,中共方面出版的报刊,如《新华日报》《解放日报》《群众》等,均可以公开发行;"《救国时报》、王明等在国内出的小册子,都能在广州香港一带公开出卖",《解放》等刊物也能公开翻印"而不加查禁"。[154](224)在琼崖的中共报刊公开出版正是始于此时。琼崖特委机关报《抗日新闻》在当局登记出版,标志着中共报刊以正式身份进入琼崖新闻场中，也意味着党组织革命报刊由之前局限于组织内部，开始转向全体大众。这份由琼崖特委编印出版的《抗日新闻》，正式面世于1939年4月，为八开四版，油印，每3—5天出版一期，印数为1000—1500份。作为战时琼崖敌后最有影响的报纸，该报主要发行于岛内各地基层党组织、部队中的连队、乡一级民主政权和进步的群众团体中，并在各地圩镇交通要道等公共场所张贴。其内容主要报道军民抗日的消息和战绩，除国内外和本岛消息外，还有社论、论文和转载中共中央重要文件，以及通俗的文艺作品等。《抗日新闻》不仅是党组织的内部文件学习工具，也是党组织宣传工作的一面旗帜，更是面对琼崖群众的一个指示器，其符号意义已超出新闻意义。正因为该报存在本身的重要象征意义，自然得到了党组织的格外重视。当时琼崖抗日根据地处境艰难，该报一时面临断刊威胁，党组织史无前例地成功发起了一次颇具声势的募捐"救报"运动。抗日胜利后，《抗日新闻》改名为《新民主报》，并一直坚持出版到琼崖解放。该报为战争年代琼崖岛内坚持出版历时最长、具有特殊意义的革命报刊，也"是琼崖最大的、最博得民众欢迎的一个报纸"。正因其如此重要性，使得"全琼党、政、军各重要机关，民众团体阅读着它，每个支部同志阅读着它；各市镇和人口集中的地方张贴着它"。[173](59-91)

抗日时期，琼崖特委报刊活动日趋活跃。琼崖特委创办了《救亡呼声》《新琼崖》《国光旬刊》《前哨旬刊》《党团生活》《布尔塞维克的生活》《救亡旬报》等革命报刊，向党员和各界群众进行抗日舆论宣传。其中，《党团生活》为半月刊，文章短小，内容大众化，面向一般党内同志；《布尔塞维克的生活》内容多以理论长篇为主，重点是向党内同志系统地传达有关党的策略路线，报道各地党务工作的方法、方式，给予理论方面指导，以一般县、区工作同志为阅读对象；而《救亡旬报》则是中共琼崖特委编印出版的对外公开宣传刊物，内容多是公开宣传党的政治主张，传达党的政治消息，给群众指路。抗日期间，琼崖根据地报刊工作的重点依然是加强自己的政治能力建设，陆续出版有：参照延安八路军《军政杂志》办的《新琼崖报》，报道部队战斗活动情况、对内宣传的《战斗生活》，供部队指战员学习参考用的《每周时事》，以及供县、支队以上领导干部看的《每日要电》等。

琼崖党组织时刻警醒于党内干部在掌握革命理论方面的不足。随着解放步伐的加快，为解放后琼崖建设干部队伍需要考虑，认识到时刻加强党的思想建设的重要性与急迫性，一批旨在提高党员干部马克思列宁主义理论素养和党的政策水平的报刊相继问世。1947年10月，琼崖区党委决定出版党内刊物《琼崖党人》(季刊)，以"作为全党同志思想生活的园地"。这份发行于地方党总支委、部队中队、区级政权及民众团体党团的党刊，主要内容为党的重要指示及决定，党的建设理论和经验介绍，党务工作意见和经验，以及报道基层党支部工作情况、经验介绍和党员的先进模范事例等。党组织要求各级党委必须切实阅读研究讨论，并重视与使用党刊。[154](336) 极度重视党建工作的习惯，为了完成"建设一个政治上、思想上、组织上完全巩固统一的党组织"任务，主要供给乡以上干部阅读，琼崖党组织还于1948年创办了《建党》(季刊)。

琼崖党组织各级党委亦办有相应的机关报。1946年根据党政军一体化领导的要求，设立5个地区临委，各临委亦创办相应的机关报刊。如东区临委出版《南潮报》、琼文临委出版《琼文导报》、东定临委出版《东定导报》、西区临委出版《西区导报》等；还有《同声》(北区地委宣传部)、《先锋报》(西区地委宣传部)、《斗争》(东区地委宣传部)、《前进报》(南区地委宣传部)、《南路消息》(乐会、万宁)、《工作》(文昌)等。1947年，琼崖区党委撤销地区临委，设4个地委，原先各临委所办的报刊相应地整合重组，把《琼文导报》和《东定导报》合并改名为《人民报》，东区地委就把东区临委时的《南潮报》改为《群众报》，西区地委把临委时的《西区导报》改为《先锋报》。此 4 份党报还被 1947 年香港的旅港琼崖同乡会会刊《琼声》认定为琼崖解放区的新闻事业予以介绍。[174] 至 1949 年 3 月，琼岛解放区报刊全面开花，创办发行的报刊还有：琼崖纵队政治部主办，创办于 1948 年 9 月 1 日的《建军报》(油印小册子，不定期)，东区地委的《群众报》，西区地委的《先锋报》，南区地委的《前进报》，北区地委的《人民报》等。麦穗在《民国时期海南岛报刊目录简编》中统计此段时期的革命报刊约有 35 种。[17](53-76)

琼崖党组织的最大机关报《抗日新闻》在解放战争期间经历了两次重大调整，第一次是 1946 年改名为《新民主报》，第二次是 1949 年 5 月改版为综合性半月刊。相比于第一次改报名后将宣传重心由过去的"抗日"切换到"解放"，着重宣传琼崖的解放战争形势，报道解放区军民奋起反击的胜利捷报，第二次则着重于对该机关报的主要功能进行提升。由于该报既是"领导琼崖人民革命斗争的一面鲜明的旗帜"，"表现或反映琼崖人民革命斗志的一面生动的镜子"，又因为随着"各地区地委领导下的地方报纸，逐渐成长，可以代替本报在新闻报道方面的地位"，所以有必要将《新民主报》提升至琼崖最大的区级党报，进而将其原来功能分给下级党报承担。鉴于该报在全琼上下的巨大影响力，决定了其基本性质和一切工作的立脚点是：它不纯粹是党的机关报，更不能是也不应该是"同人杂志"，只能是而且必须是全党同志所共同办的"人民杂志"。[175](1949-01:17) 既然要将区党委机关报《新民主报》与地方党报进行主要功能区分，就必须从基本性质与任务、具体对象、编辑方针与方法上进行必要的分工，以"收步伐统一而做法多样之效，克服过去彼此不分千篇一律的毛病"。在基本性质上，地方报纸代表地方党委报道与反映当地动态，具有明显的地方性、具体性的特点；而《新民主报》则代表区党委分析全琼形势，指导斗争方针，它具有全琼性、一般性的特点。在对象上，地方报纸的基本对象主要是城乡劳动人民与基层干部；而《新民主报》的基本对象则是乡

(连)级以上干部、知识分子教员学生及开明绅士。为了落实党组织制定的党报需要全党来办的改革精神，在编辑方法上对地方党报的具体版面要求做了明确规定。如要有多至1/2，少至1/3篇幅的以地方性新闻通讯为主要内容；以及应有占1/4篇幅的国内外及全琼性新闻，用新华社分社综合及播送，供给各地方报纸采用；还须至少占有1/4篇幅的一个综合性副刊等。[175](1949-01:32)将全区党报分级区分定位，是取得政权的琼崖党组织开始对解放后的新闻宣传事业进行通盘考虑与安排。

除了各级党组织的机关报，随着全国和琼崖战争形势的发展，为配合军事打击和政治进攻的任务，琼崖党组织一些部门根据各自情况创办有针对性的刊物。如从1948年开始，为配合琼崖纵队先后对敌发动的春夏季攻势的战斗宣传工作，党组织前线司令部出版了《火线报》。该报出版目的就是"在前线瞬息万变的情况下，以简短有力的文字及时传达各种消息和命令，深入到每一组织单位和每一组织成员中去，在政治上起着传播和推动的作用，并通过表扬和批评，彼此互相影响，把各种工作向前推进一步"[170](26-58)。

在抗日战争与解放战争时期，琼崖党组织报刊的繁荣在一定程度上还受益于无线电台这种先进通信设备的获得。尽管广播不是琼崖岛内普通民众获取信息的一种日常选择，只是政府部门和较大单位才有的新事物，但它不仅便于琼崖党组织与外界及时联络、转载电报消息，也使得报刊内容更为新鲜与丰富，进而有利于抗日战争的开展。之前因为丢失电台，消息不灵，曾发生过有关日本投降的重大事件还是从国民党报纸中获得的尴尬。故而电台是琼崖战争的重要物资，也是无形战争中琼崖革命新闻事业工作的有力武器。[176]琼崖党组织的第一台电台是1939年8月从香港抵琼的，但中央认为"琼崖至少要有三个电台，并以一台与中央联络"，"你们电台速与中央直接联络"[151](5-6)。第二台于1940年7月运抵美合根据地。1946年10月，琼崖就电台组织工作情况在特向中央作出的报告中计划，在已有 1 个联络台和 2 个新闻台，总台下预设 5 个分台，已有 10 名，计划再训练 10 名报务员的基础上，琼崖"还要准备五个联络台，请中央责成粤委代我准备"[170](91)。1949 年 3 月，新华社琼崖分社成立，进一步密切了琼崖与党中央之间的联系，加速了琼崖解放战争的进程，也使党组织报刊影响力进一步扩大。到 1949 年春季攻势前夕，"形成了一个以五指山革命根据地为中心的无线电通信联络网，并用新琼社名称向岛内播发新闻，各分台既是联络台又是新闻台，为党、政、军的调度指挥提供了便利"[177](193)。

## 第二节　琼崖党组织合法性的巩固与提高

20世纪30年代末至40年代末，尽管国民党从"法理"上统治着全国，但鉴于民国时期中国整体依然处于由传统向现代转型的过程中，颇具现代意味的革命则成为新政权合法性的主要源泉之一。[178](232)政治场的核心资本是政治资本，只有拥有政治资本的政党才能进入政治场，拥有资本优势才能进入核心位置。媒体体制与政治体制密切相关，主要体现在报刊与执政党体制的平行度方面。在民国时期国家高度垄断各种资源的威权政治体制下，媒体体制国家化和依恃化明显，不仅商业报刊繁盛的中心城市报刊无法挣脱执政党体制的影响，商业报刊不兴的边缘区域报刊，更为政党报刊的天下。琼崖媒体主要为国共两党政党报刊主导，两党报刊间的竞争即为各自政党生产政治资本的竞争。

事实上，1939年日本正式侵琼前不久，琼崖国共两党已就共同抗日问题达成共识，而这直接得益于中共领导的全国抗日统一战线局面的形成。1937年9月22日国民党"中央通讯社"发表了经过国共双方代表签字的《中国共产党为公布国共合作宣言》。[179](102)全国抗日统一战线形成的政治力量，迫使广东国民党减少了对琼崖共产党的压力。1937年11月，八路军在广州建立了办事处；12月，中共中央筹建了香港办事处。[151](20)此时共产党领导的各抗日组织与运动，得以公开、合法的蓬勃发展，党的政治力量得以进一步强大。根据中共中央1938年3月15日作出的《关于大量发展党员的决议》指示精神，至1938年10月，琼崖地区党员数就已由抗战初期的600余名猛增到5000名。[180](461)

琼崖党组织的合法性在抗日战争时期得到进一步巩固。1939年2月10日，日军以约1万的兵力轻易地攻陷海口，而有约4000兵力的国民党部队，几乎不抵抗即弃城逃跑。[181](195) 抗日主力任务交由"枪最糟弹亦少""便装无帽"千余人规模的冯白驹独立团担任。而彼时冯白驹部队受到国民党的人为限制，缩编、扣饷，所以，名为团，实为队规模。见表4.1所示。日军侵琼后，成立的日伪政府（初为治安维持会，1942年改为琼崖临时政府）立即介入琼崖政治场，接管了国民党政权，日伪政府的存在很大程度上削弱了后者的合法权威。

表4.1　1940年琼崖抗日部队情况

| 名称 | 守备军 | 保安团 | 独立团 | 游击队 |
| --- | --- | --- | --- | --- |
| 领袖 | 王毅 | 吴道南 | 冯白驹 | 各县指挥者 |
| 数量 | 千人左右 | 两千人左右 | 千人左右 | 七八千人 |
| 枪弹 | 有机枪弹稍裕 | 有机枪弹稍裕 | 枪最糟弹亦少 | 枪稍好弹亦少 |
| 服装 | 有军服钢帽 | 有军服钢帽 | 便装无帽 | 便装无帽 |
| 驻地 | 未定 | 未定 | 未定 | 各县境内 |
| 饷源 | 司令部发 | 专署发 | 司令部发一大队余系自筹 | 各指挥者 |

资料来源：阆仙：《琼崖岛抗战军之透视》，《琼海潮音》1940年第2期。

琼崖党组织于民族危难时刻勇于担责抗敌的英雄气概，极大鼓舞了琼崖广大民众的抗日热情，也获得了民众的帮助与支持。党组织发动组织了农民、青年、妇女等各类抗日团体和地区抗日武装组织，暂时得到国民党扩编同意，成立了用于加强部队政治工作和群众宣传工作的琼崖战时党政处。独立总队随后扩充到3个大队和1个特务中队，总数约1000人，并且在文昌、琼山地区成立了第一个纵横百里的琼文抗日根据地。看到琼崖党组织日益壮大而惊恐不已的琼崖新任专员吴道南，于1939年夏单方面撕毁国共二次合作协议，使得党组织在全力抗日的同时不得不抽出精力应对国民党的威胁。为遏制中共党组织力量增长，一方面，国民党专员吴道南不断制造反共逆流，进攻抗日游击根据地，撤销琼崖党政处，解散各抗日团体，拘捕、暗杀进步人士，禁止阅读抗日书籍，公开撤销独立纵队番号；另一方面，日军扶植卖国贼赵士桓等成立伪琼崖临时政府，采取既政治诱降琼崖国民党当局，又积极反共与剿共的双面政治策略。国民党与日伪合力公开反共、灭共政策，使中共党组织再次面临严峻挑战。琼崖党组织利用明显倾向抗日的琼崖守备司令王毅与消极抗日的琼崖专员吴道南之间发生严重内讧的间隙，大力开展民运工作，创办许多识字班、阅报社、平民学校等组织。[151](87-88、92) 1940年，时任琼崖特委书记的李吉明在向延安党中央的报告中透露，琼崖党组织出版的《抗日新闻》《每日要电》《南路堡垒》等，"最深入、最普遍、最经常和能博得民众的欢迎"；而当局办的，"不但数量很少，且也不能经常出版"，唯一的《琼崖民国日报》还办得"不生不死"。[151](95、90) 琼崖独立队领导抗日军民，从日军正式入侵至是年年底近一年时间中，先后同日伪军作战70余次，取得消灭日伪军800余人的辉煌战绩。[172](77) 至1940年，琼崖独立队又扩充到6个大队3000人的规模，活动范围由之前的2个县扩至11个县。还在各县组织领导了青年抗敌后援会等抗日救亡团体，呼吁建立抗日民族统一战线，领导的抗日救亡运动遍及全岛。尽管琼崖独立总队和琼崖抗日根据地，从1942年开始面临着来自国民党和日寇的"蚕食""扫荡"，但琼崖党组织在社会各界，尤其是琼侨的帮助下，不仅没有被打败，反而日渐壮大，至1944年拥有了4个支队，以及5个县的民主政权。与此同时，琼崖日军被不断地抽调到太平洋战场上，而国民党已失去民心，"琼崖纵队已正式成为琼崖抗日武装的领导中心"，领导人民完成抗战大业。[172](307)

进入解放战争时期，琼崖国共两党政治力量已发生明显变化，琼崖党组织的合法性飞速提升。日本投降后，琼崖当局"对民众剥削比日本更甚"，以致"海口、嘉积、文昌、金江、定城之商人均因捐税太重而罢市反抗"。"商人不敢经商","农村更加破产",1946年春季"大旱灾失收五成,米价自日本投降后高涨四十余倍,肉价涨七十倍";汽车、帆船等交通工具"比战前减少十分之八九以上"。[170](85) 1945年8月,国民党派韩练成率46军来琼接受日军投降并"剿共",以七倍于琼崖纵队的兵力,迅速夺取了纵队在日败后接收的政权区域,但不久即因国民党内陆战局吃紧被调离琼崖。先后接任第九区行政专员兼司令的丘岳宋与蔡劲军,皆因"剿匪"不力而被撤换。国民党主力的撤退,不仅使敌我军事力量对比发生了变化,也带来了民众归附心理的巨大变化。"四六军离琼,力量起变化","一般群众见到顽被消灭而我主力尚存,工作仍在,因此我区群众情绪提高,斗争更有信心,中立群众倾向同情我,有些曾与我对立的顽区群众,也向我妥协或付款送保田军粮了"。[170](88) 此时,琼崖党组织领导的队伍规模扩大至14000多人,政权范围与空间扩大至几乎遍及全琼,有11个县,27个区,1927个乡(村)。[170](34) 以至于最终形成"我们的力量处优势,国反的力量处劣势"的局面。[170](99) 1947年香港的旅港琼崖同乡会会刊《琼声》曾详细地公布了琼崖各市县共产党政权的行政长官名单,并强调了这份名单的合法性,"按琼崖解放区民主政府各县行政长官,都是坚持琼崖七年抗战中的英雄,他们之所以出任行政长官,是由于各县民选的"[174]。国共两党大形势的走向决定着琼崖区域政局的变化,琼崖敌强我弱的政治格局和由此带来的报刊力量格局均已发生完全扭转。

说到琼崖党组织政治资本的生产途径,除了通过高明的政治能力运作和顽强的军事斗争外,更应把目光注意到党组织系统报刊。"清党"后琼崖党组织就已意识到通过革命夺取政权的重要性,不仅随即建立了革命根据地、创建军队,还注重创办了各种以小册子、传单等形式,以大力宣传马克思主义意识形态和苏维埃政权为目的的革命报刊,迅速完成对共产党及苏维埃新政权认知的下沉和渗透。在土地革命时期,其宣传工作任务是集中力量做到使工农及一般平民"普遍认识和拥护"工农政权、本党政治主张及苏维埃,"使苏维埃成为一种新的形式政权"。[161](48-53) 具体而言,就是要实现使琼崖群众真正认识到"琼崖苏维埃政府是琼崖工农兵以及一切劳苦群众的政府,它是代表工农兵以及一切劳苦群众的利益,领导琼崖广大劳苦群众向反动统治国民党政府阶级斗争的唯一集团"。这也是"在琼崖的统治阶级急遽动摇,群众斗争日益接近直接革命形势下",把握政治方向创办《琼崖红旗》"更有严重的意义和任务"所在。宣言代表中国共产党的《琼崖红旗》,力图以布尔什维克的态度,和广大群众建立起亲爱的密切的关系,并能与之讨论政治形势,进而达到充实革命主观力量的政治资本生产目的。[182](1930-07-10) 为配合土地革命时期建立苏维埃政权的最主要工作,革命报刊政治资本生产策略主要采取颠覆,通过宣传反复地向民众灌输苏维埃为唯一合法政权,构建唯一领导者形象。革命报刊力图面向民众建构出的苏维埃形象是:新的国家机关;工农的武装力量;和群众紧密联系;为民意而选出,因民意而撤换;是人民选举代表,同时有五法行政之权;没有官僚主义,能促进深入群众的改良;是被压迫的工农阶级中最觉悟最努力最先进的部分之组织形式。[183] 为完成民众对共产党基本认知和苏维埃政权合法性的建构,故"党性成了这一时期革命报刊的突出特征"[184]。被建构的群体越特殊,排他性就越强,政治资本价值就越大。由此还须对国民党旧政权进行解构,揭露国民党的虚伪面目:自实行所谓清党运动后,已变为一切反动派别的党,投降帝国主义,妥协封建势力,出卖民族利益,在帝国主义公开指使与帮助下,积极向中国革命进攻,施行烧山血洗的白色恐怖,残酷地屠杀压迫剥削群众;不依靠民众力量,不代表民众,而以军阀为力量;背叛革命,是白色恐怖的党,比清政府和北洋政府更加反动。[185] 如此强烈的二元对立符号斗争势必动摇国民党政权威信,销蚀其政治资本;而随着民众对共产党领导的苏维埃政权的认可与拥护,与之匹配的政治资本亦逐渐累积。党组织的政治能力和革命报刊宣传鼓动工作的巨大成绩可见一斑:一年左右时间党员迅速发展到一万五千人的规模[161](72)，甚至压得琼崖"反动派宣传亦不甚利害"[161](172)。毫无疑问，解放战争前，共产党在琼崖就已经取得了部分"意味着某种政治秩序被认可的价值"，尽管存在着一些争论的合法性。[186](184)

琼崖党组织的合法性不仅有来自战时领导民众英勇抗日累积的政治资本，还有得到各界拥护打下良好群众基础，尤其是得到琼侨支援的社会资本。[151](15、10)在民族危亡的关键时刻，琼崖重要外援力量——琼侨——除了输送大量急需的各种医药物品外，还为独立队正名。1939年5月13日，《星洲日报》发表一篇名为《向冯白驹等致敬》的文章，高度赞赏了以冯白驹为首的抗日队伍。冯白驹在中央和南委的支持与帮助下，借助香港媒体向琼侨喊话，取得不错成效。这也是为什么中共中央指示琼崖党组织，要"把琼岛创造为争取九百万南洋华侨的中心根据地，创造为党在南方发展广（扩）大影响的根据地"的主要原因。[151](5-6)

但冯白驹的呼吁信以及陆续收到的侨胞物资，一度刺激到了国民政府当局的敏感神经，华侨支援琼崖党组织的行为令王毅和吴道南大为恼火。针对国民党在香港媒体及国外与侨胞中污名化冯白驹部队，意图阻断冯白驹与外界联系，达到围困琼崖特委的目的，琼崖党组织通过香港一些不依附政党势力，主张新闻自由，报道较客观公正的媒体进行抗日宣传。其中，冯白驹在香港《工商日报》发表名为《冯白驹致函海外侨胞报告琼战并请援助》的文章，获得广大侨胞的同情与认同。冯在文章中从"华侨爱国极其可敬""琼崖精华尽被毁灭""英勇抗战已逾半年""物资缺乏亟须救济""切望侨胞踊跃捐输"等几方面予以澄清。琼崖党组织充分利用华侨拥有的香港媒体资源中介作用，向外界，尤其是华侨发出真实的声音。来自香港的文化工作者蔡磊，随琼侨回乡服务团回琼采访，于1939年8月23日，在香港《星岛日报》上，以"浮沉中的海南岛——一个华侨回乡服务团代表会见记者"为标题，把在琼崖的所见所闻而外界"至今没有正确地报道"告诉读者。文章通过一位"心都给敌人轰炸家乡的炸弹震碎了"的马来西亚华侨回琼抗战服务团成员的口吻,表达出这些华侨的"愤激和仇恨"。文章针对那些在日本侵略者还没打进来,即顿生失望并做出逃往湛江和南洋的琼崖青年的弃家逃亡行为予以严肃批评。同时直接指出,民众这种消极抗日行为,"是地方政府对于国防建设和救亡运动的报销(消极)主义的结果"[151](59-66)。

琼侨与琼崖革命结合最特殊,也最有意义的要数琼崖华侨回乡服务团。日军准备侵琼时,1939年1月,为谋救琼良策,建设和发展琼崖大计,由宋子文、陈策等琼侨首领发起,召集散居在东南亚各地及港澳的琼侨齐聚香港,召开琼崖华侨全体大会,选举产生了以宋庆龄、宋子文、陈策为名誉会长的琼侨联合总会。大会组织结构分为宣传、歌咏、戏剧、电影和救伤等五组,除救伤组外,其余各组均要承担慰劳宣传抗战救国工作,宣传组的宣传责任更具体。[187](38)服务团非常注重宣传工作,要求宣传部门切实负起宣传上的重大责任,如实在因人手等原因,"尚难办理舆论机关,然至低限度,必应筹办一定期刊物,以集中内地之情报,传达于海外同侨之前,实乃急不容缓之需要也"[187](65)。会议还通过了"设立琼崖华侨舆论机关于香港及星洲,发扬文化"的要案。[188](47)随着1939年2月日本正式侵占琼崖,4月开始,由香港以及南洋英属、泰国、越南等琼侨240余人组成的琼胞回乡服务团,带着抗战救护器材、药品和救济物资,先后分成4批,冲破日军封锁渡海回到琼崖。1939年5月,服务团在琼出版了机关刊物《团刊》。内容以评论为主,兼有杂文、通讯和文艺作品等的综合性刊物《团刊》,撰稿者多为服务团成员。该刊至1942年2月日军全面侵占东南亚,封锁岛内外联系,琼侨的外界援助断绝才告终刊,历时两年零九个月,共出版了20期,每期200余份。发行至国民党和共产党领导的县级以上抗日民主政权和部队营级以上单位的《团刊》刊登较多的是一些讨论琼崖抗战的偏理论性文章,如《琼崖抗战的面面观》《侵琼必败,抗战必胜》等社论,强烈批驳了"琼崖孤岛抗战无望论"。其中不时刊有反映中共领导的琼崖独立队英勇杀敌的文章，如"冯白驹将军访问记"专稿。还曾出有揭露国民党制造的"符韦惨案"专刊。[154](254-256) 该案源于服务团因向独立队输捐，国民党曾以"有破坏抗战""分子复杂，不服从政府指导"等理由威胁解散服务团，甚至以高官厚禄引诱服务团成员脱团。后在暴力威胁瓦解不成的情况下，制造了杀害向独立队输送来港物资的服务团团长符克与韦义光同志的"符韦惨案"。认清敌人阴谋的服务团于1940年4月1日在《南路堡垒》上发表《琼侨回乡服务团致电总会暨全琼侨书》予以揭露。《南路堡垒》(原名为《琼声》) 是琼崖特委在1939年底至1940年夏间，利用广州湾（今湛江市）法租界的特殊环境，为了突破岛内敌人封锁，更好地运输出去，向海外华侨进行抗日宣传的一重要舆论通道。[154](242)

除了永载史册的琼侨回乡服务团外，琼侨在侨居国亦积极创办报刊策应国内的革命宣传活动。华侨报刊利用侨居地相对有利的自由办报环境，"向广大侨胞报道了祖国抗战的消息，鼓舞并坚定他们对祖国抗战必胜的信心；同时也向侨居地人民披露了中国抗战的动态，揭露日本侵华的暴行，呼吁他们同情和声援中国抗战。因而华侨报刊是争取国际援华舆论宣传的一个重要渠道，其国际影响较国内报刊尤大"[188](286)。琼侨主要集中在新加坡、泰国、印度尼西亚等东南亚国家，下面依据一些零星资料对琼侨集中的几个南洋国家中，20世纪40年代革命报刊活动情况做个简介。(一)新加坡方面有：1946年8月出版，由侨居新加坡的符志逢、陈先光等琼侨独资创办，内容主要为国内和琼崖形势，民主运动、社团，琼崖纵队英雄人物等的《琼潮报》；由新加坡琼籍店员抗战后援会出版，主要报道当地琼侨支援抗战情况的《吼声报》；由新加坡琼崖同乡会创办，主要报道抗战中的琼崖军民、政府情况的《琼崖导报》。(二)泰国方面有：1946年创办，主要报道国内外民主运动、琼崖解放战争形势，服务于泰国琼侨的《全民报》；1946年11月由旅泰琼侨韩海山等人创办的《刚锋报》。(三)印度尼西亚方面有：1945年10月成立，印尼巴城琼州会馆主席王昌铿为最大股东，主要报道国内民主运动、解放战争等情况的《生活报》。[115](45-55)

琼侨对家乡抗日事业的支持，不仅表现在对独立队以物资和岛外宣传力量的支援上，在琼崖本地，文化水平较高、见多识广的琼侨也时常积极参与革命办报活动。如20世纪40年代，在琼侨最多、文化教育相对发达的文昌县办有《新文昌报》，及琼崖抗日民主政府机关报——《新琼崖报》，尤其是前者，从行政领导到编辑、刻字、印制、交通员，大多为归国华侨或侨眷。①

琼崖党组织的合法性除了获取战功的政治资本、以琼侨为代表的民众支持的社会资本外，还有自身一直积极探索的经济资本建设问题。琼崖党组织"抗日战争初期，革命根据地的财政收入主要来自爱国华侨和港澳同胞的捐献以及国民政府时期的少量经费补助，随着抗日根据地的扩大，公军粮和工商税收成为根据地财政收入的主要来源。解放战争期间，革命根据地进一步扩大，农业生产和商贸日益活跃，出入境货物税和公粮收入成为财政收入的大宗。解放战争后期，根据地相应发行光洋代用券、解放公债、公粮债券，或出具正式的借粮借据，保证了革命战争的需要"[189](688)。这也是到了解放战争时期，革命报刊印刷不再像土地革命时期和抗日战争时期，经常处于游击式流动状态，刊物夭折乃至不定期的现象大为减少的主要原因之一。《抗日新闻》从1939年创办到1946年改为《新民主报》，其间累计出版137期而没有中断过。经济的宽裕还利于报刊种类的多样化与稿件作者来源的多层次化，使党组织具有做出提高无线电工作人员生活待遇规定[160](155)，以及印刷工作人员待遇规定的资本。[160](105-106)

---

① 该刊为半月刊，每期量达2000份，辟有"社论""国际政治形势剖解""读者园地""青年讲座""战地来鸿""来件照登"等栏目。中共广东省委党史资料征集委员会、广东省新闻学会、广州市新闻学会编：《广东革命报刊研究》（第一辑），内部刊物，1987年，第208—209页。

与此同时，在解放战争后期，琼崖区党委机关报《新民主报》政治建设任务大体告成，开始腾出精力注重文化建设，试着推行部分市场化。党组织将《新民主报》40%的发行量面向组织外，报上也时常出现民众自费订阅该报的信息。如一则《代邮》启事："王琼发同志：付来堂天时先生订阅本报半年之报费光洋一元收到，定期自新二期起到十三期止，此告。发行科。"[175](1949-06-01：30）

## 第三节　非进步报刊的式微

　　日本于 1939 年侵琼至 1945 年投降，虽然时间不长，但为配合军事侵琼很注重新闻宣传工作。其间进行了一些所谓文化建设工作，如征用琼崖最大书局（海南书局）的设备，创办了琼崖新闻社、琼崖迅报社、开南出版印刷株式会社、电影院与同盟通讯社海口支社等。[190](132) 日本共同通讯社还出版了一份专供日本人阅读的报纸——《琼崖迅报》，也扶持了一些像《琼海潮音》等汉奸报纸。在琼日军文化机构，其命运随 1945 年日降而终结。榆林开南出版社由新 19 师接收，琼崖迅报社由粤桂南区指挥所接收，海口开南出版印刷会社由 46 军政治部接收等。[191](74)

　　琼崖报业市场在日本投降后曾短暂地喧闹过一阵，复办和新开了一些报刊。除了日发行量为 1800 份的国民党党报《琼崖民国日报》外，还有国民党政治部接收日军《琼崖新闻》后创办的一份销量为 1200 份的军队机关报《和平日报》；以商人为主要对象的《大光报》于 1946 年在海口开设分版；由《琼崖民国日报》创办，号称是大众的世纪、大众的时代，要为大众讲话、替大众服务、属于大众的读物的彩色印刷《世纪晚报》1947 年 1 月 1 日诞生 [49](1946-12-27:3)；还有《琼崖周报》《展望报》，记者联谊会办的《南风报》等，以及琼崖通讯社与新生通讯社。杂志主要有和平报社出版三期便夭折的《和平半月刊》，以及民国日报社出版偏重文艺的《新人月刊》和《海啸》。有意思的是，1946 年调查全国报社通讯社杂志社时，琼崖部分中没有 1945 年 10 月复刊的《琼崖民国日报》，只有 1946 年的琼版《大光报》。[23](281-304) 这似乎再次说明了当时对于琼崖报刊的统计是多么的粗糙。不过,《大光报》能在琼崖报刊界打出名头,还得益于其善于借助彼时最为新鲜的航空速运服务。广州运琼物资一般是水路,1947年元旦开始,中国航空公司班机每月六次,西南航空公司班机每月八次往返琼穗,平均隔日航运一次。所以,《大光报》广州版由以前的邮寄改为飞机直接运琼,每逢机期当日报纸即可到琼供阅。[49](1946-12-26:2)与此同时,琼崖报刊场还受到了岛外邻近地区报刊场的辐射。与海口陆地距离最近的湛江,其地理位置优越,运琼物资最迅速,报刊最快翌日可达供阅。1947年1月1日创刊,号称消息最多、言论最确、副刊最精、递送最速、印刷最美的《岭南日报》计划进军琼崖。[49](1947-12-30:1)

琼崖国民党系统新闻服务在解放战争时期有了一些复苏迹象,然最终这些国民党控制的新闻业因其政权在大陆迅速衰亡而旋即消失。从1947年6月17日开始,《琼崖民国日报》改为《民国日报》,去除"琼崖"二字,标志着国民党党报体系的整体瓦解。1949年春,濒临绝境的行政院紧急将琼崖划为特别行政区。作为权宜之计,缓冲与过渡区的琼崖地位"突显",短期内人口大增,报纸亦短暂地海市蜃楼一番。① 随着广东军政中心的暂移,海口一时拥有四家大报——《中央日报》《大光报》《建国日报》《琼崖日报》,成为广东临时的"报坛中心"。

国民党系统报刊的消亡,根本原因在于国民党政治资本的急遽流失,

---

① 国民党迁台前的部分机关在琼崖中转的功能造就了海口报界昙花一现。琼崖虽具有与台湾类似的地理条件,曾经亦是国民党机关计划溃败疏散的地点之一。据蒋经国回忆,蒋介石曾经安排大陆溃退后的路有三条,一是西康,二是琼崖岛,三是台湾。李宗仁1949年11月16日飞抵琼崖时发现,琼崖的陈济棠与余汉谋残部兵力加起来不到万人,"防务极为单薄"。李宗仁事后回忆道,看到此景时的心境的恶劣为生平所未有,以致大病一场。虽然国民政府部分机关移迁琼崖只是作为一次短暂中转而已,并没有真正把琼崖视作台湾的替代,但报界"繁荣"存续时间非常短暂,与有冯白驹领导的琼崖纵队存在关系莫大。广西政协文委会编:《李宗仁回忆录》,广西人民出版社1980年版,第1026页。

同时，支撑系统报刊的另一支柱——经济资本——也因战时状态而虚弱空壳。战时物价飞涨，琼崖货币贬值达万倍，公教人员待遇无法维持最低生活。[49](1947-04-29：2)战争影响至极，琼崖工商凋敝，民生艰困，救死不遑，百业不振，税收锐减，侨汇受阻。以1946年为例，该年广东财政预算支出为240亿元，而收入为103.9亿余元，另加各种租项收入计4.6亿余元，不及支出一半。中央于7月开始停拨补助费，省级经费全由省税收支应，广东政费顿时陷于最困难的境地。为此，粤省财政厅长不得不紧急晋京借款56亿元来支应危局。[49](1947-02-12：2)战时特殊时期对琼崖国民党系统报刊的影响是明显而剧烈的。如救济署广东分署琼崖办事处，1947年计划配发记者会大豆二百磅，奶水六箱，汤粉六箱，最终分配方案缩水为每位记者四小罐。[49](1947-05-12：3)《展望报》为筹募基金，不得不借助戏院放映美国大片，靠收门票来补贴。[49](1947-05-09：3)经济支绌，报社各地访员，亦多不采撰新闻，致稿件奇乏。[49](1947-02-08：3)物价飞涨，迫使琼崖仅有几家报刊不得不通过饮鸩止渴的涨价方式，一年内做出多次调价和改变征订计划的行为，尤其希望预先支付。如《世纪晚报》调价启事："查近来百物胜贵，职工生活维持困难，兹定由三月一日起各项报费稍为增加，报纸零售每张国币二百五十元，定户每月六千元，代理处每份月张五千一百。先启事每百字每日三千元以资弥补。"[192](1947-03-30：4)《民国日报》与《和平日报》3月联合调价："查本报复版年余以来，日处经济动荡之中，支撑颇苦，惟以读者爱护之殷，不惜全力以赴，乃物价上涨不已，屡增报费加重读者负担，至以为就现物价更形暴涨，维持艰难，兹本（三）月份起，廉价征求基本订户一千户，每户预先缴纳两个月报费国币一万元（即每户每月减收五千元）以利读者，而资维持为两便。"[49](1947-03-02：1)"查近来各项物价日形暴涨，职工生活维持艰难，兹定由三月一日起，各项报费稍为增加，报价零沽每张国币二百五十元，订户每月六千元。各代理处照订户八五折计算，即每份月缴五千一百元。启事每百字四千元以资弥补。"[49](1947-03-02:1) 当涨价依然无法解决问题时，报刊就被迫做出减少版面，乃至停刊的无奈之举了。《民国日报》与《和平日报》3月刚宣布集体涨价，6月就联合申明缩版："查近日纸价暴涨，每捻已由四万元涨到八万余元，且来源缺乏。本报等迫不得已由本（十一）日起暂改为出版半张，以便渡此难关，候纸价安定及来源充足之后，仍然照原出版一大张。"[49](1947-02-11:1)《世纪晚报》1947年干脆决定休刊两月："本报现因财力人力均感困难，经本社第二次董事会议决定，由7月1日起，暂行停刊2个月，从事调整。期满后，由9月1日起，再行复版。"[192](1947-06-30:4)

实际上，琼崖战时经济的崩溃很大程度上要归咎于日军对岛内物资与经济的巨大破坏作用。日侵使岛内虚弱的经济雪上加霜，封锁海运，加大了琼崖纸张需求缺口。许多本国银行纷纷撤出琼崖，来不及撤离的亦多数倒闭。为垄断金融业，日伪开设的银行有正金银行、台湾银行、华南银行、伪琼崖银行总行，并大量发行"大日本帝国政府军用票"代替之前的法币，造成通货膨胀，物价飞涨。设"交易协会"和琼崖物资交换所，全面控制商业货源，统一由日商经营。[98](84) 强买强卖，致使许多商业机构被迫关闭，甚至把琼崖丰富的鱼、盐、牛、猪、鸡、椰子、甘蔗等资源列为战争物资，不许民间经营。邮政被日接管，海口至广州邮件由日军司令部船只代运。1942年，岛内仅存海口、文昌两处邮局，对外邮运几乎停顿与瘫痪。日军在岛内虽然投资了一些基础设施，一定程度开发了琼崖，但其侵略本质，与其掠夺走的资源相比，小巫见大巫。

当然，经济疲软不止琼崖一地，这是特殊时期全国的一种普遍状况。对于民国时期主要靠吃"皇粮"生存的琼崖当局报刊[193](231)，在经济萧条、通货膨胀及战乱时代，失去市场这条腿的报刊，为生存只能更加依赖政府津贴，尽管后者也是杯水车薪。这就意味着，战时有限的津贴蛋糕，竞争就更为激烈了。如表4.2所示，在20世纪40年代经济恐慌中，全国近千家媒体机构，除了共产党报刊外，只有占2.6%的26家民营报社坚持未领国民党当局津贴，自力更生，实为罕见。与能熬过战时经济危机的少数民营媒体不同，共产党领导的媒体发展势头一路强劲。仅从当局军事委员会战时新闻检查局统计存在的165家报社、75家通讯社的数量规模看，共产党领导的媒体已占全国媒体总数的1/4，再减去民营性质的217家，与国民党系统报刊之比为1∶3。通过当局的这份统计表可知，一方面，当局不得不承认在没有得到体制补贴的情况下，共产党报刊存续规模不可小觑；另一方面，也反向说明了，同样遭遇抗日战争危机的共产党报刊发展势头之所以如此迅猛，自有其成功秘密。

**表4.2　1943年全国报社通讯社背景统计表**　　　　　　　　　　　单位：家

| 背景 | 报社 | 通讯社 | 合计 |
| --- | --- | --- | --- |
| 国民党 | 330 | 34 | 364 |
| 政府 | 99 | 12 | 111 |
| 军事机关 | 30 | 2 | 32 |
| 党政合办 | 17 | 5 | 22 |
| 私人办（领有津贴） | 124 | 67 | 191 |
| 私人办（未领津贴） | 26 | — | 26 |
| 共产党 | 165 | 75 | 240 |
| 不明 | 1 | — | 1 |
| 总计 | 792 | 195 | 987 |

资料来源：方汉奇、王润泽、郭传芹主编：《民国时期新闻史料续编》（2），国家图书馆出版社2017年版，第13页。

日本投降后，琼崖民营报刊也曾尝试过"复兴"。当局为重聚琼崖战后涣散的人心，挽救生活颓废之危机，以建设一个"新的琼崖"为号召，实为欲挽摇摇欲坠之政权而实施的政治伎俩；倡导民众之中坚，为众表率。[49](1946-11-22:4)文昌符建海等琼崖报界人士组建"新闻之母"——"琼崖新生通讯社"。社名寓意很好，"一切重新开始，刮除琼崖社会中这些旧、腐、恶、毒的气氛"。[49](1946-12-15:4)发刊词也显得雄心勃勃："我们秉承，领袖的训示，当益奋勉自励，把起正义的笔尖，去揭发黑暗，扫除邪恶，发扬正气，以建设新生的琼崖，新生的中国。以报道民间疾苦及地方建设情况为特点的新生通讯社。"并计划出版《琼崖通讯》杂志，专载"供国人参考之琼崖问题"。[49](1946-12-15:4)然而事实证明，政治与经济剧烈动荡时期，力量微弱的民营报刊试图力挽腐朽将倾之大厦，只是一厢情愿罢了。

  琼崖非革命报刊业的式微，与琼崖教育文化在日侵期间遭到毁灭性破坏也有一定关联。"十多间中学完全停办，几百间高级小学，开课的不到百分之五。几千间初级小学，现在开学的也不到百分之十。""琼崖战前的教育是相当发达的，但到战后就完全消失了。"[151](95)作为报刊重要基础性保障的学校师生断崖式减少，冲击最大的自然是人员具有很大流动性的非革命报刊。

## 第四节　党报服务对象由"同人"向"人民"转变

长期研究琼崖革命的赵康太认为，琼崖革命文化"激发了革命的自觉性"，"鼓动和勉励了革命者的思考与行动"，"是远离了中央并在恶劣条件下坚持革命的琼崖党的势力与力量存在的有力证据"。除了文化自觉性，琼崖革命文化还具有坚韧的使命感，即，宣传、组织和动员群众，以及指导、交流和坚持琼崖革命。[184](155、154) 琼崖革命紧跟中国大革命步伐，琼崖革命文化亦深受全国革命文化的影响。但由于琼崖孤悬海外，又长时间与中央失去联系的残酷战争环境，迫使琼崖革命文化生产与众不同。琼崖党组织在1939年10月获得无线电台之前，与上级联络主要依靠处于地下、秘密状态的交通通信站，但这种局限于组织系统内部的人员接送往来和物资、讯息传递的联络方式，时常令省委感到指导异常不便，"琼崖与省委的交通，实在太迟缓了，几乎每月才能收到一次报告，这是使省委很难指导琼崖工作"[161](86)。交通不畅问题同样严重影响到了省委寄给琼崖党组织期刊的及时性，"《红旗》二、三、四、一十等期未收到，及《布尔塞维克》只收到第一期及第四期"[161](113)。而琼崖党组织非常不易获得的电台在1940年的美合根据地丢失，至1945年冬重购，实际拥有这种较为先进通信设备的时间仅为一年左右。长期缺乏上级及时领导的琼崖党组织，深深体会到了具有工作指导和文化学习等多功能的报刊工作的重要性。尽管宣传工作自琼崖革命开始就受重视，但在革命暴动危急关头中，对弹药和军事人才等"硬武器"的显性需求，明显要超过对宣传"软武器"的隐性需求。琼崖党组织对广大基层群众的宣传以传单、标语、宣言等为主，因带有"秘密"性质，担心群众"会漏秘密，危险团体"，更为正式的报刊类宣传主要作用于组织内部。[160](35) 很长一段时间，琼崖革命报刊作为党组织内部文件学习性质，用于在党组织内成员中进行政治资本生产，实为"组织内党报"作用存在。琼崖革命报刊的特殊政治属性，决定了其为党组织增殖政治资本的特殊使命。因地制宜采取革命根据地办报模式的琼崖党组织报刊，在抗日战争前的很长一段时间内，完全"实行供给制，免费发行"[193](231)。因为革命报刊更多的是传播于组织内，无法考虑组织外的市场发行。因此，报刊印刷发行所需经费和采编人员全由党组织内部解决。至1948年年底，琼崖解放军和民主政权控制了全岛4/5的区域，3/5的人口，民主政权组织遍及全岛，民主政权政令可以畅行于全岛。[170](387) 为配合形势，动摇瓦解国民党反动派，争取中间人士，团结动员各阶层人民，民主政权针对党内、党外展开了一系列宣传攻势。为此，需要"动员党政军及一切组织力量来执行和完成"[170](414)。区党委调用大量的精力和力量来办学校（琼崖公学、琼崖妇女学校、琼崖党校、琼崖军政学校）和报刊，"除《建军报》是单行本与《火线报》是小报外，其他的报纸都是出版大张，变成大报"[194](119)。

  1949年，看到解放曙光的琼崖党组织为即将到来的琼崖解放事业做准备，将全岛革命报刊进行功能性的分层分级，将《新民主报》提升为琼崖区党委机关报，认为迎接胜利到来的琼崖革命报刊需要以新的面貌和政治姿态出现。琼崖区党委于1月即开始着手研究政府机构设置和政权的各种接受工作。[194](13-15)《新民主报》不纯粹是党的机关报，更不能是也不应该是"同人杂志"，只能是而且必须是全党同志所共同办的"人民杂志"。[175](1949-01:17) 不是"同人杂志"，而是"人民杂志"概念的提出，意味着党组织已将革命报刊的定位，由主要服务于组织内部"同人"，开始向全体"人民"开放服务。这体现了琼崖党组织报刊"革命"战争功能的结束，也是党组织以执政党管理角色出现在历史舞台上的开始，是执政者未来政治设计中必然包含的新闻事业部分。而要把琼崖执政者的新闻事业顶层规划进一步落实，实现主要服务对象由之前的组织内群体向人民大众的转向与过渡，还需要设计一系列的制度安排和措施保障来配套执行。

其实，对于怎样办党报的问题，中共中央宣传部在1942年发出的《为改造党报的通知》中，不仅明确了党报的定位和主要任务，还对党报的编辑工作提出了要求，强调"各地高级党的领导机关，必须亲自注意报纸的编辑工作，要使党报编辑部与党的领导机关的政治生活联成一气"，"要有与党的生活与群众生活密切相联系的通讯员或特约撰稿员，要规定党政军民各方面的负责人经常为党报撰稿"。[195](126)琼崖党组织在1947年5月召开的第五次党代会上，对党报通讯工作作了具体决定。首先从组织领导上严肃检讨了自己之前的宣传工作，认为"缺乏正确的指导方针"，造成"无组织无计划""脆弱无力"，主要是"全党对宣传工作的重视和努力，是非常不够"。[196](421-425)接着对各地组织部门"非常差"的执行工作情况予以批评。党组织认为主要还是各地组织对"全党办报"的思想尚未贯彻，因而"很少有具体的规定和经常检查督促"，各级宣传部门也不纳入自己工作范围，只把写稿任务寄托于少数人身上，致使稿件不仅稀少，而且内容也多缺少实际生动材料。为切实改变大家对党报通讯工作的忽视及自流现象，党组织要求必须从思想上贯彻落实"全党办报"的精神。[170](203)

实现"全党办报"是实现"人民杂志"真正人民化的第一步。因为在新闻专业人才严重不足的情况下，除了要求各级宣传部门必须真正重视起来外，开始还是主要寄希望于各级党组织及军政领导的带头示范作用。要使党报工作成为各部门与领导的日常重要工作，必须首先让领导同志先动起来。为此，区党委从行政上予以明确规定，给各级组织下达了具体硬性指标。一方面，把稿件任务层层分解，要求"各地委、各县委、各支队每月至少为党报写稿三篇，各区委、各大队中队每月至少为党报写稿二篇，并须发动与组织下层干部成员为党报写稿"。另一方面，督促各负责同志身体力行地带头执行。规定每三个月须为党刊写稿的最低标准数量：区党委常委及各部正副部长一篇，地委两篇，县委一篇，各支队党一篇。要求各领导既要打破"写稿是知识分子的事情"，与己无关的观念，还要打破自卑、不自信而不敢写和写了怕不登的心理。党组织甚至允许可以采取集体写作模式，一起商量，一起写。[170](203-208) 与此同时，党组织认为要进行人员动员，光下行政指标还不够，还需进行观念动员。为此，一方面把为党报、通讯社写稿提高到是对党尽责任，执行党的工作的政治高度，因为党报、通讯社是党的宣传教育机关，代表了党的组织。另一方面，又技术性地、巧妙地把党报通讯工作与改进领导工作相关联，谓与各级领导的业绩大小密不可分的，所以，要想各方面工作迅速进步，各负责人就有责任把自己所领导的地区、组织、部门情况、经验反映到党报去，就有责任向党报提供各种材料和意见。下层工作同志除了忙于业务以外，还应该抽出时间，做一些和自己领导上、工作上有密切联系的通讯工作。[175](1949-06-01:3)

"全党办报"的思路使党组织深刻地认识到，党报通讯工作不仅关乎各级领导干部的事，也与普通党员密切相关。《新民主报》专门刊文批评了给党报写稿总感觉是苦差的思想观念。这种观念认为，通讯工作是为了专门解决党报的稿件问题；通讯工作和自己的工作、生活没有什么关系，做通讯工作不过是舞笔弄墨的事；通讯工作和其他工作不同，其他工作不做，上级要责备，通讯工作做不做是不关紧要；等等。文章指出，大家对党报通讯工作认识不足，是因为许多同志对于党所号召的"全党办报"提出"每个共产党员对党报写稿提意见是自己对党的义务之一""党报办得好坏，决定于全党的努力"的精神领会不够。要知道，党报是党的领导工具和组织教育群众的有力武器；党报不仅经常宣传党的政治路线、政策、主张，而且经常有系统地具体地分析说明当前的情况，交流传播各方面的斗争经验，批评纠正各方面的错误偏向，表扬奖励各方面模范典型事物，使得全党同志和全琼同胞，都能够朝正确方向前进，有信心和有办法进行斗争，克服困难，避免错误，取得完全胜利。但是党报要达到这样的目的要求，除了各级党组织负责人切实负起责来写稿外，还需要全党同志经常供给党报稿件，建立起全党通讯网。在《新民主报》新一期的《党报通讯员与党报》文章中，进一步阐述了党报通讯员队伍建设。文章认为，党报能否联系实际与群众，取决于是否能够贯彻"全党办报"的方针。在"全党办报"的两种力量中，一种是从上而来的助力，即领导干部不断地供给经过领导总结过来的各种实际材料；另一种是从下而来的助力，即党员不断地供给经过自己系统分析后综合或写来的各种实际材料。而党报通讯员就是这种从下而来助力中的主力。文章以机器为喻，把党对党报的领导，比喻是轮的轴心，党报通讯员对党报的帮助，比喻是党报联系群众，联系实际的轮带。"轮带"中断了或不要了，党报就要脱离群众、脱离实际了，由此论述了党报通讯工作及党报通讯员的重要性与神圣使命。文章提出了对党报通讯员的几点具体要求：

> 党报要求党报通讯员，根据党各个时期的工作任务，报道党怎样结合、引导广大群众进行、完成这些任务。在这类报道中，应该有系统、有重点，而不是像以前一样，零碎片段，如以前通讯员们零零碎碎地写"某日打下某据点，缴若干枪，捉若干人"算是一篇，"某据点散兵两名逃跑，携步枪两杆"又算一篇；同时，写得空洞，如报道工作动员，仅仅写开会，报道工作过程，十分之九抄录决议原文，十分之一才是经过与结果。今后党报需要的不是片段零碎的东西，而是需要通讯员们做有系统有分析的综合报道。
>
> 党报还要求党报通讯员经常听读者对党报的口气，考察他们是否读懂党报或读懂的是什么，不懂的是什么；欢迎的是哪类文章，讨厌

的又是哪类文章；再更进一步问他们对党报有什么意见或要求。这种联系读者的责任，也是党报通讯员的责任，也是在党报的聘书上有明文规定的，但是很少甚至没有人尽过这点责任。联系读者，是党报联系实际的基本工作之一，所以要求通讯员们在这种工作中负责任，否则，最低的也应该将自己对党报的批评经常向党报提出。[175](1949-05-15: 5-6)

由此可知，党员（通讯员）除了为党报写稿外，还承担着为党报联系民众的重任。当然，文章也认为，通讯员们如没有可以系统地写通讯稿的能力，可以直接将得来的材料，一件一件写给编辑部。另外，党报编辑部为切实帮助通讯员上进，计划开一个"习作"栏，计划对有兴趣学习写作的同志进行帮助。为彻底消除普通党员怕写稿、写不好的思想负担，《新民主报》还刊文详细介绍了党报稿件种类情况，否定了党报内容只限于打仗、开会之类内容的消息、通讯、文艺。稿件种类包含以下几项：（1）战争情况；（2）各地执行党的政策主张和各种工作任务情况；（3）在斗争中的胜利经验、失败教训；（4）在斗争中当地发生的各种错误偏向；（5）在斗争中所表现的典型模范事例人物；（6）各阶层人民在各阶级斗争中的表现、情绪、要求；（7）共产党政军组织中干部成员的思想倾向的具体表现；（8）敌人的各种阴谋企图，摧残破坏罪行，内部变动情况。文章认为，如果能够把这些及时、具体地写成稿件寄给党报，经过党报综合传播出来，那么"对于各级军政机关干部和每个工作人员，不论领导上、思想上、工作上、学习上、生活上，都是起着极大的教育指导作用"，"在领导上就可以及时、具体、正确，在工作上、思想上、生活上就可以获得很好进步"。[175](1949-06-01: 3)《新民主报》认为，如果各级组织同志"具有分析环境总结工作的能力，和向上级机关作书面报告的能力，就足够担负通讯工作了"。因为，通讯工作的要求其实不高："实事求是，要确切具体不空洞不客里空，对问题有正确的观点立场；在文字技上，写得生动流利简洁自然是好，能发表自己意思就够了，写作形式不必讲究，就像写报告信或朋友来往信那样，不必分什么消息、通讯、特写之类，因为报社、通讯社编辑部会帮助修改整理。"[175](1949-06-01:3)

在解放战争时期，党组织革命报刊有着面向普通民众，以"人民的党报"作用存在的趋势，意味着党报读者层次下沉，作者队伍适当地下沉也是可能的。琼崖区党委通知规定，尽管《新民主报》的基本对象是乡（连）级以上干部、知识分子、教师学生及开明绅士，但在发行数量上要求做到40%能落入各阶层人民之手。区党委的通知精神是希望《新民主报》必须通过工农兵干部的教育，而达到教育工农兵群众，虽然主要对象是乡（连）级以上的干部，但它同时必须在政治上、思想上给一般知识分子、教师学生及开明绅士以直接的影响。换言之，解放时期革命报刊的重大任务在于，通过进一步扩大接触党报的干部群体队伍，党报可阅读对象等级的下沉，致可作用于下层民众数量呈几何级数增加，在后者的普遍深入教育与鼓劲作用下，最终使党有限的物质，产生无限的力量。[175](1949-06-01:37)党报发行范围扩大，为进一步开拓下层的党报通讯员队伍提供了可能。因为党组织知道，如果把稿件希望完全寄托于领导干部和党员群体，不仅不可能也不太现实，应把基层中的不少有写稿能力与欲望的普通群众吸收进来，使"全党办报"加"全民办报"下的党报通讯工作更为可能。作者队伍大门自上向下打开，开辟无限丰富的基层通讯作者来源，积极动员普遍士兵与百姓加入（不会写的可以口述，请人代笔）。题材、体裁、字数不限，内容广泛，生活中的点点滴滴均可报道，要求事实具体，不要空话，甚至"文字不计优劣"即可。[170](203-208)为了引导广大人民群众参与进来，区党委要求改版后的《新民主报》至少拿出1/2的篇幅容纳外稿，号召各特约记者、通讯员，尤其是在前线与在地方工作的同志，努力供稿，以充实与丰富内容。并具体规定：担任特约记者、通讯员的同志，每月应负责至少一篇系统而不是零碎的通讯，反映地方一般动

态或工作动态。[175](1949-05-15: 32)

琼崖党组织一方面加大对党报生产者后续主力——党报通讯员和普通群众——的发掘力度，另一方面也对党报的最大化利用提出相应要求。《新民主报》认为，对党报的完全使用过程应该包括党报教育群众和群众反映党报两方面。党报主要是通过干部阅读后，以"再创造"形式教育工农兵群众的。换句话说，是通过识字的干部，把党报上的文字变成群众言语，告诉给群众——不识字的工农兵。另外，由于群众无法和党报发生直接联系，那么群众对党报的意见和态度，还得依靠干部在使用党报教育群众的工作中，把倾听到的群众意见反映给党报。而要让《新民主报》的作用完全发挥出来，就应该认真学习党报上的每篇文章，以适合读者们的工作或学习需要。这其实是一个如何使用党报各种性质文字的具体问题。要做到党报上的文章各有用处，首先要端正一个观念，即认为党报中的内容，可能不适合或者不完全适合我们工作与学习需要。《新民主报》认为，党报的编辑方针是分析形势，指导斗争方针、策略，改造干部思想；进行政策教育；交流工作经验，反映人民生活和各种革命斗争。根据这些编辑方针，总有一种适合的内容，问题在于如何具体使用它。如党报社论、专论、特载、转载、国内与琼崖半月等内容，就是分析形势，指导斗争方针、策略的内容；思想修养、政策研究等内容，就是改造思想与政策教育；其他如经验传播、通讯、解放区介绍、文艺以至信箱，都是包含着思想教育、交流经验、反映人民生活与斗争的内容；同时，还有以提高同志写作兴趣与能力为目的的内容。使用党报的基本方法是，根据党报中各种性质的内容，掌握它的精神与实质，用来探讨本地区本部门以至本身所有相符或相反的与相关的问题。比如党报社论，有时是代表党分析形势提出任务的，有时是反映党的思想批判工作批评的，有时是传达党在特定时期斗争方针的，有时是宣传党的重大政策的……就是文艺、通讯这类性质内容，也包含着生动的思想教育与斗争经验意义。党报应成为教育与团结全党、全体革命战士与全体人民的工具。因此，党报不应只是为一般识字干部的独享。党要求识字党员，不仅自己必读，而且要帮助不识字党员、其他工作人员与劳动人民，从党报上获得教育，并把他们团结在党报周围，为完成党的口号而奋斗。因此，在具体使用党报来教育普通党员、一般人员与劳动人民时，基本方法是依靠阅读党报的党员，通过他们的"再创造"，进行宣释党报各种性质文字。识字干部是联系党报与基层群众的重要纽带，其作用就是进行"再创造"。一是大家共同研讨党报——至少研讨其社论或重要的文章与文件，弄懂党报中这些主要信息，然后大家想办法，看看用本区本部的哪些生动例子，用怎样通俗浅白的言语，将党报中这些主要信息告诉普通党员、一般人员与劳动人民，而不是死板地把党报上的字句"翻版"。二是要为党报营造一种仪式感。大家要把每期党报的到达，在机关、部队、群众中营造出一股浓浓的读报氛围。由于群众更加关心共产党领袖言论，所以党报社论、党领袖与负责同志的文章，应成为鼓动材料。识字干部应经常把党领袖与负责同志的文章、党报言论，经过言语再创造——用群众易懂的言语进行宣释工作。三是要在政治觉悟较高的群众中，建立读报组或读报会组织。在琼崖解放区中，使用党报以接近、教育与团结进步的知识分子、青年学生与开明绅士，是一种有效方法。可以把是否重视党报作用，是否好好使用并发挥它的作用，当作考验党员对党负责与党性强弱的试金石。[175](1949-06-15: 37-39)

为了彻底贯彻落实"全党办报""全民办报"这项重大工作部署，琼崖党组织除了用政治与行政手段以保证稿件供应外，还调用了经济刺激手段，配套了具体的奖惩措施。如对积极写稿及写得不错的同志，给予精神和物质上的奖励，对于不重视和会写而不写的同志给予批评。不仅对参与写稿的各级干部群众有奖励，还特别对"工作性质近于特殊"的印刷刮字员的工作与岗位待遇，专门发文予以明确优待。如刮字人员分为三级，其中最高级是一级刮字员（条件是"继续负责刮字工作六年以上，技术超过一般水平者"），印刷人员刮字五年以上，等于大队级，待遇是"每人每月发给补养费猪肉二斤"，并"每三人派定公务员一名"。大队级相当于县区级（主要包括区政府委员、区委委员、正副区长、区委书记、正大队长、正副政委等），而后者每人每月发给补养费猪肉要比印刷人员少半斤。[160](98、106) 当然，琼崖党组织对编辑等特殊岗位人员的优待也是参照了中共中央的要求。中共中央宣传部在《对各地出版报纸刊物的指示》中要求，"对于报纸工作人员之物质待遇应较优厚，注意其保健工作"的精神。[195](129) 这体现在琼崖新民主报社中，该社对编辑及外勤记者的待遇规定专门发文予以提高并细化：

（一）一等编辑——每月保健费光银八角，享受公务；二等编辑——每月保健费光银六角，享受公务；三等编辑——每月保健费光银五角，享受公务；助理编辑——每月保健费光银四角，享受公务。（二）外勤记者：一等记者——每月保健费光银八角，外勤时享受公务；二等记者——每月保健费光银六角，外勤时享受公务；三等记者——每月保健费光银五角，外勤时享受公务；见习记者——每月保健费光银四角。（三）编辑部练习生：无特殊待遇，视服务成绩及能力提升。[199]

除了工作性质特殊的编辑与记者均是作为公务员对待，还同样提高了印刷技术人员的待遇规定：

技术人员的待遇：甲、腾（誊）写员：特等腾（誊）写员——每月保健费光银六角，享受公务；甲等腾（誊）写员——每月保健费光银五角，享受公务；乙等腾（誊）写员——每月保健费光银四角，享受公务；丙等腾（誊）写员——每月保健费光银三角，不享受公务。

乙、印刷员：甲等印刷员——每月保健费光银四角，享受公务；乙等印刷员——每月保健费光银三角，不享受公务。（注：特别的工作岗位调来工作，如原级高于本规定的，照原级待遇。）技术人员评定的标准：甲、腾（誊）写员：特等——技术及速度均超过全琼水准，服务时间在五年以上；甲等——大小字及排版均完美，报纸每天可刮一张，书籍每天可刮一张半，服务时间三年以上；乙等——所刮大小字，排版，一般都能过得去，可以独立工作。[200]

电台对于"孤岛"作战的琼崖党组织来说尤为重要与珍贵，故而对于报务员等电台技术人员应予以一定的优待。琼崖党组织把报务员待遇分五级，其中，较低级的四级报务员生活待遇是：除以前所规定之生活待遇外，每年发六双鞋、牙刷、面巾等，待遇与中队级（乡镇）以上干部相同；工作需要可以配枪或派人护送。此外，还有令人向往的政治待遇：凡参加电台工作有成绩而又无错误者，一年可享小队级，二年中队级，三年大队级，四年支队级，超过四年者，由区党委考核决定其政治待遇；参加电台工作已超过四年时间，且著有成绩者，可考虑准其转行或转送入政治学校读书。[160](155)对报务员等特殊工种配以适当的高待遇措施，无疑在一定程度上能促使相关人员工作更加努力，进一步提高党的宣传效率。

与琼崖党组织政权范围的不断扩大与稳定相对应的是，革命报刊由土地革命时期的绝对政治资本生产，到解放战争时期，开始慢慢地涉及文化资本生产。为了做到抓稳政治资本生产，同时兼顾文化资本生产的理想结合，党组织报刊从政治教育和文化写作两方面入手，不管是日记、书信的革命化写作，还是典型报道。为供初学写作者学习，《新民主报》特设"习作"一栏，其方法是把日记原稿与编者的修改稿同时登出，并加以编者评语，供大家做更深入的学习与研究。不过《新民主报》强调，虽然日记是一种自由自在的写作体裁，可以叙述一件事，描写一个人，也可以议论或者说明，但是日记中的"个人不会是孤立的个人，个人生活中的事情，也不会是真正的个人的事情"，"做革命工作的人，个人的一切都应该服从着革命的利益"。因此，"个人的生活，个人的事情，处理得正确，就和整个革命利益相调和，而且表现革命利益的发展；要是处理得不正确，你就和整个革命利益相冲突"。[175](1949-05-15: 29-30)书信写作和日记一样。虽然也是初学写作者最易下手的一种写作形式，但参加革命工作的人，"写作的学习，唯一的目的是为了斗争的需要，而不是为了出风头或成'作家'"。"我们应该迅速地将各个方面的各种工作的需要及时获取这些需要的经验，反映给同志，报告给人民，提供给领导机关。"[175](1949-06-01: 37-38)一句话，日记和书信首先是为了革命工作需要而存在意义的。正如20世纪40年代延安时期党组织报刊中典型报道的主要目的就是"为当时的政治方针和工作任务服务的"[197](47)。

解放时期琼崖党组织报刊的文化资本生产，除了日记与书信等半政治半文化功能体裁外，还体现于报刊中一些不再完全政治化与严肃性的议题中。《新民主报》在新一期的《征稿简约》中，分栏有专论、思想修养、政策研究、经验广播、通讯、解放区介绍、文艺、习作、信箱等，此外尤其欢迎图画、木刻、诗谣、歌曲等艺术创作。[175](1949-05-15: 13)就连《建军报》这样政治性非常强的报刊，也出现了诸如"土剧""歌曲""插图""读者呼声"等综合系报刊具有的栏目。"读者呼声"栏是专给读者提供意见的，出发点是"反映领导的坏作风和队中不良现象，表扬好的工作作风"；意义是"反映坏作风和不良现象应注意事实，虚心诚恳，站在治病救人的立场上，判断是非，不可片面主观，吹毛求疵，打击他人，或存在报复心理"。[198](63-65)如第三期中刊登了一篇地方民众对驻扎部队提出批评与意见的文章。"部队驻地官兵没有注意卫生问题，到处大小便，引起当地群众的不满，后经过群众的控告和开会检讨后，决定加以改进。"[198](41-42)除了报道他人先进经验和事迹外，报刊中也给战士们提供一个自我反省与思考人生的空间，尽管还未完全淡化政治色彩。如《建军报》的一则人物报道：

> 我已经几年了，总不进步，我想重新做人！
> 
> 向来我言论不正确，思想意识很差，只做同志的尾巴，不起先锋作用，也曾和同志闹怨气。从今天起，我想做一个好战士，特订出改造自己的计划。第一，坚决克服自己的弱点，改造思想。第二，建立正确观点，不再发出不正确的言论。第三，努力学习，努力工作，坚决做同志的模范，不做同志的尾巴。第四，为了完成上面的计划，我要求同志们多加批评我，帮助我完成计划。[198](51)

琼崖党组织党报向人民杂志化飞速发展，除了得益于加强通讯员队伍建设和报刊中政治资本与文化资本紧密结合生产外，在抗日战争和解放战争时期，为党组织和报刊提供根本的人才支撑的文化建设工作同样成效显著，其间创办了琼崖公学、琼崖军政学校、琼崖妇女学校三所著名干部学校。其中，琼崖公学是培养琼崖人民革命斗争干部的学校，于1940年开办过两期，1945年开办过一期，1948—1950年开办过三期。尽管前后十年"三停三开"，但为琼崖抗战和自卫战争共培养了一千五百余名干部。其初、中级干部，高学历的学员，主要抽自在职干部轮流培训和由后方选送的知识青年，大多数是琼崖各县中学生，也有一部分从南洋、广东、福建来的青年，不少是高中肄业生。1945年琼崖公学招收学员的条件为：由现任区员、副乡长、助理及进步之保长等组成的行政班，学员必须"粗识文字者"；普通班学员须有一定文化程度同等学力者。[201](42-43)琼崖军政学校是琼纵司令部所主办，是专门为了培养改造琼纵及连、排级军政干部，学员都是由琼纵各部队及地方选送，校长由琼纵司令员冯白驹同志兼任。为专门培养乡（村）级行政、妇运、文教等干部，吸收经过长期斗争的女工作同志，在提高文化水平的基础上，给予实际的工作教育，琼崖党组织创办了琼崖妇女学校。[202](56-57) 这些革命学校的学员都是干部或"准干部"身份，大多是党员，符合党报对通讯员和党员的供稿要求。毫无疑问，革命干部学校是革命报刊的重要读者群体，同时也是重要的作者群体，如《新民主报》和《前进报》上的许多文章即出自琼崖公学学员之手。另外，琼崖党组织的人才匮乏现象普遍，优秀人才尤甚，许多干部身兼数职，如《抗日新闻》副刊编辑罗文洪，同时也担任琼崖公学的政治辅导员工作。[201](90)

如说创办一种给人以制度保障的学校是生产制度文化，那创办报刊则是生产实物文化。在青年运动中，党组织也认识到了出版全琼性青年刊物的必要性，为更好地达到宣传与教育一般青年群众的目的，只有文化资本和文化能力相结合。[150](58-61) 除了出版定期刊物及各种小册子以提高党组织文化资本与文化能力外，还开办有"青年书店"和"青年农村工作训练班"，开设补习学校，扫除农村文盲，于暑寒假集中训练学生以宣传革命主义等方式来开展社会文化运动。[142](59)

在紧抓政治教育工作的前提下，琼崖党组织的文化教育工作成效显著。以知识者所占比例论，至1940年，区委干部中，已达60%强。[151](98、99)

## 小　结

　　1937年，抗日战争全面开始，琼崖政治力量主导始由20世纪20年代至30年代国民党领导的国民政府，转由共产党领导的民主政府。形成于20年代，上升于30年代，成熟于40年代的琼崖党组织，其优势的提升也促进革命报刊的发展。琼崖党组织报刊场域位置提升的标志为1938年琼崖岛内国共二次合作期间进行的"云龙改编"。在共产党领导的全国抗日民族统一战线的作用下，琼崖党组织得到了飞速发展，不仅在琼崖抗日战争中表现非凡，赢得了琼侨等广大民众的热烈拥护与支持。以《抗日新闻》为代表的党组织革命报刊不断涌现，它们参与到琼崖新闻场的资本竞争中，并逐渐占据核心位置。

　　与此同时，日本侵琼短暂介入到琼崖政治场，与国民党争夺政权，而后者在抗日战争中的糟糕表现尽失民心，加上战时经济崩溃，物资紧缺，全岛教育基础因日侵被毁严重，在校学生数量断崖式下跌，国民党系统报刊和民营报刊，尽管回光返照般地喧嚣了一阵，最终也随着国民党政权的消亡而消失了。

　　解放战争中逐渐掌握政权的共产党开始为解放后的全琼新闻宣传事业进行顶层设计，计划由革命报刊逐渐向普通党报转变，服务对象主体由"同人"向"人民"过渡。随着党在琼崖事业的全面铺开与巩固，需要更多的党报来为新生的政权增殖政治资本，党组织开始从顶层角度设计琼崖立体式的党报网络，积极为面向基层民众开放，为最终实现"全党办报""全民办报"的社会主义新闻业而准备着。实施的两大战略，一是进行党报行政等级区隔,将《新民主报》定位为琼崖区党委机关报,与地方其他党报进行功能区分。二是实现党报由"全党办报"与"全民办报"结合,打造"人民杂志"。党组织革命报刊为解决40%革命报刊发行量进入普通民众中的问题,不得不注重加强党报通讯员队伍建设。

为成功实施"人民杂志"化,琼崖党组织首先需要解决作者队伍问题。为最大化开发作者队伍群体,党报既需要优先调动"从上而来"的领导干部,还需要鼓动众多"从下而来"的普通党员与民众。为此,党组织进行了大量细致的观念动员和思想动员工作。观念上要求大家认识到党报对党的工作和部门工作的重大意义,人员上按照从领导干部到普通党员,再到基础群众的顺序鼓动。通过制定系列制度化规定,对各级组织与部门领导强调思想重视,政治站位,率先垂范,带头供稿;普通党员强调党性觉悟。

作者队伍的发掘不能仅限于政治与行政制度上发力,还需要一定的经济与物质刺激相配合。在根据地经济建设向好发展的基础上,对于印刷、编辑及电报等特殊岗位人员予以一定力度的待遇倾斜,目的是通过适当的奖励性措施,提高这些人员的积极性和工作效率。

党组织在大力开发党报作者队伍的同时,也对党报的最大化利用提出要求。毕竟能被很好地利用是党报的最终目的。而党报的利用与否及程度,主要还是取决于识字干部与党员。随着党报工作影响的扩大和发行范围的下沉,需要突破原先局限于组织内部的读者与作者圈层,也需要把延伸过程的各类信息进行反馈。而把底层的声音传上来,在很大程度上依靠起着"中间人"作用的识字干部的"再创造"。一方面,依靠使用党报教育群众的识字干部,把倾听到的群众意见反映给党报;另一方面,干部阅读党报后,把党报上的内容变成群众言语,传达给不识字的工农兵群众。

为成功实施"人民杂志"化,琼崖党组织还需要在抓紧政治资本生产的情况下,与文化资本生产相结合。无论是日记、书信,还是典型报道（典型报道在第六章会重点论述），依然坚持战时鲜明的政治教育不放松。与此同时，琼崖党组织在创办革命报刊的同时，也积极地创办了一些特色学校，自我培养了一批急需的、有一定文化水平和文化能力的人才干部。

第五章

专题研究之一：旅外学生报刊的家乡想象

本尼迪克特·安德森（Benedict Anderson）在解释民族主义起源问题上最富于洞见的，就是强调"民族"这种政治共同体和"特殊的文化人造物"，是被想象出来的。[203](4-5) 他认为，要完成直到现代才出现的"民族"想象的形成可能与条件，需要满足认识论和社会结构上的一些必要条件。其中，宗教神谕的永恒时间观被世俗、线性的时间观取代，连同创造同时观（meanwhile）的印刷资本主义，是开启现代想象之门的钥匙。不同于传统的纵向、垂直认识的等级社会，在一个脱离个人化纽带的横向、水平、共时存在的现代社会里是离不开想象的。[204](136-137) 在安德森从美洲到欧洲再到亚非的三波民族主义运动，由长历史角度总结出的现代想象诞生脉络中，自然无法纳入更多的短历史语境与特殊区域中的想象个案。不仅如此，尽管安德森强调了媒介在建构想象共同体过程中的关键作用，但对于媒介如何"想象"共同体的过程并没有深入研究。[205](55) 而目前关于"想象"的研究大多注重于"想象"的内容客体，而对于进行"想象"的主体性、"想象"的过程，则多有忽略。[206] 因此，把关注重点聚焦于安德森遗留空间较大的想象主体上，选择具有鲜明特性的共同体为主体依托，是探讨共同体如何实现想象的一种新路径。为此，本章内容在长于特定区域历史分析的布尔迪厄的场域、资本、惯习等概念基础上，借鉴安德森与泰勒的想象理论，重点考察20世纪20年代至30年代旅居沪、京、宁、穗等地的琼崖籍报刊对家乡的呈现，探讨共同体的"想象"逻辑。与安德森侧重于想象的民族"共同体"不同，本章着重于共同体的"想象"，即探讨旅外琼籍青年这种小共同体为何及如何实现对琼崖大共同体的想象。

## 第一节　现代想象主体：共同体与知识分子

想象必定是共同体意义上集体认同式的主体行为。在安德森眼里，共同体是被想象的客体，虽有大小之分，但无真假之别，区别只在于被想象的方式。无论是多样化的方言取代神圣语言（权力语言），还是印刷科技代替手写文字和口语，只有等到印刷资本主义和方言的"半偶然"结合，才会产生类似宿命般的发明家所期待的"爆炸性"结果。与安德森"想象"的民族/国家（nation）层面的、享有主权的政治共同体不同[203](4-6)，滕尼斯（Ferdinand Tönnies）"想象"的共同体是一种倾向于自然、原始状态的血缘、地缘、思想共同体。后者强调共同体的本质是一种"结合的关系"，是"统一地对内和对外发挥作用的人或物"，通过积极的关系形成族群。它具有"现实的和有机的生命"特征。[207](52) 而与安德森强调文化与政治建构属性，以及滕尼斯强调客观关系属性均不同的是，鲍曼（Zygmunt Bauman）强调具有诸如温馨、安全、互助、天堂等好"感觉"（feel）属性的集体才是共同体，此可泛指社会中存在的、有形无形的各种层次的团体、组织。[208](序曲1-8) 毫无疑问，安德森的共同体内涵是基于地域性（以血缘、地缘为基础）和关系性（以关系、情感为基础）两种类型[209]基础上的超越与深化。共同体在被明确形成以及成员实施自我认同之前，是无法进行自我想象的；只有在确认、整合之后才具有想象能力，实施想象行为。故，以学生为主的旅外琼籍群体对琼崖的想象，首先是基于对琼崖和旅外琼籍学生这两个大小共同体身份的认同。

共同体条件充分与否决定着想象是否可能，而充分基础上的条件不同则限制着想象的程度与范围。基于地域性共同体必定异于地域和关系二者的结合，比如对于琼崖共同体的想象，琼崖居乡与旅外学生群体定不同。尽管想象客体相同，岛内外两个想象主体也有较多相同属性，却因所处场域的明显不同，各想象主体资本优势与利益不一，致使想象的方式与内容有别。旅外琼籍学生共同体的形成除了血缘与琼崖地缘的认同基础外，还有学缘及旅居地地缘的加持。而"旅居"意味着只是暂居而无法完全真正融入居住地城市社会，异乡人身份没有根本改变。故而，具有介于家乡与旅居地之间的混合或模糊性身份特点的旅外琼籍学生共同体，依然最大限度地保持着与琼崖的各种密切交往。从文化使命角度说，如果说旅外学生属于有强烈改变家乡面貌的愿望、积极参与社会政治改革的实际行动、勇于批评地方政府的知识分子，那么居乡学生囿于其所处的物理环境，只能算个有文化的知识者。再者，与居乡学生共同体所处场域不同的是，随着现代化的演进，从琼崖传统社会结构中游离出来的旅外琼籍学生暂时"脱离"了旧有场域，与家乡间的连接纽带逐渐松弛成原子式存在个体，在求学地因缘结成新的次级共同体，这些新场域中的关系共同体即是"脱域的共同体"（disembeded community）。[210]当一个散漫的群体身份被赋予一个明确的群体维度时，他们就能为了某个特定目标被动员起来。[211]这些学生共同体多以同学会社团组织的形式存在。

旅外琼籍学生共同体强烈的自我认同意识可以溯源至广东人的乡党观念与省界认同意识。作为最早的口岸开放地区、海外文明首入地及大革命时期策源地，广东人在清末民初伟大历史变革中的突出地位优越性与时代紧迫感并存，较强的独立意识表现为寻求群体力量源泉的"界"意识很浓。欧榘甲1902年就率先提出"自立自广东始"的"新广东"概念[212]，梁启超亦认为在外经商"富而通"的广东人"乡谊甚笃，联合之力甚大"[213]，孙中山更是在三民主义中提出县自治思想[214]。作为近代中国集团力量（商界、政界、军界、学界等）兴起之最初诱因的乡党观念[215]，因血缘、地缘及学缘而相互镶嵌成复杂的区域性人际网络和"知识人社会"①。如作为中国现代化最早最大的沿海城市上海，巨大的虹吸效应辐射周边地区，其中广东因经商关系成仅次于宁波的第二外来人口来源地[216]，各类各级同乡团体很多。例如1919年的广东同乡团体就有广肇公所、顺德会馆、潮州会馆、肇庆同乡会、复旦潮州学生会、广东海员工会等次级群体。[217]其中，尤为众多的是加入条件较简单明了，以地缘为基础的最初级，且各校层级不一的社团组织形式同乡会。以上海为例，广东省级的同乡会有圣约翰大学粤省校友会、复旦中学两广同学会、光华大学南锋社；琼崖籍的有暨南大学琼崖同学会、上海大学南语社、琼崖留沪同学会，甚至还有琼崖属下的琼东留学沪宁同乡会等。这种"由同乡"而"为同乡"，带给"人在他乡"初离故乡的青年人生活、情感等些许慰藉，提供"俱乐部和心理咨询机构功能"[218]的学生社团组织的多样化和层级化，既意味着上海区域的广东组织"人丁兴旺"，层级绵密，同时也预示着广东大团体"省"的大概念被打破，大共同体内部进一步分化、细化。作为琼崖与外界联络主要桥梁之一的旅外琼籍学生，从广东旅外学生大共同体下"分家"为琼崖小共同体，乃至琼东更小共同体，从粤籍知识分子场开出琼籍分场，乃是在对具体家乡的强烈认同感中，更认同自己的"琼崖人"身份。旅穗琼籍学生共同体在集体性特征最为突出的20世纪20年代文学实践场中[219]，正是基于"我们不但是中国人……更是琼崖人"，"中国事应该干……琼崖事更应该干"，以及"琼崖问题，更是我们所不容辞"的区域认同与强

---

① 因现代媒介作用而把各地的知识人结成一个联系密切的社会文化网络。参见许纪霖等《近代中国知识分子的公共交往（1895—1949）》，上海人民出版社2007年版，第4页。

烈使命感，才决议出版《新琼崖评论》[88](49-50)。1937年，琼崖留沪同学会成立初衷"为联络感情，砥砺学行，发扬团结精神及促进琼崖文化计，同学会之组织刻不容缓"，由大夏、中公、中医、交通、光华、持志、约翰复旦、沪江及暨南等在校琼崖同学发起，联合毕业同学之赞助。该会会刊宗旨为"回顾故乡，百废待举，陋习未除，吾等身虽远处，然杞忧常怀，振兴桑梓，尤宜群策群力以共赴"。[220]旅国外而认同一国家乡，旅省外而认同一省家乡，旅省内而认同一市（县）家乡的作为共同体替代品身份认同[208](序曲18)，由"大同乡"至"小同乡"的传统老乡逐级认同模式，旅外琼籍学生对琼崖乃至更下级区域的越级认同，凸显了琼籍学生共同体具体而非常强烈的家乡地方自我区隔标签。团体一般需要确立一个自己成员公认的以具体事物为团结标识，与会馆、公所等以乡土神为集体象征不同[221]，缺乏稳定且客观的物理活动空间，无法放置这些具体事物的同乡学生社团，则以兼具内容抽象与形态具体的报刊为集体象征，不失为一种理想选择。

  需要指出的是，安德森的共同体更多的是指向想象客体，而对于作为想象主体的重要作用却没有予以足够重视。如对解释法国殖民统治传统在越南最终走向崩溃的原因，安德森认为是错误地舍法语而将"方言"越南语推向广大民众，进而使后者成为有利于启发越南民族意识，团结越南文化的"群众性媒介"造成的。虽然提到了在方言推广过程中数量极其稀少的"热切献身于增加识字者的数量"的先进识字者，但只把他们看作"文盲之海"上的"小岩礁"。[203](147、17)尽管印刷资本主义的出现是必须条件，但不可否认的是，现代共同体的想象只存在于具有识字能力的阅读者中。中国新式知识分子与印刷资本主义（近代报刊）的关系，如一币两面，二者互动共生，互为因子。后者是前者的"晋升阶梯"、书写方式及沟通社会的桥梁[222]；而后者要成为现代社会的结构性因素，须仰赖对于前者的深度借重。科举废除后与政治场渐行渐远的部分知识分子，扬长避短地凭借近代报刊把文化资本优势最大化，乃至形成一新兴或特殊中间阶层[1]，并形成了布尔迪厄文化社会学式的知识分子场。兴起于"转型时代"的新式知识阶层，既有活跃于政治、学术等领域的梁启超、胡适等先驱与领袖型人物，但更多的是淹没于历史洪流中的籍籍无名之辈。从地方视角看，大历史中的"小人物"，乃至无名人物，却是地方小社会中的"大人物"。尤其是承担着为下层民众传递知识的中介功能，作为社会变革力源的数量庞大的新式学生群体[223]，在文盲率很高的地方社会中是先进的代表、重要的现代想象主体。旅外学生共同体主要依靠报章杂志、学校和社团三种制度性媒介存在[224]，作为其社会游离般地寄居于都市他乡的纽带。于民国时期"文化荒漠"的琼崖文化场的位置空间结构中居主导位置的旅外琼籍学生，既是凭借符号资本优势将知识阶层与印刷资本主义完美结合进行"想象"的主体，也是能够看到琼崖"视野边缘架构"的"岛外移民印刷者"。在外部"想象"琼崖整个共同体，这种我者视角下椰壳碗外[2]的共同体对椰壳碗内的共同体想象，是特殊历史场域中多种复杂力量共同作用的结果。与国家层面的精英报人为拯救贫穷落后、愚昧无知、内忧外患的国家，进而从诸如方案、思想、办法等路径与面向进行的"国家想象"类似[225]，本章拟从何人在想象——想象主体，为何会想象——想象刺激，如何去想象——想象文体形式等基本逻辑层面，展开探讨琼崖旅外学生

---

[1] 晚清时期形成的中间阶层（the middle realm）在季家珍眼里主要是指，通过将政治与印刷紧密结合而占据隐喻性空间和现实空间，达到沟通上层权力与下层力量的效果的报人和出版人。[加拿大]季家珍（Joan Judge）：《印刷与政治：〈时报〉与晚清中国的改革文化》，王樊一婧译，广西师范大学出版社2015年版，第1页。

[2] "椰壳碗"的隐喻启发来源于本尼迪克特·安德森的回忆录。其在晚年回忆自身学术生涯时，以跳出椰壳碗的青蛙自况，解释了一位欧洲学者为何对东南亚区域研究如此执着与迷恋。而旅外琼籍报刊繁盛的20世纪20年代早期，椰岛琼崖内部革命力量无法突破，外部力量亦难以侵入，其政治场如同一只外壳坚硬的椰壳碗。参见［美］本尼迪克特·安德森《椰壳碗外的人生》，徐德林译，上海人民出版社2018年版，第220页。

的家乡想象活动。

想象主体之形成，除了有赖于共同体的自我认同外，还有赖于共同体的群体区隔策略的成功运用。在革命队伍中，学生看似没力量，然加入团体中，"就很有力量了"，主要是"学生因为环境比一般无产阶级的劳动者好，所以很容易感觉到社会上的黑暗，而为社会牺牲"。尤其是琼崖革命工作，如没有学生参加，"决不会成功的"，况且"琼崖能够做宣传者的，大概只有学生"，需要学生去动员无智识的劳动者。[118](33-35) 运用报刊想象的旅外琼籍学生共同体，其想象实践逻辑由文化场内部差序系统及外部权力场对文化场的作用力共同熔铸成的。同源关系于琼崖边缘结构，旅外琼籍学生于旅居地文化场居被支配位置，又因具有旅外经历与学校文凭等符号资本优势而于琼籍文化场居支配地位，扬长避短本性促使旅外琼籍学生的文化实践逃离于居下层与边缘的前者，而活跃于居精英与统治的后者——旅外琼籍报刊的受众很大部分是岛内师生。因"留学"于先进文化场而为琼籍知识分子先进与代表的旅外琼籍知识分子，拥有岛内知识者缺乏且羡慕的符号资本，其区隔于后者的策略与实践就体现在文化场的符号生产中。与促狭于岛内相对落后文化生产场的知识者（学校读书人）不同，游历于大都市新式文化中的琼籍"先知先觉"，深受并熟识印刷传媒网络和公共舆论体系的巨大影响，意识到建构与掌控自我舆论阵地的重要性。[226] 1924年创办于广州的《新琼崖评论》就旗帜鲜明地宣称要做琼崖革命的"号筒"和"宣传机关""舆论机关"，为给偏处一隅而"受重压最甚""外面知道的人有几个呢"的琼崖人民代言。认为作为琼崖现代青年有义务，作为旅外知识分子有能力"将革命的潮水涌入琼崖，洗去琼崖人民底悲痛与耻辱，同时要将琼崖人民底惨状，显示在全国国民底目前"。[88](51-52) 该刊甚至被同人誉为"琼崖判官""琼崖救星""琼崖先觉"。[88](237) 五四运动时期是学生报刊的一个高潮时期，文人因家国情怀而论政于近代报刊的主流模式浸染整个知识界，为重构地方社会文化中心而办刊就成了他们向家乡发挥自身文化资本优势的最好选择。① 从某种意义上说，以琼崖代言人、舆论机关标榜的琼籍学生报刊占位于琼崖文化场，是琼崖新式知识分子力图重新获取传统士绅失去的有关琼崖公共空间的领导权，利用其文化资本优势嵌入当地政治场与文化场的努力。琼籍学生报刊生产与再生产着有关家乡的公共舆论议题，讨论家乡政权合法性问题，引起地方主政者的特别关注。② 岛内严酷政治场中的贫苦民众敢怒不敢言，岛内知识青年亦因囿于被支配位置，丧失了反抗现存秩序的觉悟和勇气。体验过岛外大都市现代化进程中的巨变，与岛内停滞般的死寂，对家乡怀有浓浓情感的旅外琼籍青年强烈感受到了琼崖"距离本国的文化中心太远，近年来又受了帝国主义的加紧剥削，工商业都显得格外比较国内各地落后，所以当地人民的文化水准和生活程度，和国内稍微进步一点的地方比较起来，真是差得远哩！"[227] 被形势"逼迫"要"有所为"的旅外琼籍青年就这样被推至历史前台。"解放琼崖人民的暂时的责任，不得不放在旅居北京、上海、南京、广州的琼崖人身上了。"[88](63) 意识到并愿意担负"解放琼崖"职责的旅外琼籍学生，基于同源于琼崖在地理场、政治场、经济场、文学场的多重边缘位置角色考量，认为"救家"比"救省""救国"更急迫。国家以至省似乎有比他们更合适的人去救，但救琼崖只能靠他们。多重边缘位置中的他们也深知自己的能力和价值最大化在于贡献家乡，或者说从琼崖开始。《琼东》同人就认为，"自救以救人，爱乡而爱国，愿与邦人君子，旅外侨胞，起而图之"。"琼东是我们生长的故

---

① 1920年，陈独秀针对读书人过于喜欢办杂志的现象进行批评，并将之上升至民族性富于模仿力，缺乏创造力表现的高度。参见独秀《新出版物》，《新青年》1920年第7卷第2号。

② 20世纪20年代的琼崖主政者邓本殷，对凡上海、北京与琼州来往的信件，均一一检查。这从反向说明了上海与北京等地的各类学生报刊会通过信件的形式寄回家乡。参见痴逸《邓本殷检查来信》，《南语》1925年5月20日，转引自《20世纪20年代的上海大学》，上海大学出版社2014年版，第644页。

乡，改造的责任，是我们的唯一义务。"[228](61) 如同清末民初新式知识分子热衷于办杂志的诱因是"国家"危亡下的"共和幻像"[222]，侨居地南洋和求学地上海、北京、广州等现代化程度较高的区域和都市，与祖居地、家乡琼崖之间产生的经济、信息差距与张力，琼崖地方和旅外琼籍群体的双重边缘性位置压力，是塑造琼籍象征性群体认同出发点，也是创办刊物的精神动力。

　　行动者占据的位置是根据其拥有的资本数量和构成的实际与潜在情况决定的，即行动者是否能占据某位置，以及位置变化与否，"须看是否与作为可能性空间的问题性发生关联"[45](368)。换言之，旅外琼籍学生共同体在琼崖的大场域中占据的位置如何，取决于其对琼崖的意义有多大，或说被琼崖需要的价值大小。旅外琼籍学生及其刊物在琼崖文化场的差异性系统中，之所以占位特殊且支配，与其在特定历史场中的位置密切关联。近代琼崖青年北上求学，以省会广州、上海、北京、南京等大城市为主，尤以上海为最，人数最多时达约400人。[88](607-612) 就读的上海学校主要有上海大学、复旦大学、国民大学、真如暨南大学、浦东中学等，以私立为主。都市生活文化多元与经济繁荣的上海商业氛围，尤其是印刷资本主义，为学生刊物的繁盛提供了肥沃土壤。20世纪20年代至30年代，上海的三大出版业巨头（商务印书馆、中华书局、世界书局）提供了全国近七成的业务，供应了全国书籍中的86%。[229] 这里还集中了九大行业中位列第三的271家印刷厂。[230] 上海产生了一个大力鼓吹新思想、新文化革命号角的出版场，成为无产阶级反帝反封建主义最早最激烈，革命最彻底的地区之一。[126] 这与20年代马克思主义等革命思潮在粗放式发展起来的私立大学、"野鸡大学"[231] 里迅速发展，加快了学生团体的革命化进程不无关系。在政治与文化一直处于纠葛状态的20年代[232]，尤以具有革命基因的上海大学（以下简称"上大"）最为典型。社会主义青年团上海第一支部和国民党第一区分部均设在上大，二者人数均居斯时上海学生党员数之首。该校虽延请国民党元老于右任任校长，但实际掌校的却是邵力子、邓中夏等共产党员，上大"办事全靠共产党员"成了公开的秘密[108](1014)，甚至被称为是共产党办的第二个学校[233]。在充满浓郁革命气氛的上大，不仅聚集着当时教师中比例最高的公开身份的左翼分子，而且学生中"大部分是共产主义的信徒"，"有智力的共产主义宣传家"，[128](166、130)甚至自诩为"将来之革命分子"[108](73)。上大能够吸引到众多来自南方和长江中下游地区，欲利用高校作为社会政治变革先锋尝试的激进分子，[234](90)乃于商业化资本主义社会中财政和政治压力下被迫采取的较"灵活随意"的招生政策①。"激进大学"上大实施"连接教室与街头"的"激进社会实验"，允许乃至鼓励学生参与各种政治活动，实践活动重于理论学习；办民校、出刊物、搞运动是上大区别于当时上海其他大学，革命人才辈出的一大特色。[234](92-99)其远播的革命声誉吸引了包括琼籍学生在内的众多青年慕名而来。琼崖早期共产党员罗文淹回忆道："由于我和陈垂斌的鼓吹，来沪求学的琼崖学生渐渐多了起来。"国民党改组成功，革命高潮澎湃，大家决定组织成立"琼崖青年社"来团结青年力量参加革命运动。"我们这时热血沸腾了。我渐渐地把读书看为不是最重要，而应当马上去参加革命活动了。"[142](13)上大琼籍学生大多就读于人数最多、师生共产党党团员比例最高的社会学系。后来共产党在琼崖革命中的许多重要领导骨干力量来自旅外琼籍学生群体。在由13名成员组成的第一届琼崖特委中，除了毕业于六师的魏宗周、符明经和不详的王经撰外，其余成员都具有旅外大城市求学经历。

---

① 据1925年转到上大的刘披云回忆，不像上海其他大学，上大可以不上课拿文凭。参见《刘披云同志的回忆》，载王家贵、蔡锡瑶编《上海大学1922—1927年》，上海社会科学院出版社1986年版，第91页。

## 第二节　为何想象：危机惯习与资本优势

鲍曼认为，在共同体的坟墓上生根发芽的身份认同之所以能枝繁叶茂，是因为它能看到死者复活的希望。[208](13-14)这也是泰勒想象中三种社会自我认识之一的经济形式。[204](60)琼籍人士介绍与忆起家乡时的惯习，是琼崖于国家政治、国防等位置上的应然与实然的对立与落差。具体来说，这种具有表征阶级趣味与区隔特征的惯习来自琼崖在全国场域中位置错置而使琼崖人产生的严重不适感。故，旅外琼籍报刊成为琼籍学生对故乡想象的动力源，一方面，琼崖拥有理应备受重视的优越地理位置、丰富自然资源。"故乡有温适之气候，故乡有俊秀之山河，故乡有其特具之文化与风俗，故乡更有其不可忽视之国防上的重要性。……以琼崖环境之优美，地位之重要，乃倍增吾人怀恋之思。"[220]琼崖在时任上海市立沪南医院院长的朱润琛眼中，则是"森林矿产等天然宝藏，尤极丰富，故琼崖原应为一富庶之区"[220](3)。在时任上海法学院教授的潘瀛江看来，琼崖"以气候而讲，则四时皆春，草木畅茂；以交通而讲，则四面环海，尤较便利；以言物产，五谷鱼盐，用之不竭；以言文化，学校林立，普及乡村，至于人情风俗，和大陆的又没有什么特殊差别，而淳朴之风，有过而无不及，所以世人称它为'南海乐园'和'海外桃源'，最近日人又号为'华南和平之乡，'"[220](1)旅穗的中山大学农学院琼籍学者林缵春教授一直关注家乡的经济发展，为实施海南岛资源的调查与开发的重要性和迫切性鼓与呼。为使国人重视"维系国家之命脉，救济民生之凋敝"的"最宜于农业之区"琼崖,达到"谈发展我国农业者,几无不向琼崖集其视线"效果,[235](1934-03-01:1),1934年1月10日,林缵春在广州倡议并成立了一个专门以研究开发琼崖农业资源为志趣的重要学术团体——琼崖农业研究会。该会以"以联络感情,研究农学,革新琼崖农业,改良琼崖农村,贯彻民生主义"为宗旨[235](1934-03-01:26),为致志农学,专研有素,重以桑梓关系等计,及便于讨论与宣传,出版了会刊《琼农》月刊杂志与《新海南岛之建设问题》《琼崖农村》《海南岛之产业》等系列"琼崖农业研究会丛书"。

自然资源丰富的琼崖,却在政治上时常被边缘化。外敌的咄咄逼人与家乡琼崖的岌岌可危对立情势下的复杂情绪时刻萦绕在1936年时任上海警察局局长的琼籍名人蔡劲军心中,"却于此时,偶北瞩塞外,烽烟四起,顿忆有所谓'南进政策'者,则又惕然而警。一易怀恋之思,而为怅惧之情矣!以故乡之可恋,而益感故乡之可危;以故乡之可危,而愈觉故乡之可恋;怀恋乎? 怅惧乎? 吾人将何所为于我故乡?"[220]("题词" 1)同样对家乡的担忧亦来自时任上海法学院教授的琼籍学者潘瀛江,"自帝国主义者对我国肆意横施政治的、经济的和军事的侵略以来,我国的岛屿,丧失殆尽……未有改变的颜色,仅有舟山、东西沙群岛和我们的故乡琼崖而已,其中尤以我们的故乡最大,亦为最重要"[220]("论著" 1)。《琼崖留沪同学会会刊》即是创办于盛传着日本将采取南进政策侵占家乡琼崖,及爆发世界经济危机与战争恐慌的20世纪30年代。该刊呼吁背负着时刻不忘"读书不忘救亡",抱着"最后一课"决心的琼籍青年,在团结一致、捍卫家乡的共同神圣使命下,传播各人观感和平时所学。[220]("论著" 2)对于琼崖被严重忽视的现状,著名琼籍学者陈献荣直言是源于国家政客们的短视行为。因"近视眼的政治家",被誉为"蕴藏极富,取之不竭,诚天府之区,国防之要隘也"的琼崖,却遭遇"我国人忽焉漠视,任其货弃于地,殊甚太息"。[4](自序)甚至有人感叹琼崖"百年以来,都不为国人注意"[220]("论著"1)。

  旅外琼籍青年对家乡的关注,不仅仅是琼崖于自然资源与政治上的备受轻视感,更令人着急的是能对此有所作为的琼崖人才面临短缺的尴尬局面。琼崖对于人才毫无吸引力可言,不说岛外人士和岛内"当时稍能干的分子和清洁的青年多半是离琼去了"[118](63-64),就连具有丰富人力资源和经济财富的南洋琼侨,也出现了"去者日渐其多,归者反形其少"的苗头,皆因"我琼实业不兴,货弃于地,致使民生日困"。[228]大家忧虑的是,资源丰富的家乡琼崖,不仅吸引不了外面人才入琼,连岛内人才也不断地外流。琼籍进步青年对家乡停滞般无变化,又似乎无人愿意付出努力的现状表示很茫然。孤岛的孤独,无人关心,一切都是老样子,大家的生活还是一如既往地"随波逐流",正如诗云:

  块然一个孤岛:
  四面的波涛,
  只打到低平的草坡底脚下,
  怒鸣般的潮声,
  从没有惊断岛人底清梦;
  也不见有爱听浪潮的人,
  夜半开门,
  向着有潮声的地方走,
  只盲然看见
  "一注洪水
  随波逐流"。[107](1-2)

  如果说旅外学子对岛内政治窳败、经济衰弱的客观事实的认识,更多的是来自感性的话,那么对岛内文化落后现状认知,则是源自理性。与对文化落后而不自知、不思改进的岛内民众不同，跳出椰壳碗的琼籍学子更敏感、更真切地认识到文化自救的紧迫感与无奈感。"海防之要区、南方之屏障"而经济文化地理边缘化的琼崖，由于"文化落后风气闭塞的缘故，我国各种政治文化改革的消息传到琼崖常远在其他各地之后"，致使20世纪20年代的琼崖民众，"匍匐在军阀、官僚两种压迫之下，不说没有阶级斗争智识与觉悟，革命的胆力与勇气，就连自己的仇敌，也不十分辨得清楚"。[114](1924-04-01) 知识饥荒不同与粮食饥荒，岛内发生粮食饥荒可能会有岛外慈善家们来赈灾，而知识饥荒则无法指望他人来救济。为了不让琼崖的知识饥荒"无形地延续"，改变荒凉的文化沙漠，只有靠琼籍学子们自己去垦荒了。"人们的知识海淤塞了，只要有人不断地努力地工作，自然会生出甜蜜的新思想来。"[107](1922-05-02:3) 正因琼崖失落与危亡，以及士人报国报家的惯习系统，旅外琼籍学生能够认识到琼崖的自我多重危机，率先于众多的旅外琼籍人士（商界、政界、企业界等）中进行想象自觉。20年代，《琼崖旬报》认为旅外学生刊物创办初衷应为实现连接着岛外与强权政体下琼崖之间的信息互通。把边缘区域家乡的声音传播到全国各地以至南洋，既能让国人记住与重新认识琼崖，又能让"琼人知现在潮流的趋势"，搭上外界现代化脉搏，彻底改变"荒芜"家乡、"愚昧"乡人的"可怜的情形"。"吾琼人民之生活程度未能提高……然而唯一之希望，全赖我琼觉悟之士，与青年学生，急起直追为亡羊补牢之计耳。"[88](22-23)

落后孤寂的琼崖和深受旅居地异质文化巨大冲击的经历，使旅外学生群体很快找到了表达思想感情、宣传自我主张的重要工具——报刊，并倾向于把更多的符号资本投入能产生更大实际效果的文化实践中，以改造琼崖为帜志。相比于上海刊物的"汗牛充栋"与"人浮于事"，穷乡僻壤的琼崖则需要"以文救家"的旅外学生以刊物为武器去开拓。[236] 旅外琼籍青年王器民深感民众"都是愚昧的"，"见了琼崖这种可怜的情形，就想组织一间日报，以为开通琼崖的利器"。[88](9) 故而"组织一间日报，以为开通琼崖的利器",并呼吁"所望有志之士,与各学校青年学生,多组织出版物,分途指导,同为鼓吹","我琼之地理、人口,琼人毫不自知","记者最为我琼之抱愧者"。[88](23)"所望有志之士,与各学校青年学生,多组织出版物,分途指导,同为鼓吹,对于地理、物产、人口、教育、职业、风俗种种,作有系统之调查,同为具体之改造计划。"[109](22-23) 由此形成了繁盛于20世纪二三十年代,以地缘为基础纽带,以学生为主体,以家乡琼崖为主题的旅外琼籍学生报刊的态势。

## 第三节　如何想象：呈现／报道公共领域

共同体形成时的条件会成为共同体成员进行想象时的媒介。旅外琼籍学生同乡会完成对家乡的想象，既需要基于血缘、地缘与学缘基础上的精神媒介，还需要精英凭借印刷资本主义①报刊的宣传和动员，刺激共同体成员的觉醒，并使共同体由异质趋向同质的物质媒介。[237]抽离精神媒介的想象是空洞、苍白的，而缺乏物质媒介的想象则是凭空、抽象的。精神媒介是灵魂，物质媒介是躯壳，二者合一才能实现现代共同体的真正有意义的想象。

安德森和泰勒只告诉我们想象需要媒介，但没有告知如何使用媒介想象。安德森认为想象媒介是小说和报刊；而泰勒认为想象不是闲散式的思考，也不是少数人纯理论式的术语，而是普通人"想象"社会环境的方式，包括社会中人们的言行举止，期望及规范观念，"使人们的实践和广泛认同的合法性成为可能的一种共识"。而这一切均是通过"形象、故事和传说"来实现的。[204](75-78) 显然，泰勒并没有否认安德森关于现代想象对印刷资本主义依赖作用的观点，只不过区别在于印刷物中的文体而已。印刷资本主义能够提供技术手段，生产重大意义的"同时"（meanwhile）时间观念，为王权解体下的松散成员组成共同体的想象联结。这预设着刊物对某共同体的呈现与报道，即是对该共同体

---

① 印刷资本主义是本尼迪克特·安德森名著《想象的共同体：民族主义的起源与散布》这本书中的一个核心观点，作为资本主义制度下产物的现代印刷业是现代民族共同体形成的重要工具。

的想象这一前提。实际上,由共同认识推动的对共同体的想象都涉及公共领域范畴。而有关共同体的公共领域,只要是刊物中涉及共同体的呈现,除了具有鲜明标记的主题外,哪怕是呈现部分内容,均应视为对该共同体的想象。因为公共领域的存在是现代社会想象的重要特征,尤其是印刷物中的公共领域,为分散于各地"始于正确的文化语境中",拥有某种共同观点的人们,提供一个独立于政府权力之外,可以对政权进行监督与审核的,自认为是理性话语的自由交流及达成共识的空间。[204](75-78)旅外琼籍学生刊物中的公共领域既有像旅宁琼崖青年社《琼崖青年》那样标示的讨论范围以琼崖为中心,[238]也有像《琼东》中"怎样救济失学的妇女"一文,虽然主题不是琼崖妇女,但其中提到受过教育的"凤毛麟角"的琼崖妇女,也应算作对琼崖进行的一次想象[228](50)。当然,想象主要还是依靠主题鲜明的内容来完成的。属于公共领域范畴的,主要有政治、经济、文化等诸方面。

政治议题是旅外琼籍学生报刊的最大动议。《琼东》在"征稿简章"中旗帜鲜明地标出"改良政治"为本刊主旨。该刊文章对琼崖及琼东的政治批评非常严厉。如署名伯光的《今日琼崖社会不安的背象》中,对于海禁开放以来的琼崖社会变化非常失望:

开辟海口为商埠,由是外国的资本主义,就步着琼崖而伸张了。自此以还,内地仅于农产稍事供给外,一切的需要物件,都是仰给自外来,而物质上,精神上,都听诸外来文化为转移,人们的欲望亦日事扩张起来了。兼以人口生率,日益增繁,而生产上又没有增加,消费日多,物量如故,照因果律上说起来,物价的昂贵,亦是自然的趋向了。据最近报告,赤米每斗总须三千余文,鱼肉蔬菜各物价总涨至数倍,甚至本地特产的盐都须一百多钱一斤了,试问在这工业不发达的社会中,一切食用忽然飞涨,人民如何不困苦呢?"饥寒起盗心",

确是人生观的表现，今日的土匪如此多，必是环境造成，谁都不能为谅的。查琼东一县，每日平均掠案必有四起，由嘉积到县城的咫近，非军队保送都跑不得。琼东县如此，各县何独不如此。可见琼崖今日已无片净土。[228](52-54)

文章以自己平时观感及近期的家乡讯息，对外国商品给岛内民众带来的物价飞涨和盗匪横行祸害，深为痛心。在《造成琼东扰乱的原因及应付的方法》一文中，作者"提起琼东两字，我的眼泪已经夺眶而出。但在这样扰乱的局面，所受种种的痛苦，若不努力去谋解脱，则痛苦有加无已"，并试着追究造成琼东扰乱的原因：

人民既苦官剥匪劫，日夜不得安宁，贫民无法可设，惟有任其蹂躏，落在十八层地狱的里面。若稍有资财者，不是逃窜四方，就以金钱巴结军营和县长，买来什么军官或吏员头衔，趋炎附势，狼假虎威。从此社会上生出无做盗匪欠做军官的观念，农业飞涨，人民涂炭，所以病而未死的琼东，遂造成扰乱的原因之一。

我琼崖自民国纪元以来，因恶政治的影响，匪势日张，我琼东更为如水溢深如火盆热。因此，官厅方面，就假捍卫土匪的名目，劝民编保卫团，以便广树党援，增厚实力，使敛钱的工具，更因此愈加完备，我民处这淫威高压之下，虽困顿几经，然亦不得不出血汗的金钱，以供办团的费用。满望团办成后，可免土匪的抢劫，换得高枕而卧的代价。不知道多数做团长者，都是做官的走狗，官厅所派的苛征，都是他们一手承办。最令人痛恨者，一方面助官厅以鱼肉乡民，一方面又和土匪通奸以分赃，我民因此愈万劫不复之地，亦云惨矣！这团长害，是造成扰乱的原因之一。[228](54-56)

陈经录在《敬告琼崖青年》中更是发出"琼崖的人心早已经死了,这昙花一现的反抗力,算是什么"的绝望。[228](57-58) 诸如此类的政治性批判在其他旅外琼籍学生报刊中比比皆是。如1925年5月20日的《南语》,一共10篇文章,基本上都属于思想政治启蒙,其中就有涉及琼崖的《告琼崖诸同胞》《文昌中学学生罢课宣言》等文章。1924年1月1日创刊的《新琼崖评论》更是把改革政治立为核心议题,第1期中就刊有《国民改组与琼崖革命运动》《琼崖的民选县长》《中国国民党党纲草案》《孙中山先生改组国民党之演说》等政治性文章。

琼籍学生开始是把教育作为救琼的一种重要途径。改变琼崖的落后面貌,需从思想文化上入手,而教育这种渐进的改革工具是首选。因此,教育是琼籍学生刊物相当具有分量的组成内容。如1922年7月的《琼崖新声》中,刊物主体的"论著"部分,14篇文章就有5篇谈教育,如《对于琼崖小学教育之我见》《提倡职业教育与琼崖之前途》《论琼州女子的教育》,还以琼崖教育局局长到江浙一带考察教育经历而设"参观教育记"专栏。内容涵盖范围广,层次丰富,从古代教育到当今教育,从国家教育到地方琼崖教育,从小学教育到职业教育,从国内教育到国外教育等。

如果说旅外琼籍学生刊物在20世纪20年代主要是启蒙,内容以文化教育、政治居多的话,那么到了30年代,就已过渡到重建设阶段。1937年出版的《琼崖留沪同学会会刊》中,大部分内容围绕建设来谈,如《建设琼崖公共卫生事业计划书》《由日本南进政策说到琼崖的地位》《对琼崖设置行政督察专员之商榷》《琼崖生产建设与国民经济》《开发琼崖的先决问题》《开发琼崖应取之方策》《国际资本侵略下的中国经济》《开发琼崖计划(转载)》等。上海暨南大学琼崖同学会会编的《国立暨南大学琼崖同学会会刊》,虽以"纯粹为学术性研究,以追求知识态度,期从博学深思中,锻炼真实理论,研求时代新技,俾使琼崖故乡,改造社会,促进文化"为宗旨,然"尤以特重论著,提供建设性意见,以供开发参考"。[73](18) 如1936年第2期中的《积极支援故乡的民主斗争》《加紧援救琼崖旅越侨胞》《为建设民主的新琼崖而奋斗》《漫谈琼崖建设》等文章，第3期中的《琼崖农业经济》《新货币制度的探讨》等文章。这时期琼籍学生关注的重点，教育依然是关注点，但不再占绝对优势。内容涵盖从卫生、政府官员设置，到经济、农业等，甚至战争毒气的防御。出现关注重点的变化与范围的扩大，也是社会发展使然。

具体想象媒介可以是新闻（消息）、时评等时效性较强的文体，也可以是论说（杂文）、文艺（小说、诗歌、散文等）、论文等几无时效性的文体。因旅外琼籍学生刊物多为杂志型，如《琼东》是半年刊，自然无法做到日报的时效性要求，故其想象以文艺、论著为主。而文艺是蕴藏丰富想象因子的传统文体，如诗歌有《国立暨南大学琼崖同学会会刊》第3期的《琼城八景歌》《登五指岭诗》，散文《冬天的故乡》，《琼东》第3期中的《重九夜怀母》，《琼崖旅沪同学会会刊》第1期中的《故乡泪》等。另外，学生刊物创办的初衷是联络乡谊、砥砺学习、发展学术，如《国立暨南大学琼崖同学会会刊》旗帜鲜明地声明以"纯粹为学术性研究，以追求知识态度，期从博学深思中，锻炼真实理论，研求时代新技，俾使琼崖故乡，改造社会，促进文化"为宗旨，其中"尤以特重论著，提供建设性意见，以供开发参考"[73](18)。故，论著也在琼籍学生刊物中占有相当比重。如《琼崖新声》第2期的《对于琼崖兴业与集资的我见》《对于琼崖小学教育之我见》《改造琼州社会之我见》《提倡职业教育与琼崖之前途》《论琼州女子教育》《救济吾琼社会失业者之管见》《我假定为琼州一妇女》[130]；《琼东》第3期中的《今日琼崖社会不安的背象》《造成琼东扰乱的原因及应付的方法》《敬告琼崖青年》《对于治匪的根本问题》《琼东留学不发达的原因》《到琼东的乡间去》《正在试验管中的姜飞先生》《"弃官吊印"和善后问题》《一位新任的琼东县长》《质问琼东人民的二件事》等，这些与琼崖地方密切相关的诸多重大公共领域问题成了想象的主干。这些论著虽不似新闻时效快，但因主题重大，涉及琼崖的教育、妇女、农业、经济、政治等公共领域而成为旅外琼籍学生刊物中想象内容的主角。

因旅外的特性，有关琼崖的信息最"新鲜"的要算以"通讯"形式刊发自家乡来信和通电。在交通与通信不发达的时代，信息流通控制在拥有通信技术的人手中，旅外学生刊物将此原本属于个人间传递的隐私般信息，赋予其重要性而变为家乡公共信息予以共享。如《琼东》第3期中"关于桑梓消息的最近几封信"：某军队袭击一县府；一新县长为自身安全修建一炮楼，却不顾辖区内的盗匪和兵祸问题；定安一市发生多次铺户被抢事件；一县匪患又烈；定安至嘉积的公路建成，新公司发行股票由人民定纳。[228]全为家乡的各类"灾祸"信息。《琼崖新声》第2期中的通讯有，《致邓本殷处长电》《致三江警察区长林信初电》《又致邓本殷处长电》《致孙大总统伍外长电》《致琼崖留法同学书》《陈君元亮来书》《答陈君元亮书》《答式心兄书》等。[130]时效信息的加入增添了想象内容的清新与鲜活，也成为进一步想象的触发剂。

有点想象"鲜度"的还有时评。如《新琼崖评论》的《"五一"劳动节敬告琼崖的农民》《土匪打毙美牧师》《读陆达节学生〈本校十八周年纪念日敬告学生诸君〉一文后》等。无论是通电还是时评，都具有鲜明的政治色彩，这体现了学生办刊不仅仅是出于同乡互助交往（联络感情）、学习（研究学术）目的，更有强烈的政治关怀（改造社会）。遍及于报章文字中的思想启蒙与政治改造是20世纪20—30年代琼籍学生刊物内容呈现的主旨，尤其是用以完成思想启蒙需要借助的"具有巨大建设性力量"，用来"直接展现冲突、揭示社会矛盾"，"观察社会、历史、人性"的时评。[239]

## 小　结

　　旅外琼籍学生共同体在文化场中的边缘状态决定了其可采取的占位策略：其于旅居地文化场中的被支配位置，同源关系结构下的文化资本处于被支配位置而作为有限；而于琼崖文化场中的支配位置，使其自主性作用能够得到极大程度发挥。所处位置的矛盾张力，形塑了琼籍旅外学生共同体做出对旅居地文化场的逃避，对琼籍权力场的反抗。领导琼籍文化场的行为在逐渐兴起的印刷资本主义结构作用中，扬长避短地通过刊物展现家乡，进而实现文化形式与意义上的想象。旅外琼籍学生组建社团及创办刊物，与其说是为了学习和生活中的帮助与便利，不如说是为了家乡发展计，合成一种集团力量和言论机关，一方面把边缘区域家乡的声音传播到全国各地乃至南洋，让国人记住与重新认识居重要位置上的琼崖的多重危机；另一方面凭借特殊的符号资本优势，积极介入家乡社会的公共领域，对琼崖岛内的政治场与文化场产生强烈的刺激与生产作用。因为毕竟"学校资本的持有者无疑最倾向于不能忍受并反对政治资本持有者的特权"[240](21)。

　　于旅居地处被支配位置的旅外琼籍学生刊物，通过改组，不断扩大共同体的文化资本和经济资本优势，以至政治资本范围，加大想象琼崖共同体的规模与能量。虽然边缘于旅居地文化场的琼籍学生群体不能完全左右外界对琼崖的舆论建构，但他们尽可能地发挥自身主观能动性，自创报刊"利器"以扩大竞争资本，有利于巩固其在琼籍文化场的支配位置。文学场的他律强弱取决于权力场的制约机制，他律性强的刊物的活力与生命力取决于自身抵御政治场和经济场的能力，或被后者收编的程度。琼籍学生社团除了善于汲取琼侨的经济资源外，还因地制宜地连通与盘活了大量利己与可变现的政治资源。虽然有南洋父辈的经济援助，但由于不具备现代报业经营理念，加上20世纪20年代末南洋经济始现颓势，旅外琼籍学生团体及刊物面临巨大的经济压力。为了达到开掘财源的目的，他们除屈服于市场尽量登载广告外，通过改变共同体成员的构成模式来提升其资本构成与规模，打破以往局限于在校生的团体组成模式，拓展共同体边界，由初始时的地缘、学缘外延至业缘，将已毕业并在旅居地有一定社会地位与声誉等符号资本的政、学、商等成功琼籍人士纳入共同体。如1925年《新琼崖评论》社员260余人中，学生占1/2，军界占3/10，农工商占1/10，政界与教员各占1/20。[88](248)如《琼崖留沪同学会会刊》中请了许多当时在上海有一定名望与地位的琼籍成功人士做顾问，如任上海保安团总团长吉章简等十余名社会名流与高官。[220]这些具有丰富政治资本、文化资本、经济资本的琼籍人士加入"同学会"，不仅带来了个人捐助金额多至数百元的刊物经费，还提供了高质量稿件。如以上海市市立沪南医院院长身份朱润琛博士写的《建设琼崖公共卫生事业计划书》、以上海法学院教授身份潘瀛江博士写的《由日本南进政策说到琼崖的地位》等。这些出自学识与资历不一般人士之手，深度与广度显然不是在校学生辈可比拟的文章，无疑会极大增加琼籍刊物的文化资本和符号资本。故，相比于那些作者群边界限定于"纯"学缘与地缘的同人杂志，旅外琼籍学生刊物相对成熟的举措体现在"开界""开源"上，打破学界，连通政界、经济界、学界等，最大限度地覆盖到旅居地的所有琼籍精英群体。虽然牺牲了学生共同体的纯度，但对于旅居地知名度与吸引力本就弱小，文化资本与经济资本均不彰的琼籍学生刊物来说，灵活变通地向外界寻求政治等各种资本的支持，则是维系生命的明智之举。跨界与拓缘不仅能形成学生"纯"刊物影响力与经费的良性循环，还能增强旅外琼籍共同体的凝聚力和吸引力。

旅外琼籍学生报刊的琼崖想象内容，在20世纪20年代以政治和文化教育为主。把思想启蒙与变革家乡政治二者紧密地联系起来的办刊思想，尤其体现在民怨达至极点的邓本殷主琼时的20年代。[108](642-643) 20年代前后全国各地处于军阀割据的态势，旅外琼籍学生报刊对能够以"异地监督"的方式批评琼崖政治，使得政治议题在此时期的旅外琼籍报刊中居重要位置。从政客驱逐到妇女解放，从反对基督教到煽动学潮，"五四"遗风非常明显。而到了30年代则较多地涉及经济建设。有关琼崖经济建设，尤其是轰轰烈烈的"改特运动"，承载着琼人改变家乡落后面貌的殷切期望。随着时为全国经济委员会主任宋子文第一次回乡暨考察，带着开发家乡的心愿，口头表态中央将对琼崖的开发建设，"加以全国经济力量的帮助"[241]，琼崖"喧腾一时，遂为世所瞩目，因而私人旅游观光者有之，组队探究考察者有之，建教机关之提纲调查，专业团体之特定撰述，林林总总，不一而足，撰述之项目虽殊，开发之主张则一，其受各方人士之重视"[73](序)。这再次激活了旅外琼籍人士有关家乡的想象。时任上海法学院教授的潘瀛江对老乡宋子文视察家乡异常兴奋，感叹宋子文的琼崖之行会对家乡带来不小的影响，"现在我国上下，对于琼崖这块牛角尖似的地方，不若从前那样漠视了"[220](论著1-2)。有人甚至乐观到认为琼崖将成为中国南方最大的实业区。[242]

由于当时的交通、经济等原因，旅外琼籍学生报刊想象琼崖的媒介多以不讲究时效性的论著为主，辅以诗歌与文艺等。当然，这也是团体报刊所能采用的最佳方案。

如果说把对民国琼崖的现代想象比作一台机器，操作者就是旅外琼籍学生共同体，燃料则是共同体对琼崖家乡深沉的爱恋和强烈的认同，助燃剂是琼崖地域与共同体的双重边缘性地位压力。旅外琼籍学生刊物对琼崖的想象，虽难从量上统计，只能从主观角度评估，但其效果是毫无疑问的，这可以从报刊中透露出的岛内外学生的频繁互动中看出。在此说明的是，有效果并不等于无限效果，其共同体的想象亦受到诸多主客观条件与因素的制约。第一，旅外琼籍同乡进一步模糊与淡化省界，提出市县界域认同的细分与"狭隘"的琼籍地域化倾向，琼籍学生刊物想象主题的高度聚焦，在某种程度上恰恰决定了其想象的范围与边界难以跃出琼崖的相对封闭性与局限性。第二，琼崖与外界间的交通和信息通信障碍，导致旅外琼籍学生获得有关家乡新鲜信息的困难度不小，进而影响想象养料的新鲜度。第三，居于文学场中被支配地位的高文学水平的琼籍学生共同体成员数量的多寡与能力大小，亦会影响想象的层次与丰富度。无论是 20 世纪 20 年代，还是 30 年代，琼籍学生刊物影响力和生命周期受制于领袖性质人物的缺乏。因为如果出现了具有丰富的、可以随时变现为经济资本的社会资源，或者具有超强的可以指导刊物健康运行的文化能力的人物，不仅可以给报刊带来一定的经济资源，还可以凭其文化影响力带领共同体与刊物走出琼崖区域范围，走向广东，乃至全国。因为只有具备打通不同地域间文化场的能力的人，才有救济自己文化场随时会失势的能力与可能。

第六章

专题研究之二：中共琼崖报刊的资本生产

中共在琼崖革命根据地"二十三年红旗不倒"的传奇经历，与旨在为其生产政治资本的革命报刊的大力宣传配合密不可分。在土地革命和抗日战争时期，革命报刊通过颠覆和解构策略，为苏维埃新政权和配套实施的土地革命运动提供生产意识形态政治资本；进入解放战争时期，革命报刊通过典型报道等方式，在坚持重点生产民主政府意识形态政治资本的同时，亦通过对党政军的巨大成就报道和公共服务信息提供生产绩效政治资本。

## 第一节　资本生产：一种分析报刊的新视角

布尔迪厄概括的基本资本类型主要有三种，依重要性排列为经济资本、文化资本和社会资本。实际上，权力的来源除了经济资本、文化资本、社会资本外，还有更为重要的政治资本。"政治资本指政党和政权所提供的身份、权力、资源以及由此而来的威慑力、影响力。"[243](26) 与个人的政治资本为党员身份或居政党中的职位高低不同，一个政党政治资本大小的衡量标准是该政党与群众情感距离的远近，即群众爱戴程度表征着政治资本丰厚度。为此，争取群众的信任和支持就成为政党毕生致力追求的目标。伊万·撒列尼在对18—19世纪中叶效力于沙俄的波罗的海德国人的研究中发现"文化资本的脆弱性"，文化资本一旦遇到政治冲击，就"变得毫无价值，至少是大为贬值"。[39](148)

作为基于地方、获得地方民众支持的琼崖党组织，正当性的宰制地位使其自然拥有较为丰厚的政治资本。政党对其核心资本——政治资本的生产与积累，归根结底是对政治合法性的争取。而作为"某个政权、政权的代表及其'命令'在某个或某些方面是合法的"的"合法性"，不一定是来自"正式的法律或法令"，也可以是得到了"下属"与民众"给予积极支持的社会认可"。[34](410) 目前对于政治合法性的讨论众多[244]，但国内学者赵鼎新结合中国国情概括的政权（国家）合法性三个来源理想类型引人关注。其在改进韦伯（Max Weber）的传统、魅力和法理三种经典类型基础上，从价值理性、形式理性和工具理性三个维度提出了意识形态合法性、程序合法性和绩效合法性。其中，把人的关注点引向价值理性和价值正义是意识形态合法性，包含韦伯的传统合法性和魅力合法性；引向形式理性和程序正义是程序合法性，即韦伯的法理合法性；引向工具理性和实用主义则是绩效合法性，即提供公共物品的能力。[245](23-24)一个政党从其诞生的第一天起，就需要为其存在争夺与生产核心的政治资本。民国时期内外交困的国民政府民心尽失，与此同时，充满希望的由弱渐强的共产党日益赢得民众的支持与期待。

政党生产与争夺其核心资本——政治资本，很大部分是通过报刊、书籍等文字传播进行思想观念、政治动员实现的，其中，党报党刊是主力军。本章依据的材料来源主要是1949年5月15日创刊的中共琼崖区委机关报——《新民主报》，它是由抗日战争时期的《抗日新闻》(1939年创办)改名而来的。从报名设计上看，其更名行动包含政治意味，显然是为了配合中国共产党新民主主义社会时期制定的政治建设任务，以及即将到来的琼崖解放事业。

从西方新闻专业主义的视角看，报刊场即新闻场，相对自主性地包含商业报刊场、专业报刊场与政党报刊场等次场域。商业报刊场、专业报刊场离文学场的距离要比政治场近，政党报刊场则相反，其新闻场明显微弱；但在革命战争时期或民族国家面临重大危机时期，整个新闻场离政治场的距离较以往更近。正如毛主席曾言："在一切为着战争的原则下，一切文化教育事业均应使之适合战争的需要。"[246](33)（民国时期琼崖权力场域分析结构如图6.1）

新闻场被政治场严重他律化的情况，在《新民主报》中得以窥见。如其第1期要目中显示：全琼人民紧急动员起来争取最后胜利（社论）、一切为了加速解放琼崖（专论）、什么时候解放琼（国内半月·琼崖半月）、坚决纠正惩办主义与享乐主义的错误思想（思想修养）、约法八章（政策研究）、随军见闻（通讯）、白兔乡长（文艺）、区党委关于党报工作的

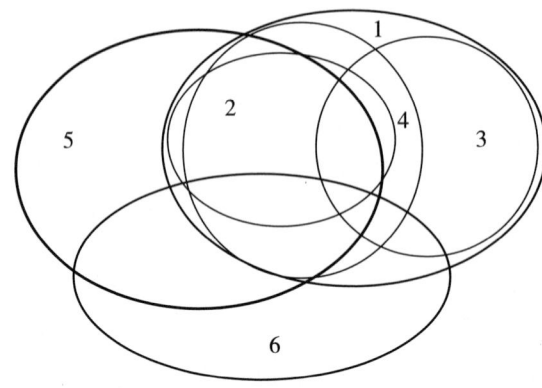

**图 6.1　民国琼崖权力场结构图**

通知（特载）、五四运动关于知识分子的出路（转载）。第 2 期要目：迎接胜利的思想动员（社论）、论通讯工作、加强反特务工作、不取民间一针一线（政策研究）、论共产主义的劳动态度（思想修养）、琼崖人民的学校（解放区介绍）、新区怎样进行双减（经验广播）、要老老实实为人民服务（信箱）。《新民主报》第 1 期刊出的《征稿简约》中说明，该报设有专论、思想修养、政策研究、经验广播、通讯、解放区介绍、文艺、习作、信箱等栏目，从栏目类别看，"经验广播""通讯""解放区介绍"应该是真正意义上的新闻，数量上占 1/3，但如果从内容细看，还是属于政治教育。如第 1 期中的"经验广播"栏目中有一篇题为《民工担架队的领导》的报道，主要讲作为新解放区的河南省商水县练西区的群众接受了转运某旅包扎所伤员的任务后，组织了六十副担架，奔赴前线，往返转运十多次，超计划地完成了任务，并创造了巩固担架队的经验。区政府解决该区民工怕上火线、不愿去抬担架的方法是：担架队大队部召集中、分队长开会，进行思想动员，用国民党匪军盘路商水抽丁抢掠奸淫烧杀的具体事实进行教育，以提高民工的政治觉悟。这使民工分队认识到，帮助解放军消灭匪军，就是为了自己报仇，为了自己永不再受匪军的蹂躏。此外还及时宣传前方胜利消息，这样更提高了民工的热情。在行军住宿时，干部常常以民工亲眼看到的事件来教育他们，就说怎样缴获敌人的东西来打败敌人，我军的英勇善战与光荣牺牲的事迹。[175](16) 第 1 期中算得上实质新闻的是《随军见闻》(通讯)，因此数量较少。

不过，从党报的属性看，党报毕竟不同于专业报刊与商业报刊，前者是所属政党的代言人，是集体的宣传者、鼓动者和组织者。(列宁语)共产党元老级党报工作者邓拓也认为，创立和发行党报，除了可以培养我们自己的同志外，还可以"在更大范围内培养进步的工农分子与广大群众在政治上的活动能力和领导能力"[247](267)。由此可见，政治资本生产是党报的核心任务。(如图 6.2 所示) 相对而言，党报中的文艺与纯粹意义上的新闻资讯分量较少，即使有，也还是要符合其政治生产的逻辑与使命。如第二次国内革命战争时期中共苏区中央机关报《青年实话》刊布的该报文章内容取舍标准，很大程度上取决于与机关中心工作的关联度大小。[248](278)

图 6.2　党报中的资本结构图

其实，中共琼崖党组织报刊的新闻政治化倾向，很大程度上是为政治形势所迫。"清党"后，中共中央紧急召开八七会议，接着中共广东省委部署全省的秋收起义，制订了各县市的起义计划。1927年9月上旬，中共琼崖党组织召开军事会议，在认真分析当时斗争形势的基础上，决定于当月下旬发动全琼革命武装和举行武装总暴动，并作出了以武装斗争来推动土地革命，实施武装总暴动的具体方案。[161](10) 但由于时间仓促、准备不足、力量薄弱等实际问题，全岛暴动目标未能按期实现。中共党组织认为致使群众未能充分动员起来的主要问题，是初始展开的土地革命未能取得明显成效。因为，党组织发现，尽管没收地主"一切土地"，分给群众，但后者"也不愿意去种，思想上觉得总是人家的东西，怕人家报复，纵使人家不报复也觉得拿人家的东西，名义上也不太好听。所以土改在琼崖当时来说只是口头上讲讲，始终没有踏踏实实付诸实行"[142](123)。要让底层被统治者突然接受"历史"大转移过来的"权力"，一时半会不敢相信。土地表面上是经济资本，但在土改中农民将其表征为象征资本，实质上乃政治资本，因为群众已经学会了将其他资本转换为政治资本的象征性表征。[42] 没收大地主和军阀官僚的土地及财产这种涉及农村"变天"的大事，无疑是需要拥有元资本的政府来主持的。群众普遍担心土改失败，分土地名不正则心不安。这是当时底层群众对革命组织的政治资本，以及苏维埃政府权威和共产党生命力以观望态度的一种直观表现。[249] 所以广东省委对琼崖全岛暴动失败批评为"不懂暴动战术"，未能广泛"发动群众"的根本是未能进行"广大宣传的煽动"，是极为中肯的。如果没有把群众动员起来"坚决地去与敌人拼命"，而"专靠红军去消灭敌人"，没有不败之理。要使群众"充分认识革命是与他有切身利害的关系"，"否则农民将仍以为这是国共两党之争"。而在当时，动员群众最迅速和最有效的途径，就是进行土地革命，建立苏维埃政权。[161](134-135) 省委早在1927年9月给琼崖暴动工作的指示信中，就明确要求切不可进行"纯粹的军事行动"，"须做广大的宣传工农政府"工作。好在不久中共琼崖党组织就深刻地认识到了，初期土地革命中未能把农民完全鼓动起来，使其对夺取政权的认识和要求不深，根本原因是宣传"未能普遍深入"。[160](1-2、31)

中共琼崖党组织从土地革命中认识到了宣传的重要性，更认识到了理论宣传和理性宣传工具报刊的重要性。首先面临如何解决群众中识字者的优先动员问题。中共琼崖党组织在给省委的报告中表示，大革命时期，民众迫于敌人压力而投降的情况十分普遍。[161](121)这种情况在20世纪30年代表现得更为明显。党组织在经历了1932年7月开始的第二次反革命大"围剿"失败后，苏区只剩百余人进入母瑞山革命根据地打游击。[50](15-18) 1937年党组织在给上级的报告中分析了在此之前群众革命情绪消极变化的严重性。"经过剧烈斗争的"琼崖群众，面对"革命遭受严重损失和敌人厉害进攻"，对革命"都有了不同的变化和表示"。部分苏区群众，"因为敌人压迫太厉害和革命数次的挫折"，而"对革命冷淡起来"，甚至站到革命的敌对方。占最大多数的群众"对革命并不表示反对，但也不参加反革命的行动，他们处处都表示中立，坐待大势的转变"，并强调琼崖大部分普通群众的观望是"现在所含有的共通病态"。[150](39-40)普通群众对新生的苏维埃政权认知有限，光靠少数革命者人际传播式的口头宣传效果迟缓且不显著，似乎只有加大可承担直接面对民众进行革命宣传重任的中介性识字革命者的教育和培养力度，才是较为理想的选择。

另外，如何保证革命队伍的纯洁性、党员的严密组织性问题，也就是如何解决党组织内部成员的政治思想忠贞问题。根除各地组织中少数同志在白色恐怖下出现程度不同的恐慌、动摇现象，增强政治自信和革命意志，是摆在当时中共琼崖党组织面前的一个急迫且严峻的问题。海口市委成立不久，大多数同志"不起作用，闻反动派戒严，都要停止工作的"，而"负责同志都很幼稚，很少自动工作"。以致普遍的不动主义成为当时琼崖党组织最大的危机。许多同志在失败主义环境下产生严重的右倾不动主义倾向，或者认识不到革命高潮已经到来，或者干脆等待革命高潮到来，或者幻想避免斗争爆发。不仅海口、定安、澄迈、陵水等县对党意识薄弱的同志甚至出现"为敌做向导"的恶劣行为。省委认为，这些倾向都是由于缺乏党的正确路线和政治主张的指导所致，并对同志缺乏信念问题的认识是，"其中有些还有希望者，只是根本未受过党严肃教育"，"可以详细去宣传教育他们，使他们仍跑上战线"。[161](170、172、299、290-291、300、179、188、182-183)

省委把琼崖同志的上述问题根源归结为未受训练或训练不够，进而"对党认识力自然薄弱"，或对党认识不甚明确，故而一旦"政治环境恶劣起来，就无法维持其奋斗勇气，甚至有些灰心到降服敌人"。强调在抓党组织建设过程中，一方面"必须加紧党的训练"，在追求数量增长的同时，也要重视质量；另一方面，党争取群众支持、赢得群众信任的主要方式还要靠宣传工作。要扩大亲党群众的规模，只有扩大党的政治宣传，深入党的政治宣传。省委进一步认为，琼崖欠缺对同志的训练和群众的宣传，而土地革命之所以宣传不够深入，问题就出在全岛"没有一个出版物"上，"这是如何的损失！"为此，指示琼崖须有"政治宣传鼓动的刊物，三日或周刊经常出版"，宣传内容集中在"注意揭破资产阶级改良欺骗宣传的面具"，"必须推翻国民党的统治，建立苏维埃政权"等内容方面。根据需要集中宣传党的政治路线、工作路线、党的策略、政策主张等迫切要求，不久，中共琼崖党组织就出版了《琼崖红旗》等四种以满足组织内党员革命理论和政治教育与学习需要，以及《平民小报》等三种适合一般群众读者兴趣，多是地方政治宣传的党刊。[161](215、290-291、302、324) 中共琼崖党组织在土地革命时期的报刊活动，没想到竟成为同时期"广东党的出版活动最兴盛的"[19](110)。

当然，革命报刊的作用不是仅仅局限于党组织内部的。作为开始主要存在于党组织内部，充当学习与文件性质工具，革命报刊优先满足内部成员的政治教育，同时鉴于组织成员的革命领导者和先行者角色，那么随着革命范围和革命队伍的扩大，最终还要承担革命群众化的践行者角色，跃出组织内部。所以，组织内的"各县、市、区委、支部"等有阅报资格的同志，既是报刊宣传的主体对象，也是连接报刊到达普通群众的中间纽带。抗日战争前，中共琼崖党组织通过分级分层指导方式，利用报刊对广大普通民众进行新闻传播和政治教育。

深刻地认识到了革命报刊首先存在于组织内的"革命"使命，进而依靠识字同志的帮助实现下沉至民众的目标后，接下来具体分析革命报刊的政治资本生产操作。"清党"后国共决裂，中共琼崖党组织开始放弃之前的继承策略，旗帜鲜明地采取颠覆策略，正式打出共产党的旗帜。"过去我们在农民群众工作，多系打着国民党，但以后我们应坚决地用共产党去公开领导，用斧镰红旗。因为国民党……已毫无领导革命的意义了。我们必须使广大农民群众，团结在本党之周围，在高喊'拥护共产党'热烈的呼声中，去进出土地革命的火焰！"结合暴动后要"使苏维埃成为一种新的形式政权"等宣传工作要求[161](58、52)，琼崖党组织迅速创办了一系列以小册子、传单等形式，以大力宣传马克思主义意识形态和苏维埃政权为目的的革命报刊，迅速完成了对共产主义及苏维埃新政权认知的下沉和渗透。这也是"在琼崖的统治阶级急遽动摇，群众斗争日益接近直接革命形势下"，把握政治方向创办《琼崖红旗》"更有严重的意义和任务"之所在。具体而言，就是要实现使琼崖群众真正认识到："琼崖苏维埃政府是琼崖工农兵以及一切劳苦群众的政府，它是代表工农兵以及一切劳苦群众的利益，领导琼崖广大劳苦群众向反动统治国民党政府阶级斗争的唯一集团。"宣言代表中共琼崖党组织的《琼崖红旗》，力图以布尔什维克的态度，和广大群众建立起亲爱的密切关系，并能与之讨论政治形势，进而达到充实革命主观力量的政治资本生产目的。[182](1930-07-10:1) 为配合土地革命时期建立苏维埃政权的最主要工作，革命报刊反复地向民众宣传灌输苏维埃为唯一合法政权，构建唯一领导者形象。革命报刊力图面向民众建构起的苏维埃形象是：新的国家机关；工农的武装力量；和群众紧密联系；为民意而选，随民意而换；是人民选举代表，同时有五法行政之权；没有官僚主义，能促进深入群众的改良；是被压迫的工农阶级中最有觉悟最努力最先进的部分之组织形式。[183](17-18) 为完成民众对共产党基本认知和苏维埃政权合法性的建构，"党性成了这一时期革命报刊的突出特征"[184](249)。

新生的苏维埃政权迫切需要共产党领导一场轰轰烈烈"改天换地"的土地革命运动来培植威信。这不仅贯穿于广东省委对各地纲领性的宣传要求中，如1927年9月，省委在发给各地暴动后的工作大纲中，除了要求做到使工农及一般平民普遍爱戴工农政权、开始了解苏维埃的意义及其作用，普遍认识和拥护本党政治主张外，还要百姓对土地革命意义有普遍认识[161](52)。同时，也将此要求具体落实到了中共琼崖党组织的报刊宣传中。如《政治》就专列"实施土地革命"一章，来对实行土地革命的必要性进行解析。文章首先指出了农村土地传统占有者对国家发展的巨大阻碍作用，地主豪绅就是横亘在新中国民族解放事业道路上的一块巨石，是"帝国主义剥削中国的最稳固的基础"。所以，"不推翻地主豪绅阶级的统治"，就不能推翻帝国主义的统治。而要推翻地主阶级，就要依赖"占着中国国民中百分之八十以上"的基层的农民阶级。但要解放中国农民，就必须彻底实行土地革命，在土地革命中进行农民运动，"没收地主阶级的土地"交由农民会议或苏维埃处理。[185](28-29)《政治》中的文章从民族主义出发，铺设着一条打倒帝国主义就须推翻地主豪绅统治阶级，而要推翻后者就必须借助于具有强大数量优势的被统治的农民阶级，而要调动农民阶级起来造反的积极性，只有以被农民视为命根子的土地为革命目标才能成功的政治逻辑轨道，进行意识形态政治资本的生产。

中共琼崖党组织因交通与当局报禁政策制约，使得岛外党内政治报刊输入风险很大，而岛内生产又面临人才、技术设备不足的窘境，宣传报刊的"组织内党报"存在到琼崖解放之际，准备迎接新使命的中共琼崖党组织依然面临着文化和政治教育的严峻问题。这可从读者写给《新民主报》的一封信中看出：

> 编辑先生：今天战争胜利行将到来，我们军队也随着日益壮大，因此干部也一批批地提升。谁都知道，我们的战士与干部，出身多是工农，文化水平一般都低，所以他们被提升担负政治工作后，感到许多困难，特别是对党的各种文件的阅读与学习上的困难；加上党的文件写得深奥，政治机关对下级指导帮助又不够，使他们由困难而苦闷，工作情绪下降，对军队中的政治工作妨碍很大。因此，我希望领导上设法迅速提高军中工农出身的政治干部的工作能力与文化水准，尤其对于党的重要文件，今后政治机关尤应深入具体帮助，使他们更易于学习、了解与掌握。这样，就是对外宣传也是有利的。[175](1949-05-15: 37)

琼崖党组织报刊如何生产政治资本，我们试图从报刊内容的文体样式分类入手，以展现政治价值程度、多少为标准，依次从社论（专论）、典型报道、标语口号和诗歌戏曲等来论述。

## 第二节　社论：给人民以希望

从每期《新民主报》的要目中可知，社论是绝对不会少的，且通常占据第一、第二篇的位置。代表党报意见、态度的社论，会旗帜鲜明地传递所属政党和政府的声音、意志与路线、纲领、决议，塑造着党和新政府的既定形象。布尔迪厄认为，在场域斗争策略选择中，一般来说是新进入场域者或说挑战者采取的是颠覆策略，即通过符号斗争，"将自己区隔为场域历史的真正继承人，而把对手区隔为落伍者，并试图将他们放逐到场域的边缘"[45](115)。国民党当局政治上的无能与无力，给共产党带来了政党建设的希望和机会。民众对于当局的深深不满与普遍失望，对时局的巨大恐惧，在地方琼崖当局机关报《琼崖民国日报》（1935）本是充溢喜气气氛的元旦特刊中暴露无遗。如署名"国材"的读者在题为《新年的感想及其希望》中写道：

> 当此新旧交换，万物回新，数点轮化，人间岁改之时，中华民国，又加一岁矣。我们对杜子美诗"国破山河在，城春草木深"应有何感慨也，虽然，我国依然中华民国，依然世界上一独立国，然观诸□□，却有不然者。沦地且年而增，边疆为外人把持，国内经济崩溃，农村破产，无衣无褐之民以度岁者，可胜言哉！值此元旦之来临，亦即春之将至，东省河山依旧，而人事全非，引首东望，惆恨何如，四郊草木早绿，桃李争妍，万物咸贺得时，勃勃有生意。回顾国内何如，暮气沉沉，满目烟瘴，青年们自暴自弃者有之，人民之流离失散，冻死

路旁者有之。质言之，即人心如醉如变，长梦不醒，不知国家为何物，唯己利之是求，唯门前雪是扫，宛似一碗散沙，尚有何作为，先哲有言，"哀莫大于心死"。苟人心一死，则万事无为，国家安有振？而民族安有所属？外患安能不生？而四邻安能不加压迫？[49](1935-01-01: 7)

就是该报的社论主笔，对国民党的治理结果和治理能力也是悲观至极。如剑平《回顾与前瞻——代发刊词》中：

> 日月易迈，岁序又新，国事沧桑，世运益厄！回顾既往，弥增伤感；瞻望来兹，益用忧惧。际兹元旦，洵有不能已于言者。
> ……回顾国内，一年来政府虽曾以绝大决心，通令废除苛捐杂税，并以最大之努力，勘定闽乱，肃清湘鄂闽赣诸省共匪。然而，海关税则之修订，川黔两省之告急，战区及康藏之纠纷，对伪通邮通车之实现，以及国联非常任理事国之落选……凡此又适为不良之现象。至于人民方面，举国徒忧怨悲愤于天下国家而相率自暴自弃以苟且佚乐。受旧文化之熏陶者，徒致慨叹于世道人心，自甘朽腐，自趋丘墓；受新文化之洗礼者，革故有余，鼎新不足，殉其躯壳于物质之桎梏，溺其心灵于享乐之狂流。嗟呼！东北之失地未复，国家之祸患正殷；政府整个雪耻御辱之计划，人民亦未有国家民族之观念。上下泄沓，国亡无日，庆祝元旦云乎哉！[49](1935-01-01: 特刊第一版)

场域就是对资本的争夺与维持。党报要为政党争夺政治场中的政治资本。竞争者之间的资本角逐充满着无情的斗争，乃至你死我活的血拼。政治资本的争夺就是政党纲领和价值观的符号化斗争。通过抗日战争赶走日本侵略者后，国民党拒绝和平团结，主动挑起内战，试图搞独裁的本性暴露无遗,为了建设独立自由与富强的新中国,在时刻警惕国民党的反动宣传,揭露其虚伪和欺骗的面具,急需要向群众传递共产党的声音,让群众分清善恶、敌我,避免上当受骗。中共在解放战争时期的宣传任务,正如毛主席在中共七大闭幕上提出的,"使全党和全国人民建立起一个信心,即革命一定要胜利。首先要使先锋队觉悟,下定决心,不怕牺牲,排除万难,去争取胜利"。同时还要"使全国人民群众觉悟,甘心情愿和我们一起奋斗,去争取胜利"。[250](1001-1002) 琼崖党组织在1949年10月21日的政治攻势工作指示中表明,解放战争时期琼崖党组织的宣传中心就是:新中国的诞生、中央政府的成立、国民党最后死灭时间的来临、琼崖解放即将实现;强调这是国民党立功自赎人员的最后机会,是全琼人民争取最后胜利的时候。[194](233) 即,希望宣传达到的政治效果是:宣传中共中央政府成立的伟大历史意义,国民党灭亡的不可避免,以及对欲自赎自新的国民党成员的劝诫和争取,还有对琼崖即将解放的希望与参与解放事业的坚持。在1949年这个具有重大转折意义的历史时刻,在全国解放形势大好,琼崖解放趋近,但琼崖仍处敌强我弱的情况下,党中央要求琼崖党组织继续保有"胜利信心",在局势上"蔑视敌人"。[194](10) 要保有胜利信心的不仅针对琼崖党组织,更是指向琼崖民众。

　　承担着为琼崖党组织生产政治资本任务的《新民主报》,在文化资本积累的形式中,更多的是于国共两党的竞争中争夺和生产政治资本。《新民主报》在社论中明确指出党报的政治使命:"有时是代表党分析形势提出任务的,有时是反映党的思想评判工作的,有时是传达党在特定时期的斗争方针的,有时是宣传党的重大政策的。"[175](1949-06-15:38) 在第1期的《全琼人民紧急动员起来争取最后胜利》社论中,明确告诉琼崖民众,即将全国解放的大好形势,国民党反动派的失势不可避免,琼崖离真正解放指日可待:

由于南京国民党政府拒绝签订和平协定，决心继续反革命战争，不允许中国人民用和平方式解决国内问题，妄图阻扰中国人民解放事业的推进。英勇无敌的人民解放军便横渡长江，进军华南，仅三天的时间，就全部摧毁了国民党反动经营了三个多月的长江防线，解放了国民党二十二年反革命中心的南京和江南许多名城重镇，人民解放军正长驱直下，扫灭残敌。南京的解放宣告国民党反动统治的死亡，反动匪首已一哄而散，整个组织土崩瓦解，残存江南的五六十万匪军将迅速就歼，美帝国主义已懊丧地说："国民党就要灭亡，美国无能为力。"人民解放军很快就要打到广东，整个华南的解放，仅仅是极短极短时间的事。这是一个空前急剧突变的形势，孤军奋战了二十余年的琼崖人民民主革命，就将和国内的友军汇合，不可一世的琼崖国民党反动势力，真正的末日已经到来，琼崖人民解放指日可待。……[175](1949-05-15: 1-2)

琼崖人民政府主席冯白驹在《一切为了加速解放琼崖》专论中，更是气贯长虹地直接指出，"解放全琼的时间，就快到来了。我们确信，从今天起半年至一年的时间，就可以获得全琼解放。这不仅是革命阵营与全琼同胞有了这样信心与决心，就连琼崖的蒋匪统治集团亦不得不承认了"。并强调，"我们共产党人，琼崖人民解放军与全琼人民的当前任务，是在一切为了加速全琼的解放，建设新民主主义的琼崖"。在社论中，冯白驹指出，琼崖人民进行的二十余年革命战争，"在今天来说，是发展到最后战胜敌人，获得解放，苦尽甘来的前夜了"。冯白驹列举了全国日益向好的发展态势：解放军百万雄师胜利突破了国民党的长江防线，解放了南京。在全中国解放指日可待的情况下，琼崖的解放战争亦呈加速状态，在这短短两个月中的春季胜利攻势中，取得了"歼敌正规军一个团，地方武装一个团"，"毙伤俘伪县长、代县长、团副、副总队长以下官兵一千七百余人"的辉煌胜利，展现了"琼崖人民解放军攻势的强大与无比英勇"，以及"敌人在作战中力量的脆弱与溃败的加速",造成"蒋匪整个琼崖统治已起极端动摇与急剧崩溃,人民斗争情绪空前提高,参军参战,支援战争的运动,正在全琼每一个角落掀起狂热的怒潮,每个琼崖同胞已在摩拳擦掌,热烈地参加解放全琼解放自己的伟大而神圣的战争,这种情势,说明全琼的解放正在加速着"。冯白驹的专论还告诉大家,琼崖的解放事业,不仅是琼崖共产党、琼崖人民政府的责任,还有得到"各民主党派,各人民团体,国民党中的爱国人士,全琼的社会贤达,以及琼崖侨胞"的倾力支持。[175](1949-05-15:3-5) 即,琼崖的解放是大势所趋,势不可当,民心所向。

如果说之前的几篇社论传递出有关琼崖解放的消息相对笼统的话,那么在全国各地陆续解放的大好形势下,偏于一隅的琼崖何时解放是琼崖人民最为关心的事。为此,"琼崖半月"栏目刊出长文《什么时候解放琼?》,具体回答了这个问题。文中指出,琼崖人民领袖冯白驹同志已经极明确地说了,"只需半年至一年的时间,便可完全消灭琼崖国民党反动残余势力,解放全琼崖,并可着手于新民主主义的建设"。这个估计不是随意得出的,是谨慎精细得出来的。依据就是"在琼崖人民解放军不断壮大发展和一往无前的攻势作战下,敌我力量对比将急剧变化,今天琼崖人民解放军的威力,在于歼灭敌人的有生力量,不在于一个城市和地区的争夺,但是在歼灭敌人到一定程度,解放军将以压倒的优势歼灭一切残敌,解放所有城市。……半年至一年,甚至比预料的更短的时间,自由的阳光将照耀着人民的琼崖"。文章开头指出,琼崖人民解放军"正继续扩大展开攻势","像春天的太阳一样,带给琼崖人民无限的生机";而"国民党匪帮被打得落花流水,反动统治陷于土崩瓦解的时候"。文章以人民解放军在琼西南打得敌人溃不成军,获得空前胜利为例,通过摆事实讲道理,用数据来证明琼崖解放军有力量反抗敌人、保卫人民,等待敌人的只有投降和被消灭的命运。如琼西南人民解放军在"十天中,解放军的攻势有如摧枯拉朽,所向无敌,被俘的敌人四七六团第二营营长龙礼昌,对解放军力量的强大、配备的精良、动作的迅速、纪律的严明、士气的高涨,觉得非常惊讶和佩服,(此处有四字难以辨认)国民党军队其他中下级军官一样,完全(被)蒙在鼓里罢了,琼崖人民解放军在数量、质量上的提高,不但不能和过去相比,而且也不能和去年秋攻相比的"。具体战况为:

> 四月十七日,拿下来石碌铁矿区,歼灭了匪军二个自卫中队、一个矿警中队、一个排又一个重机班的正规军,白沙匪县府从此完蛋;当石碌解放战进行时,匪一五九师四七六团从昌感集中了五个连以上的兵力,想援助一下,可是到达报板时,石碌之战已告结束,匪首周克诚恐惧被歼,正想抱头鼠窜,但解放军比他想的更快,二十日将匪军全部包围于据点中,匪军恐慌万状,毫无战意,三番四次夺路逃命,但在解放军强大的力量下,除了匪首周克诚及少数匪军漏网外,大部分被歼;二十二、二十三两日,解放军先后将热水、东方、广场的匪军重重包围,匪军毫无战意,自动向我军投诚的达三个连,困守东方之敌,也于二十七日全部就歼。在这十天的作战中,解放军歼灭了匪军一五九师四七六团两个营、一个匪县府、一个自卫总队部、二个自卫中队、一个矿警中队、一个联防队、六个匪乡公所及其自卫班,毙伤俘虏匪军团五十名,缴获八一迫击炮一门,轻重机关枪六十四挺,掷弹筒枪榴筒二十九个,长短枪五百二十九支,子弹七万发,无线电台一部。[175](1949-05-15: 8-10)

政治场中位置的争夺凭借的是军事力量的强弱,有枪就有话语权。在琼崖政治场中,陈济棠、容有略、许冠英这一批国民党军官无疑此时是失意的,被排挤到如此地方,自然是不自愿的,"到琼崖来出演这一幕压轴戏,自己并不是不知道是一份苦差"。对于这帮抱着"有官做总比没官做好,托庇美国老子和南京政府,在琼崖捞一笔逃亡资本总是好的"观念的军官们,"琼崖人民解放军却不客气地报以老拳,把地方军和捉壮丁编起来的'大军'还未成样,已被打得一塌糊涂"。现在"被解放军打了二个零月,现在开始所谓'部署'了,除一三一师照原防守琼、文、东、定、乐、万、陵等县外,一五九师师部开来那大,四七五团开去新州旧州收复'失地',占回两座孤城,四七六团只剩下二三百残兵败将,就收回海口'整训''改编',调了保七团补编为四六七团来北黎,这就是蕃岭堂的新作为"。[175](1949-05-15:8-10)

当然,打击敌人士气,鼓舞我方士气,继续揭露敌人的不断溃败和狼狈也是可取的宣传策略。如《山雨欲来风满楼》中所言,"琼崖国民党反动派的头上,正笼罩着一片厚厚的乌云"。"整个琼崖国民党统治区,正是山雨欲来风满楼的时候。"在人民解放军南渡长江之前,"蒋介石和他的死党已经看到没有什么阻止中国人民胜利的力量了,他唯一的希望,就是利用地方上的封建势力,组织起一些残余力量,这样,本来已经是残尸鬼魂的封建残余……薛岳、吴奇伟,粤系的余汉谋,就平分了广东的春色,落水鸡的陈济棠,亦拉了黄国书、林翼中、利口宗来占领琼崖,这群狗东西是饥不择食地乱抢乱夺,总之有一块骨头咬到嘴里就好"。李宗仁、白崇禧逃到广西,张发奎、薛岳、余汉谋、陈济棠手里有的仅仅是残留空招牌的刚改编的十来个保安团。

尽管琼崖人民解放军打得这样凶,丧音讣告接二连三送到海口,陈济棠那里有心管这多,从四月初飞到广州,一直未返,他的部下也很知趣,趁早剥削一点以便逃之夭夭,谁还有心管这多闲事,军事部署更不必说,除了四七五团出动一下新州,就匆匆搬返临高那大一带,一三一师再演一下炮击内洞山外,还有什么新花样。整个国民党统治区,从各阶层人士到国民党人员,都是静静地等待着,那越紧越密的乌云,那越吹越紧的信风,那闪烁着的点火,暴风雨就要来

临了。[175](1949-06-01:18)

在《破碎的救生艇上的丧家狗》文章中，展示了敌伪政府仓皇逃亡的凄惨景象，居然逃来琼崖。数量庞大的官僚机构居然落魄到琼崖这么荒凉的地方，命运实与丧家犬无异。

在广州的伪政府人员纷纷逃命的时候，琼崖居然又成为一条救生艇，一条破碎的救生艇。蒋介石的死党们大部分是逃往台湾，各个地方军阀政客和蒋介石少数死党是逃往重庆，剩下了粤系军阀政府想来想去总没有一条路去，东江、西江、南路都不是路，还是琼崖好一点，至少隔一条海峡，过得一天是一天。

所以，荒凉的海口最近十分热闹，从五月到现在，每一艘轮船都挤满这批丧家狗——官僚、政客、党棍和他们的眷属及搜刮民脂民膏的财物，据伪广东省府各所属已派韩汉英来琼主持后方办事处，准备一条"后路"。

这批丧家狗拥挤在海口，除了房租高涨，物价腾贵外，亦给琼崖的反动匪徒带来了无限的恐慌，因为这些逃难大军所到之处，就是那里的国民党反动统治要完蛋的时候。[175](1949-06-15:17)

在《夕阳无限好 可惜近黄昏》中，戳穿国民党在海口的中央社和反动报纸吹牛皮，"鼓吹什么自陈济棠来琼以后，已有二千军的王牌军，现在还要增加一倍的陆军，空军机队就要来琼崖，海军亦要来"。"要在二个月内完全消灭琼崖'共匪'，哎哟，这还了得？可惜这些牛皮有案可查，韩练成吹过，蔡劲军吹过，韩汉英吹过，这次是四版出书了，吹者虽不怕辛苦，但听者都厌到不愿再听。"至于说国民党琼崖的所谓"正规军"，仅仅是两个人数不足的新兵师。陈匪济棠最近还想将被占县下的四七六团第一营和新兵编两个团的警卫队，除外就只有崖县二个总队的要塞守备队。"当然，今天以逃命第一为宗旨的反动残余军队，有多少逃来琼崖是可能的，但是这些'逃难大军'除了给琼崖人民解放运来一批武器以外，还有什么作为？拿来吓人不是更加笑话？"[175]（1949-06-15：18）

被建构的群体越特殊，排他性就越强，可获得的政治资本价值就越大。为对国民党旧政权进行解构，揭露其虚伪面目，党组织在小册子《政治》中专设"国民党的真面目"一章，细以"国民党的历史""国民党所谓革命方法""国民党的三民主义""国民党军阀战争""国民党的派别"等小节进行解构。通过对国民党反民族独立、反民众利益的异端政权进行解构，树立起积极争取民族独立和民众利益的新政权苏维埃建立的正义性。如此强烈的二元对立符号斗争势必动摇国民党政权的威信，销蚀其政治资本；而随着民众对共产党领导的苏维埃政权的认可与拥护，与之匹配的政治资本亦逐渐累积。

由此可知，此时期的革命报刊政治性极强，创办目的就是增加支持与参加革命的主观力量，内容完全定位于政治灌输和政权建构。这可从革命报刊目录中窥知。如1929年12月10日出版的《政治》主要内容为《人类社会进化史》《怎样巩固革命人生观》《资本主义与帝国主义》《马克思主义的根本理论》《列宁主义》《国际帝国主义与中国》《国民党的真面目》《中东路事件》《反对军阀战争》《实行土地革命》等。1931年11月5日出版的《琼崖红旗》（第13期）主要文章有《反对日本帝国主义转东三省群众武装占领城市宣言》《日本帝国主义武装占领东三省杀工农与我们严重任务》《纪念十月革命与反帝国主义国民党进攻苏区和红军》《纪念十月革命和反对帝国主义进攻苏联》《卫国苏区与肃清反革命派别》等。1931年12月7日出版的《布尔塞维克的生活》（第6期）主要文章有《公开路线的策略的实际运用》《建立模范支部》《轻骑队的组织和责任》《建立起指导机关的组织生活》《宣传鼓动工作的转变》《连列宁室工作》《提拔工农干部问题》等。1931年11月出版的《党校训练材料》主要内容为"中国革命性质及其前途""土地革命""国民党""苏维埃""武装暴动""革命人生观"等。可以看出,关于苏维埃政权和政治建设的意识形态政治资本生产几乎是成长时期中共琼崖党组织革命报刊的全部内容。

在《琼崖处在全面解放的前夜——冯白驹主席在庆祝广州解放大会上的讲话》中,冯白驹把广州的解放归结于"南下解放军英勇作战和毛主席英明的领导的结果","宣告国民党残余势力在华南挣扎企图的死灭"。广州解放的伟大意义是,"我们琼崖处在全面解放的前夜了!"并进一步确定"全琼解放,将在旧年的前后。要是我们努力得好一点,还可能到海口去过旧历年"。侥幸逃脱的残匪官兵,一部分在向我们琼崖逃命,会有人对争取加速解放琼崖的信心表示不强,冯白驹告诉大家不要"上琼崖土顽再次宣传'大军过琼'的当"。因为南下解放广州的大军迅速胜利进军,已形成对广东残匪大包围,"能够侥幸逃脱的,仅是残余的残余,而且是亡魂落魄逃命的残余"。因此,"全琼解放的形势完全确定了,我处在全琼解放的前夜"。[175](1949-09-30: 1-3)

在"社论"《完成最后埋葬残匪解放全琼的准备工作》中,再次强调:"国民党反动残余匪帮的最后毁灭的日子,是很快地到来了。"因为:

> 中国大陆,基本上宣告解放,成股的匪军消灭殆尽,全国九百五十九万七千方公里的土地,已有八百个十七万四千五百方公里的土地飘扬着胜利的红旗,全国四万万七千五百的人民,已有四万万六千零五十三万人民获得了解放,全国二千零五十三座城市,已有二千零十四座城市从黑暗走向光明,现在还在国民党反动派残余匪帮盘踞下的地方,仅仅是台湾全部、琼崖一部分和金门,定海等岛屿,国民党反动残余匪帮所剩下的残兵败将……是一个多么渺小微不足道的力量……完成统一全中国的大业,使我们的国家走向和平建设的道路,这是全中国

人民在一九五〇年坚定不移的任务。[175](1950-02-15: 1-4)

枪指挥党，有枪就有话语权。政治场很大程度上是军事场。军事方面的胜利通常可以占据政治场上的主要地位。故而政治资本很大程度上可以依靠军事胜利来获取。所以，党报对军事报道非常在意，从战胜敌人的捷报，到参军、援军、慰军新闻，无不能报尽报。在要求大家解决琼崖军民当前最紧急迫切的中心任务——集中全力来完成扩军任务时，对琼崖军民之间的关系做了一个回顾：

不错，琼崖人民从来是关心抚育自己的子弟兵团的，抗日战争时期不用说他了，单只人民解放战争的四年来，琼崖人民已经欢送了成千成万的子弟参加了琼崖人民解放军，现在，为了取得最后的胜利，为了真正的翻身解放，琼崖人民决不迟疑，决不痛惜，一定像过去一样，父送子，兄送弟，妻送夫，掀起巨大的参军热潮，不但把参军看成义务，而且看成对国家民族做上光荣的贡献。琼崖的青年的血管，永远地奔腾着革命的热血，从来把参军看作最大的荣誉，因而，为了琼崖人民的翻身解放，琼崖青年付出了多么巨大的代价，可是，琼崖青年所享受的荣誉，还有什么可以比拟吗？在今天，人民需要我们更多地挺身前线，我们的父母妻子盼望我们在最后神圣一战中立了千百不朽的功勋，我们决不辜负这些热望的！琼崖人民侵扰的子弟，是鄙弃醉生梦死苟且偷安的生活，是坚决反对给残匪驱策走上反人民的死路，一条光明的道路，就是走上前线，做一个光荣的革命战士。

现在，环绕在党政组织的中心任务，也就是动员千千万万优秀的青年到琼崖人民解放军中去，到地方人民武装中去，在过去，我们有不少的动员经验，应该好好使用起来，而且为了完成这一艰巨任务，还须创造更多更好的方法来。我们要求巨大的数量，但是也同样要求更好的质量，在动员中，我们不要满足于表面的数目字，应该精细审慎了解参军者的政治面目，不让一个奸细破坏分子混入解放军来；我们依靠的是人民的自觉的力量，应该多做一些耐心说服解释工作，应该展开热烈的参军竞赛，不要靠命令强迫，也不要马虎草率；我们过去的参军动员，大部分依靠了解放区和老地区，这一次，我们应该朝向新的地区，那里的广大人民是渴望着胜利，也期望在争取胜利中有所贡献，只要我们深入苦干，一定可以获得更大的成果。[175](1950-02-15: 1-4)

政党领导军队的成绩是最具说服力的，也是最容易被人民看作有实力的象征。与琼崖国民党军队节节败退不同的是琼崖解放军的节节胜利，在《空前胜利的一个月》中，继续扩大解放军战果，详细报告了琼崖纵队中琼西南、琼东南、琼南等几个方面军的战况：

> 总计四月份我军毙伤俘敌一五九师四七六团团副莫健贞（毙），第二营营长龙礼昌（俘），第三营营长陈德清（俘），白沙伪县长兼自卫总队队长赵克刚，白沙自卫总队副队长陈文才以下一千一百七十名（内俘尉级军官五十多名），另起义二十四名。重要缴获八一迫击炮一门，掷弹筒枪榴筒二十五个，轻重机枪七十五杆，手提机枪二挺，长短枪九百四十二杆，各种炮弹三百零八发，手榴弹三百五十七发，无线电台二部，电话总机一部……[175](1949-06-01: 19-20)

战果中的武器类型、数量、敌军数量和军官姓名等一一罗列出来，增加了群众的可信度，也让民众看到了敌人的惨败和我军的得势。

共产党的部队能打胜仗，帮助老百姓赶走无恶不作的国民党军队，自然会得到百姓的拥护和爱戴，而且，留下了的人民解放军与之前的国民党军队完全不一样，不是一支欺负老百姓的军队，而是留下来保护百姓、爱护百姓的军队，那自然得到了广大老百姓的好感和拥护。

琼崖共产党组织为了消除敌人对解放军的反动宣传，区隔自己与国民党队伍的不同，以及约束自己队伍，《新民主报》及时刊布对解放军的《约法八章》的解读，一方面安抚民众，另一方面可以让百姓时刻监督部队，增强民众对人民解放军的信任。文章指出，刊布的《约法八章》，是共产党在新区工作的指导方针，起到作为全体军民遵守的法律秩序的作用，除了反革命分子和破坏分子外，任何人（包括外国侨民）都要遵守执行。要求人民解放军和党政新区工作团在新解放的城乡大量张贴散发，利用各种场合向各阶层人民解释。在党内部，要将这个文件教育干部和成员，特别是人民解放军和新区工作团，应该切实深入研究掌握，参考政策研究提纲和过去经验，严格纠正过去的各种偏向，按照文件原则，在新区严格遵守执行起来。具体是：

> 在第一章里，人民解放军对各界人民（不分党派阶层、职业）的生命财产是一律保护，各界人民对人民解放军采取合作的态度，人民解放军则采取和各界人民合作的态度，但对于乘机捣乱、抢劫或破坏的反革命分子或破坏分子，则严厉惩办，这样建立起来新区的广泛的革命统一战线，打击消灭残存的反动势力。
>
> 在第二章里，人民解放军对民族工商业牧业是一律保护，决不侵犯，凡是私人经营的各行各业员工，可以照常工作，照常营业。
>
> 在第三章里，人民解放军对官僚资本一律没收为国家所有，凡是国民党反动政府及大官僚资本所经营的一切工商农牧业，均由人民政府接管。其中如有民族工商农业家私人股份经调查审定的，应当承认其所有权。在官僚资本企业中供职人员，在接管前，应当照常工作并且要全力保护一切财产设备簿册，听候清查接收。保护有功者，奖；怠工破坏者，罚。这些人员愿意继续服务者，在接管后，准予量才录

用，不使流离失所。

在第四章里，人民解放军对一切公司学校、医院、文教机关、体育场所，及其他一切公益事业，一律保护，不受侵犯，所有这些机关供职人员，可以安心照常工作。

在第五章里，人民解放军对待国民党人员，除万恶不赦的战争罪犯及罪大恶极的反革命分子外，国民党各级政府人员、警察、区乡保甲人员，凡不持枪抵抗，不阴谋破坏者，一律不加俘虏、逮捕、侮辱。这些人员要各安职守，服从解放军及人民政府命令，保护本机关一切资产档案，听候接收处理。这些人员凡有一技之长而无严重反动行为或严重劣迹者，准予分别录用，但对于乘机破坏、偷盗舞弊、携带公款公物档案潜逃或拒不交代的分子，则须予以惩办。

在第六章里，人民解放军对一切散兵游勇，应协助人民政府收容，他们必须向解放军或人民政府投诚报到，并所有武器交出，对于自动投诚的，概不追究，但对抗不交或隐藏武器者，即予逮捕查究。窝藏不报者，亦须受逮捕处分。以便确保治安，安定秩序。

在第七章里，人民解放军认为封建土地制度是应当废除的，但是必须是有步骤的，不是一下子就进行。应当先行减租减息，再行分配土地，这就需要人民解放军到达和工作一个相当长的时期之后，方可以着手。农民群众应当组织起来，协助解放军进行各项初步改革工作，同时努力耕种维持现有生产水平，逐步加以提高以便改善自己的生活和供给城市以商品粮食。至于城市的土地房屋，不能和农村土地问题一样处理。

在第八章里，人民解放军对一切外国侨民生命财产，同样加以保护。一切外国侨民应各安生产，保护秩序，遵守人民解放军和人民政府的法令，不得进行间谍活动，不得有反对中国民族独立和人民解放事业的行为，不得包庇战犯，和反革命分子及其他罪犯，否则当受人民解放军及人民政府法律的制裁。

最后，在布告上强调，人民解放军必须严格遵守三大纪律八项注意，特别是公买公卖，不取民间一针一线，各界人民亦须注意不要听信谣言，自相警惕。[175]（1949-05-15：14-15）

"不取民间一针一线"是人民解放军三大纪律之一，因人民解放军的坚定执行，获得了全国各阶层人民的衷心爱护，但是，许多人把它单纯地看成普通的政治纪律和仅仅是部队的事。为此，有必要认真解释一下什么是"不取民间一针一线"。文章指出，"不取民间一针一线，是爱护人民群众的利益，团结各阶级人民的起码的又是最重要的工作，是全心全意为人民服务的初步的基本的要求"。而一个不为人民服务的军队、政党、政府，都是以人民的血汗物资供其贪欲，在上者都是以鼓励部队人员勒索剥削人民的军队、政党、政府，所到之处，十室九空，鸡狗不留。但我们是人民的军队、人民的政党和政府，我们唯一的任务，就是维护人民的利益，就是为了人民，我们不拿不索要人民的任何东西，而且应该给人民以帮助，谁违反了，谁就会犯严重的错误，不拿取民间一针一线，这不是人民军队、政党、政府和人民事业中的第一等工作，一旦把这一工作做好了，将有利于其他的工作。为了让大家理解如何做到不取民众一针一线，文章举例推理：

怎样才算是不取民间一针一线呢？在这问题上，大家有一些出入的意见，好多人认为，我们军队和党政工作人员所到的地方，未经人民同意，不得乱取人民的东西就够了，因此，有些同志就留下了一条尾巴，认为人民心甘赠送的东西，这就不算是妄取。这样造成了个别干部违背政策纪律的现象。比如我们某些干部（特别是地方党政干部），在行动所到的地区，用感情拉拢一些地方人民，使人民送钱送食，许多人认为这是应该的，是靠"威信"得来的；又如许多新区中，由于旧社会的统治者造成了一种"规定"，在我们军队或党政人员到来时，地方的上层分子或保甲人员，就乘机向人民摊派财物，杀狗、杀鸡来招待，我们同志往往随便地接受这种招待；又如新区一些人民，对我军我党了解不够，心里存着害怕畏惧，尽量设法用些物资经济，来接近我们，个别坏分子，就利用这种机会，进行他的破坏工作。这些都是损害人民利益的。因此，真正的执行不取民间一针一线，必须做到，不论任何情况下，我们的军队和党政人员，不许私自接受任何人的物质、不管他是"赠送""慰劳"等什么形式都好……[175](1949-06-01: 9)

老百姓的拥护是重要的政治资本。从广义上说，企业家也属于百姓，不仅如此，企业家还拥有一定的经济资本，其影响力显然不能忽视，且统治区的经济活跃，对于政权掌握者来说也是乐于见到的。1949年，全国各地陆续获得解放，共产党陆续地在这些地区建立新生政权。琼崖解放在即，中共在琼崖的党组织也开始着手准备接受政权。其中如何保护好在琼的企事业是当时急需要解决的问题。"政策研究"栏目中，陈伯达的《不要打乱来琼的企业机构》，对于从四大家族为首的官僚资本企业及其他公共企业（工厂、矿山、铁路、邮电、轮船、银行……）中接管过来的官僚资本财产，强调要变为人民的财产，并使这些企业很好地继续进行生产，由为封建买办势力、官僚资本家的利益服务变为为人民的利益服务，乃是我们新民主主义革命的重大任务之一。对于接管如此庞大的、掌握国家命脉的官僚资本企业，且目前军事情况非常紧急，我们多数干部对于经营和管理大的工商业又还缺乏经验，因此是一个非常迫切而伟大的新的问题，需要好好学习：

第一，当我们去接管官僚资本企业时，一般地不要打乱原来的企业机构，就是说，不要打乱他原来的技术组织与生产系统，而要保持其完整。

第二，应该鼓励工人尽力保护，并责成原来在企业中服务的一切职员、工程师、技师、会计、监工等保护企业所有的财产（机器、房屋及一切资产）、文书、图表，不得有所损坏。除开少数反革命分子、破坏分子及劣迹昭著者外，凡愿意照旧供职的一切员工，应全他们照旧供职，支持原来的薪水和工资。如有在战争中逃亡及不能照旧供职的负责职员，其职务可由原来的副手顶替，或者从原来职工中挑选适当者充当。如没有十分必要，不应撤换原来的职工。

第三，由人民解放军或民主政府派出军事代表或政治代表，对于企业的经营或管理，实施监督。在特别重大的企业中，必要时设立监督部（或政治部），除派遣总代表外并分派代表到各工作部门和车间实施监督。但此项机构必须极其简单，人员的配备只限于绝对必要的限度之内，以免加重企业中财政的负担。监督人员的任务，主要为下列各事：一、监督并保障生产的进行；二、防止反动分子进行破坏及怠工；三、学习管理生产，研究企业中的技术问题与……[175]( 1949-06-15: 11 )

## 第三节　典型：塑造理想的人民

虽然国内学界对有关典型报道的起源论有争议①，典型报道的发展趋势也有争议②，但就典型报道在我国新闻报道中的特殊地位这点而言，是容易达成共识的。"典型问题任何时候都是政治问题。"[251](388) 其实，无论是起源于毛泽东思想，还是早期空想社会主义，确实都不否认其自带的政治基因。无论其是否会随着文明程度的提高而消失，还是会一直存在，二者都是在社会主义的框架范围内讨论的。而典型报道开始于抗日战争、解放战争时期，确实有着不可忽视的政治因素。

典型报道真正成为报刊重要内容始于延安整风运动，其主要特征是：报道的人物、单位或事件基本上都是正面的；报道直接为当时党的政治路线、工作任务服务。[252] 典型报道在特殊社会环境中发展起来，一定有其诞生的依据与条件，在根据地的场域中，一方面是在一定程度上被敌方"围困"，被限制于有限区域内；另一方面是如何突破这种被强加的制

---

① 以吴廷俊为代表的学者认为，典型报道发端于毛泽东思想，而以陈力丹为代表的学者则认为源于早期空想社会主义。参见张丹《〈真理报〉的历史变迁和经验教训》，《新闻与传播研究》2001 年第 3 期；吴廷俊、顾建明《典型报道理论与毛泽东新闻思想》，《新闻与传播研究》2001 年第 3 期。

② 以陈力丹为代表的学者认为典型报道是具体时代的产物，是落后社会的产物，随着文明程度提高而消失；而以朱清河（《典型报道：理论、应用与反思》，武汉大学出版社 2006 年版）为代表的学者则认为典型报道是社会所需要的，尤其是在社会主义国家，所以会一直存续下去。陈力丹：《淡化典型报道观念》，载《陈力丹自选集》，复旦大学出版社 2004 年版，第 157—165 页；《再谈淡化典型报道观念》，载《陈力丹自选集》，复旦大学出版社 2004 年版，第 166—177 页。

约，如何利用根据地内部有限的资源来维持党组织的生存，乃至进一步扩大地盘。从这内外两方面来看，保持内部的稳定要优于向外部的发展。换言之，在20世纪40年代，相对于国民党而言，共产党仍处于弱势位置，如何化解根据地面临的各种严重困难，是摆在领导人面前的急迫问题。其中，尽可能地"团结、整合其他社会力量既是中共的长远之计，也是当前要务"。所以，从历史情境和社会结构层面考察典型报道的出现是较为合理的思路。[253]黄道炫教授也发现，中共战时在根据地建立起来的垂直下探的权力体系和扁平式的群众路线，开始在先锋队和群众路线之间存在一定程度的紧张，但劳模运动的实施带来了转变，作为连接中共和群众的纽带，它能够带领群众向党靠拢。[254]即，党需要劳模这种中介来连接群众，拉近与群众之间的距离，而典型报道是见效最快的一种方式。

1947年9月12日，琼崖区党委在《关于党报通讯工作的指示》通知中，批评过去的通讯内容落后于现实斗争的后面，大多数稿件撰写陷入某种一成不变的模式化陷阱中，总体上"表现了那样贫乏无实力，对于反映现实指导斗争作用是大大削弱"。在党委给党报工作方向指示中，就包括"具体报道当地的工作典型例子""具体报道当地人民实行土地改革、发展生产、参军、参战、支援前线的典型模范例子"，"应侧重报道部队内部练兵、立功运动、政治教育、群众工作、俘虏工作、后勤工作的典型例子和经验，特别要报道英雄模范的事迹"。[170](204)在《新民主报》上，日记与书信写作都要求用政治标准来衡量，而典型报道则完全要求首先是政治典型。《党报通讯员与党报》也对通讯员提出要善于发现典型的要求：

党报要求党报通讯员，在出来工作时，除了跑机关，找下级之外，应多抽一点时间描述工农群众，特别是我们的积极分子和典型性的人物；了解与熟悉他们在黑暗中怎样生活，怎样追求光明，拥戴我党，盼望我军的到来，怎样走上求生存求解放的斗争……在部队中是要深入战士中，不仅写战斗上的英雄模范，而且是要写队内平时工作、学习、团结互助友爱，军民关系、执行政策等方面的英雄模范，在这类报道中应该从写人写事入手，实有其人、其事，有头有尾，有血有肉，有时间地点，最好经过实地观察，甚至亲身体验，眼看口问手写，而不是坐在指挥部内，或道闻途说，便就写来。[175](1949-05-15: 5-6)

《新民主报》也在《论通讯工作》中明确提出，"需要改变过去我们由于游击战争环境养成的一套很少有系统收集分析材料"，"对模范事物很少表扬"的很不好的习惯和工作方法。[175](1949-06-01: 3) 为此，还专门刊发典型征稿启事。

  琼崖人民在二十余年的革命斗志中，特别是六年余孤岛敌后抗战和三年多人民解放战争中，创造了无数可歌可泣事迹，涌现了无数英雄模范人物，但是在过去游击战争环境，材料无法搜集保存，深以为憾。现人民民主革命行将胜利，琼崖人民的英勇奋战史实不容埋没，特由本社首先征求"琼崖人民革命故事"及"琼崖人民英雄小传"二种，深望各地党政军及人民团体各界人民予以协助，热情写稿。现将简约录下：

  （一）题目："琼崖人民革命故事"或"琼崖人民英雄小传"。

  （二）范围："琼崖人民革命故事"是征求琼崖党政军民在土地革命、抗日战争、人民解放战争三个时期中，在某一地方某一时期所作出的可歌可泣的事迹，这不是写历史而是专写一件事实。"琼崖人民英雄小传"是征求在各个革命时期中，党政军人民团体的干部成员和老百姓所表现的英雄模范行为，写一个人或几个人均可。

  （三）要求：所写的材料要显著的，具体的，要真实动人的，内容第一，文字第二，每篇最长不超过二千字，一般以一千字为佳，投稿者每人可以自由写，尽量写，篇数不限，来稿请写真实姓名、地址及发表时的笔名。

（四）奖励：本社对应征稿件，进行评判，分别奖励，二种稿件第一名各奖光银五元，第二名各奖光银三元，第三名各奖光银二元，其余稿件一经采录，各奖光银五角至一元。[175]( 1949-06-01: 23 )

为了加大征稿力度，在第 15 期中刊发《继续征稿启事》，提出为录用稿件支付稿酬：

本社发起征集琼崖军民在革命斗争中的英雄模范事迹，承各地读者纷纷赐稿，至为感谢。除将取录的稿件名序及原稿公布外，特再向各地工作同志和社会人士征求琼崖革命斗争中的英雄模范事迹的稿，不论是土地革命时期、抗日时期、目前人民解放战争时期的事迹均可写作，写一个人、一件事均可，只要事实具体确实，事迹值得表扬学习，均合需要，希望各地工作同志认真深入采访，搜集材料，踊跃投稿；社会人士有清楚革命史实的，希望全力协助，以使会刊成册，以垂不朽。来稿一经取录，甲等每篇酬光银二元，乙等每篇酬光银一元，丙等每篇酬光银五角。[175]( 1950-02-15: 54 )

然而，收稿效果并不令人满意。从新二期发出了征稿启事，一直至 8 月底，只零零星星地收到几篇稿，哪怕延期三个月至 12 月，总共收到的稿件也不过 15 篇，尤其是"关于土地革命时期的故事，实在太少，哪怕一点一滴都是好的"。编辑在第 15 期的《编者的话》中说，虽然只是个开端，但效果"不满意"，"原因是太少了"。第二期开始刊载典型稿件通知，仅收到《保住机枪的两勇士》《爆炸英雄郭毅伸》《黄汉忠同志小史》《为民管家》等数篇典型人物与事迹报道。为此，《新民主报》决定进行第二次征稿,"希望各地党政军同志和社会人士,热烈应征,不要把这件事看作别人的事,或者只有做文化工作同志的事,大家都有责任把二十二年艰苦奋斗的史料收集起来,会写的就自己动手,不会写的就请人代笔,和革命老战士谈,和地方父老谈,总可谈出来,积极起来,就可以写作。我们的愿望是一定要实现的"。

编辑想"对读者说几句话",可能是担心还有读者不了解此次征稿的意义与意图,编辑首先再次阐明这次征文的动机和愿望。

> 琼崖人民在二十二年的革命斗争中,有着无数可歌可泣的事迹,涌现无数的英雄模范人物,这在中国人民解放斗争史上,都占着光荣的一页。可惜的是,没有人把这些事迹写出来,印出来,只有在一部分人的记忆中,或在一些人口头上传颂,但随着时间的推移,熟悉这些事迹的人,忘记的忘记,牺牲的牺牲了,渐渐地那永垂不朽的人物事迹,都淹没了,这是令人惋惜的事。我们早就想做这一工作,把这些英勇模范事迹搜集起来,付印成册,然而,我们知道得实在太少,太零碎,不依靠全党同志和各方面工作人员,社会人士的力量,我们是无法做好这一工作的。所以,我们就发起普遍征稿,我们希望大家尽所见所闻地寄来,集中起来就十分客观,我们准备编印成册,不仅可以保存琼崖革命斗争的一部分宝贵史料,而且可供给各方面革命工作者阅读,从这些人物事迹中,学习怎样为人民奋不顾身地战斗,寻求一个革命者应走的道路,我们觉得是十分有意义的一件事。

编辑想到供稿者和读者对征稿活动如此"冷淡",可能是大家遇到了对于典型报道选材或者写作上的困难,为此,在借助有限几篇算是"精彩的稿件"刊发之际,就评判原则做出具体说明,希望这种现场教学方式有利于大家接下来的典型供稿,扭转稿荒的尴尬局面。

如征稿启事指出的一样，内容第一，文字第二。所谓内容，就是所写的人物或事件，在革命斗争中的影响和作用怎样？我们不仅着眼于伟大的人物和轰轰烈烈的事迹，而且也不忘记斯大林所说的"小螺丝钉"和小事件，只要这些人事有前进的教育意义的，我们都不放过；其次在内容上，我们极力求其真实具体，生动有力，有典型代表性的，对于事迹模糊不明的或太简单的，我们尽量避免。在文字上，我们要求确切地体现出内容，要求生动活泼的形式来烘托出来，浅白清楚，也是十分必要的。在这些来稿中，有一部分实在写的（得）太差，最重要的缺点，就是缺乏具体的事实，使人看了没有留下什么印象，个别一二篇，对个别事件加以强调，但对整个革命事业上看来，就有许多问题，例如一个同志写的一个锄奸的事，说锄奸同志如何英勇和汉奸斗争，但他强调由于这件事就奠定了民主的基石，我们认为是夸张的，同时像这种事是太平常了，在革命教育意义也不大，所有这类缺乏具体事实和观点不正确的，我们只好割爱了。[175](1950-02-15: 55)

不仅是琼崖党组织机关报《新民主报》刊载大量的典型报道，琼崖党组织政治部所办的《建军报》也是如此，且后者同样对典型材料的寻取要求制定得较为具体，"各政工人员，热情寻取生动材料，新的工作方法、新经验，整军模范人物，写时应注意具体事实，好多事实，一点一滴都不要遗漏"[198](63-65)。

其实，无论是《继续征稿启事》，还是《编者的话》，典型事迹材料的征集确实很有必要。《新民主报》的基本对象是"乡（连）级以上干部、知识分子、教师学生及开明绅士"，"通过工农兵的干部教育以教育工农兵群众"；党委规定"必须有百分之四十的党报落入各阶层人民之手"[175](1949-06-15: 37)，这意味着该报的典型报道，至少有百分之四十的区内人民群众受到教育。这些通过典型"学习怎样为人民奋不顾身地战斗，寻求一个革命者应走的道路"的人民群众，是一笔巨大的政治资本。此外，典型材料找寻和写作，要求似乎也不高，《新民主报》对用稿的总要求就是八个字：内容第一，文字第二。内容即所写的人物或事件要在革命斗争中具有较大的影响和作用。另外，除了着眼于伟大人物和轰轰烈烈的事迹外，还应注意斯大林所说的"小螺丝钉"和小事件，只要这些人与事有前进的教育意义，都不放过。内容力求真实具体，生动有力，"有典型代表性"。而对文字的要求，做到生动活泼、浅白清楚即可。

《新民主报》中有一个栏目是"习作"，专门刊发非职业记者的来稿，目的是帮助这些习作者提高写作技巧，也让广大读者一起学习、互动。在第 7 期中刊登了一篇题目为《我们要向英模者学习》(作者少秀)，全方位还原了一篇粗稿是如何被编辑出来的。文章分为原稿、评话和修改三部分，编辑决定"除了一些个别字之外，我们是一字不改地登在前面，以让同志可以自由批判或展开讨论"。在"评话"部分，编辑在肯定这篇习作的主旨是不错——作者的目的是要发扬他的工作部门与同志生产支前的热情与成绩——的前提下。一方面批评了这篇习作里内容的空洞，我们看到的仅是这样的字目："热烈地拥护着这期的工作竞赛""在工作时奋不顾身的积极""其他股的同志也是同样地埋头苦干"，而看不见这些同志们热烈竞赛、奋不顾身、埋头苦干等的场面、情形、说话、成绩……作者是要我们（即号召一切的革命工作者）向他们的模范者学习，但是，从这篇习作里，我们除了知道几位模范者的姓名之外，却看不见他们模范的事迹与成绩（当然是因为作者不具体描写，并不是没有这样的事迹与成绩）。编辑认为内容空洞的原因就是作者不善于根据他的主旨去摄取材料，把很生动的事情描述出来。另一方面，编辑提出了一个非常严肃和普遍的问题，即初学写作的人的第一个毛病是，"写作是为了发布，直截了当说，是为了出名"。编辑郑重指出，学习写作的目的如果是仅仅为了发布，为了出名，"那是非常有害于己的"，"结果得不到发表，出不了名，他就永远不再学写了"。

这篇经过编辑之后妙手回春的修改稿是:

> 我们局里号召工作竞赛时,全体同志都很热烈地响应。每人的心都想着光荣的优胜红旗。在动员大会上,局长宣布说:全局是个别竞赛,各股也有股中的个别竞赛,各股长对股长也竞。这样,全局都投入热热烈烈的竞赛高潮中。
>
> 竞赛开始之前,同志们很紧张地布置、策划着自己的竞赛计划。竞赛一开始,每个同志都奋不顾身地工作着。子弹股的同志最紧张,他们连休息的时间都利用了。
>
> 竞赛时间满期后,全局开大会检讨竞赛工作,大家评议的结果,光荣的获奖者是陈克波、应科、黄标和膳食班的好凤等五位同志。
>
> 我们有了模范者,有了学习的好榜样,我们要向模范者学习。

尽管原稿文字病太严重,现在阅读起来有障碍,不好展示,但笔者认为,这恰恰就是琼崖广大读者的实际水平,因此,展示出来,可以让大家对琼崖党组织的报刊工作有个切实的认识。

> 在前次我们局里发出号召工作计划竞赛时,局里的全体同志们都很高潮地热烈地拥护着这期的工作竞赛。在各同志的心想中还是想争取股中,与个别的优点红旗,同时在大会上局长已发出宣布与写着标题地说,股有股中的赛,股长和股长中的赛,个别也有竞赛争取红旗。在各同志看着局部的标题号召下,同志们都极热热烈烈地响应欢迎着接头工作,各同志也很紧张地布置执行。在工作时奋不顾身地积极还是子弹股的同志们,他是没有休息时间的。在其他股的同志们也是同样地埋头苦干的表现积极。到了月尾工作结束满意后,全局就开

起大会讨论工作的结果。在股中是没有那一股得到红旗，结果在股长中是陈克波同志得到给奖。在个别竞赛中是有四位同志得到给奖，子弹股的应科同志，炮股的是黄标同志，修械股的周宝同志，膳食班的好凤同志。在这四位同志们，他们都是我们局里的模范者。同时在我们局里的同志们，我们也要牺牲一切的精神去努力学习工作，不怕辛苦埋头苦干地为着我们全琼的人民服务，切切实实地努力军火生产来支援我们前线的作战要求，同时也是为着我们全琼的解放事业而去奋斗，我们就要应该向着我们局里的模范英雄者的学习吧！[175]（1949-08-15: 36-38）

军队实力也彰显了它的话语权，实力不仅体现为军队数量的多寡，还包括士兵作战的英勇表现、百姓对军队的拥护程度、参军的踊跃程度等各项指标。虽然琼崖解放在望，但是仍然处于敌强我弱的位置，在敌人精锐部队数量、装备和通讯均优于我军的情况下，要激发我军斗志，政治动员是一大法宝，其中，树立典型是关键。琼崖党组织在1949年1月发布的《琼崖纵队政治部秋季攻势政治工作总结》中，为了做好战役动员，明确要求通过学习典型，树立自己计划，开展"立功运动"。开展"缴枪杀敌立功运动"，通过介绍战斗英雄事迹，各人报告自己的战斗立功事件，各人做好立功计划，具体办法是"从典型入手，拿出经验普及其他。首先在一个连队内先集中干部到一个班去，定出个人的立功计划"。

全班计划通过各人计划胜利去完成，各人的立功计划，更要具体按照各人的能力、工作岗位进行具体布置。德芬班长先提出缴步枪二支杀敌二名，为完成全班计划还要握紧全班人指挥射击；德坤机关枪手决定杀敌五名，和德生弹药手合缴步枪一支，在平时切实保管机枪，在战时做到打不着不打，远处不打，不瞄准不打；陈亚机手也提德坤同志一样的计划，德生、生强二弹药手，响应二位机手的建议，二人合缴步枪一支，并提出平时学会入弹和交弹，还要做到迅速保证不断地运送到机枪手去。大勋、和皇、文利三位新战士也互相商量，互相提意见，决定三人合缴步枪一支，杀敌三名，并立誓今后战斗紧跟班长，要镇定，动作要迅速，射击要瞄准，这是一个班的典型布置。以这个班的立功计划开军人大会起来评典型，批判好坏，找出做法经验后，普及到全连队去，做好全队的立功计划，把个人立功、全队立功计划结合起来，这件工作采用这个办法去布置是可能的。但干部执行就比较放松，全支队除光富队（一中）干部全部布置外，各队连队级干部大部分是没做个人立功计划的布置，普遍地进行的多是小连队级及战士，虽然后来补救，也做得非常不够，甚至有一些是没有去进行。[194](27-28)

《琼崖纵队政治部攻势作战动员大纲》（1949年3月）中规定，春季攻势为了达到提高政治威信，增强民众对琼崖解放胜利的信心，和扩大民主统一战线，增加民主团结力量，进而配合大军渡江解放琼崖，歼灭敌人的有生力量的最终目的。而要做到这些，就要求全体指战员和各部门工作人员，本着"英勇牺牲、积极负责、吃苦耐劳"的精神，和歼灭敌人的决心。[194](138-140) 在保证夏攻任务动员中，要求采取"争取英勇战斗模范连、团结模范连和爱民模范连等三面红旗运动"这个我们最锐利的武器；从上至下开展查思想、查纪律、查制度的三查运动；开展"红点立功运动"，人人订立立功计划，"努力争做人民功臣"。[194](184) 在1949年6月制定的《夏季攻势政治工作计划》中，提出"争取红旗工作"的政治动员模式。该模式将红旗分为两类：一种是以营为争夺单位的由纵队司令部颁发的战斗模范红旗，另一种是以连为争夺单位的由总队部和政治部颁发的团结模范连红旗和爱民模范连红旗。评判委员会由团各总队及纵队司令部、政治部派代表组成，负责收集材料和将评判意见发表在《火线报》上。争取红旗条件：（1）战斗模范营：完成任务次数最多者；作战表现最突出者；作战伤亡消耗最少者；作战俘虏缴获最多者；对缴获归公执行最认真者；瓦解敌军与俘虏政策执行最好者。（2）团结模范连条件：内部团结最好者；对友军团结、协助最好者；克服非战斗减员工作最好者；反特务工作最好者。（3）爱民模范连条件：对五不走、三不做工作执行最认真、最彻底者；结合民主方法最好，帮助民众最多，对民众影响最深刻、最普遍者；对城市纪律执行成绩最好者；宣传民众工作最好者。[194](187-189) 无论个人还是集体，立功是有奖励的。根据《中国人民解放军琼崖纵队立功条例》（1948年12月）规定，奖励有五种，分别是：传令嘉奖；荣誉称号（战斗英雄、练兵英雄、创造英雄、生产英雄、劳动英雄、射击神手、医务神手、供给模范、管理模范、交通模范、人民功臣）；记名；物资奖励；奖章、奖旗。[170](432)

守青和天啸写的英雄模范组稿《春攻中的三个模范连》，就是最为典型的部队典型报道。

荣获"英勇善战连"大红旗称号的是这次春攻中的七团一连。该连全体指战员在春攻过程中英勇作战，克服困难与危险，坚决完成任务。

该连在春攻中进行了四次战斗，其中一次是运动战，三次攻坚战，四次战斗都是完成任务。海岸岭争夺战是它最突出的一次光辉战斗，为全军所钦佩与学习。

海岸岭战斗，该连的任务是占领和坚守高岭，配合友军包抄消灭敌人。战斗开始，该岭被敌人抢先占领，敌人居高临下，猛烈地向该连射击，杀伤了许多同志，可是该连毫不动摇，处在劣势的地形下，沉着地应战。当该连连长高声地命令说："同志们……立刻抖擞着精神，冒着敌人猛烈的焰火冲上去，第一次，第二次，都不成功，不幸连长牺牲了，但谁也没有畏缩，在政指员的指挥下继续了第三次的冲锋，结果占领了高岭上的支撑点——两块大石头。可是政指员、党书记、第一、第二排长十多位战士冲锋牺牲与负伤了。

敌人也知道这高岭的得失，关系整个战斗的胜利。溃退了后，立即集中了所有的迫击炮、掷弹筒、枪尾炮，猛烈地向岭上轰击，炽烈的焰火把岭上的草木都烧焦了，该连的战士，要一面作战，一面注意用枪尾扫灭烧近身来的火焰。敌人是企图用焰火杀伤我们后，冲上来占夺岭顶的，这时，该连只剩下一个副排长羊本良和十多位应属各班的战士。（此处有十余字模糊不清）激动地跳出来高声地叫道："同志们，连长政指员都负伤和牺牲了，你们听我指挥，谁也不准动摇，死也要守住这个岭，为我们的牺牲同志复仇。"在这响亮的号召下，战士们更加信心地咬着牙根，集中了所有的手榴弹，顽强地迎接冲上来的敌人。有些战士奋不顾身地站起来投弹，有些跳起来和敌人肉搏，和敌人混打在一起。敌人投过来的手榴弹，战士乘着没炸的当儿，迅速地拾起来远投回去。在如此激烈战斗中，接连两次地击溃了冲上来的敌人，一直坚持在岭上直至友军增援到来。这时该连战士更加奋勇，配合友军给予敌人两次反冲锋，最后打垮了敌人，光荣地坚守岭头。该连在这次战斗中，反复地与敌人争夺阵地十余次，坚守作战……

荣获"秋毫无犯连"大红旗的是这次春攻中的东海部工兵连。该连全体指战员、工作人员在春攻三个多月中，连续战斗及艰苦行军下，都能够自觉切实地遵守群众纪律，真正做到"三不做""五不走"的守则。

该连每到一个驻地，不论三更半夜，首先就把厕坑挖好起来，其次就是打扫驻地清洁。驻南辰市、大园村、大城、王五市、乐群村等地时，更动员全连进行大扫除，感动了附近民众，连声称赞不已，并且凑上来参加打扫。在战斗间隙中，战士同志们都自动帮助民众打谷舂米、磨谷。邻乡曾经发动群众准备菜汤或白米粥，诚恳地请战士们解渴，都给该连战士们婉言谢绝。出发前也注意分头去向群众道别，不说话的，就写字道别。群众对他们都恋恋不舍，长山、大园、乐群村等民众，成群结队地送着队伍出村，还连声嘱咐以后再来。该连什务工作人员借用民众的东西，都很注意，一用完就送还。在这三个多月中，检查起来，只在东方村打坏了民众一个土埕，和一个战士在睡眠中失手弄坏了一个香炉，这两件事，领导上都及时地进行道歉和赔偿。驻土甫村时，某排已经打扫好一间屋子要进去住，发觉屋里有病人睡在客厅，该排战士怕搅扰病人，自动退出来睡在屋檐下，屋主见了心里很难过，把病人搬进房子里去，请他们连去睡。

该连战士和工作人员，经常寻找对象帮助，战士国星替一位瞎了眼的老人洗衣服，并挑满了整缸水。那位老人感激得很，叫小孩拿粮请他们吃，他们不肯接。老人感叹地说："真是人民子弟军啊！"玉民看护员见一位老太婆，老太婆进房里拿出存藏了许久的数十个铜仙送给她，她不肯接受，老太婆感激得流了眼泪。王五战斗后，该连驻在村里，见一间被蒋匪占据的屋子，所有的门板、床板都折起来做工事，屋顶墙壁都留有枪洞。该连立刻动员全体把房屋修整好，并且帮助屋主打扫清洁，屋主感谢异常，拉着战士的手说："你们比国民党好过几百倍。"该连指战员对年老的人很尊敬，常帮助他们劳动，战士镇祥、华兴在大园村外洗澡，看见一位民众很辛苦地挑了一担番薯，他们抢上去接过来，代他担回家。该连注意调解村中民众的纠纷，战士见到有人吵架，便会去拉政指员来调解，九所市有两位民众打架，政指员立刻劝解，围观的民众都骂那两位打架的说："不知趣，解放军来劝解了，你们还要打么？"由于该连群众纪律严明，帮助民众劳作，到处得到民众的爱戴与羡慕。兴营村有一位老妈一见他们就放声大哭，问她哭什么，她说："我的儿不是给国民党打死，参加你们军队多好啊！"

荣获"巩固团结连"大红旗的是东海部三团九连。该连在这次春攻的战斗过程中，表现出了高度的团结友爱精神，在团结友军，战士友爱，干部协调，尊干爱兵等各方面都有许多优良的品质。

该连对友军能做到不分彼此，协调作战，好好战斗时，该连借给某部一排兵力和一挺机枪……

在战士间的友爱方面，他们有着许多优良的表现。某次战斗中，黄亚玉同志患了鸡盲，战士们不让他挖战壕，安置他到安全地方，等到工事做好了才又扶他回来。对新解放过来的广东战士，他们更照顾得无微不至。解放战士没有钱，他们能把每月仅有的贰角钱和解放战士共用。床铺让给解放战士睡，挑水给解放战士洗澡，对待解放战士犹如亲兄弟一般。长途行军中，战士常常帮助膳食挑担，在宿营地帮助拾柴，挑水，煮饭等工作，膳食同志也爱护战士，做好饭菜给战士们吃，发津贴费时，买糖泡水给战士喝。随军的民工队，也获得战士不少帮助，在疲劳的行军中，帮助民工挑担，照顾民工睡觉，解决民工的衣服困难。由于战士们团结友爱的影响，两位民工自动参军。……

战士不但能互相友爱，而且爱戴干部。一到宿营地，战士争先地替排长布置床铺，担水给排长洗澡，分发物资时，都首先照顾干部。战斗中做工事，战士不让干部帮手，让干部休息。干部对战士也爱护备至，在长途行军时，干部帮挑子弹，抬机枪，战士脚痛不能走路，干部脱下自己穿着的鞋子给战士用。家长有钱来，帮助衣服困难的战士剪制。

该连干部与干部之间，也能互亲互让，工作互相商量去进行。不计较物质分配，计较权威，不闹意气，争出风头。平时互相督促批评督促下层工作，副连长经常爱发牢骚，但是大家都能忍耐地以团结友爱的精神去感化和说服他……[175](1949-07-15: 30-32)

布尔迪厄资本理论的最大价值，就是发现非经济资本的经济价值，其曰"变容"。换言之，文化资本、社会资本都可以转换成经济资本，前者之所以长期被忽视，是因为它们积累时间长，表面上呈现出非经济特性，乃至是利他主义。为此，布尔迪厄特意提出象征资本概念。象征资本是一种通过感知范畴或者误识"资本占有和积累的任意性"而成的符号资本，[41](161)是用以表示行动者声誉或威信影响力的一种积累性资本，是一种信誉资本、荣誉资本、信任资本，故而又称作表征性资本（representational capital），其他资本为客观性资本。[42]由于象征资本是对前三者资本的抽象化形式，故布尔迪厄的基本资本种类依然是三种。如荣获"秋毫无犯连"大红旗的东海部工兵连，每到一个驻地，不论三更半夜打扫驻地清洁，有时更动员全连进行大扫除，附近民众感动不已，连声称赞。在战斗间隙，战士们自动帮助民众打谷舂米、磨谷；战士国星替一位瞎了眼的老人洗衣服，并挑满了整缸水；失手弄坏了一个香炉，及时进行道歉和赔偿；借用民众东西，用完就送还；不打扰主人，主动睡在屋檐下。而乡民们为了报答，准备菜汤或白米粥请战士们解渴，都给婉言谢绝。战士们践行"三不做""五不走"群众纪律，获得了群众的高度认可。"群众对他们都恋恋不舍"，乃至"成群结队地送着队伍出村，还连声嘱咐以后再来"；受帮助过的老人为表感激送粮被拒，老人称赞为"真是人民子弟军啊！"送钱被拒的老太婆感激得流泪，拉着战士的手说："你们比国民党好过几百倍。"这些战士的无私爱民言行获得的不是经济物质回报，而是民众的心，是金钱也买不到的民意和爱戴。这就是共产党需要的政治资本。

在经过多次征稿后，一批典型英雄故事组成"琼崖革命故事征文专辑"，在《新民主报》新十五期上连载。

获得第一名的是冯所唐写的《我所知道的覃威》。这个名字响亮，与"神话般的传说"连在一起的他，是个战神般的人物，被百姓喻为三国张飞，乃至张飞的后身，是个在战场上大叱一声匪首便会狼狈逃窜的人，是南阳老婆婆的大救星。与此同时，他也是个最爱微笑的人，"跑到哪里，哪里便会成百成千地欢笑"，以至于孩子们见了他"会成群结队地围拢着他，玩耍他的日式手枪钢盔之类"。他就是"谁都争着来看"的中国共产党部队的一名指挥官——覃威。

覃威的个性，好像一只养不驯服的兔子，他率领部队到任何地方都一定跳来跳去的不稳定，这种侦察地形的热情，常常构成他猛打猛冲的指挥特点。因覃威最能克服战斗困难，指挥机关很器重覃威，就是常常把主要的作战任务放到覃威的肩上去。

果断而直，也是覃威的指挥特点，我跟了覃威整整二年的战斗生活，从没有看见过也没有听说过覃威在任何的敌人面前低过头。有名的青草战斗，他指挥只配备一条捷克轻机枪的第一中队抗击了顽匪几个配备精良连队的攻击，就是山一般地在距敌仅三十米远的火线上屹立着。敌人的机关枪对他却显示特别地安静，急坏了他周围的传令员和驳壳枪班的同志们，于是李万华班长立刻指挥全部驳壳枪班同志向敌人的机关枪阵地猛烈攻击，一连抛过了整二三十粒手榴弹，只有这样才能减少覃威生命的危险和击退敌人，敌人真的也动摇溃退了。

琼东猪右昌战斗中，日寇急袭的恶劣情况下，他命令村子里的部队负隅坚守，自己马上拉一个排突击敌人的火线去，又从敌人的背后猛烈进攻起来，终于挽救危局，胜利地驱逐敌人了。水堆战斗，他率领了第一大队在平原上抗击了绝对优势的日寇，就是只凭着一挺轻机，一只哨子，一副眼镜的。他在火线上跳来跳去，他跑到哪里，哪里的战士的嘴角便立刻挂上胜利的微笑，敌人要从哪里冲过来，他的轻机便从哪里歼灭敌人，这样坚持了半日的平原作战，使日寇认为我军是配备装备精良的主力而自动撤退了。

覃威热爱部下，正如部下热爱他一样。在他看见自己的同志被敌人杀伤的时候，他便会表现出暴烈的仇恨。白延战斗，第一中队的阵地给敌人冲破了，反动军将一位阵亡战士的遗体剖腹抽肠，还割下生殖器插到嘴里去。覃威看见了，愤恨得满脸的通红，他暴跳起来了，立即拉部队过来指着这位烈士的遗体怒吼：

"同志们，你们忍耐得吗？"

"否！"雷一般的回答。

"你们有决心报仇吗？"

"有！"又是雷一般的回答。

"你们怕死吗？"

"不怕死！"最后还是雷一般的回答。

"跟我来！"全体指战员们则像赛跑一样地跑，一定要跑到覃威的前头去，决不让覃威跑在他们的前头，白延战斗，我军之所以说能猛烈地压缩敌人在白延村，就是在这样高度拼命友爱的士气下所造成的。覃威特别痛恨作战中遗弃伤亡同志的事件……

伤亡同志让敌人侮辱的情况，随便抢去抛丢伤亡同志，实际上就是破坏了自己部队的战斗情绪，因此他常常告诫我们说："剩下一人一枪一弹都要打击敌人，抢救同志，绝不许抛丢。"每次退却战斗时，他老是拉着一条捷克轻机在后面掩护同志们安全退却，这已变成他的指挥习惯了。

在敌顽夹攻的孤岛中，覃威对琼崖人民作了忠诚而巨大的贡献，艰苦的美合事变覃威英勇地保卫了琼崖的最高领导机关，粉碎了李春发进攻美合的反动阴谋。主力退出美合旋战琼文后，他成十成百次做了击退反动军大规模进攻的先锋，反动军的凶焰暂时受顿挫了，他又单独地挺到文北的广阔平原上去，展开攻击日寇的作战任务。琼崖抗日战争中战绩最辉煌的竹崀桥战斗，就是在覃威直接指挥下创造出来的。

一九四二年的荔枝沟攻击战，人人敬爱的覃威就在这个战斗中光荣牺牲了。为人民而死，覃威是早已打算而毫无犹豫的，但留下在群众间与部队间的，是千百行的眼泪，千百般的仇恨。他光荣牺牲的消息传到南阳乡的时候，人民们抱头痛哭，这在琼崖革命史上是没有过的奇迹，然而也只有如此，才是以说明人民军队与人民的血肉关系。

覃威的一生显然只有短暂的二十年，但他的全部历史，少年时代就跟住经过广西的红军为人民革命事业而奋斗，曾经参加过世界著名的二万五千里长征，他是从实战中培育出来的优秀指挥员，他仅仅担负了独立队（解放军在抗日时期的前身）第二支队副支队长而光荣牺牲，是极其令人惋惜的……[175]（1950-02-15: 43-44）

第二名是冼中伦的《二娘婆》。

（一）好心肠的二娘婆

那是敌人"蚕食"时期的事迹了。

文南县南阳乡有一位五十多岁的二娘婆，她遭受敌人的浩劫与摧残，真是惨绝人寰。她有同情解放军的好心肠，她的家无时无刻没有我们工作人员寄宿，简直像我们的交通站一样。

"隔日不见了，这样恶劣的时期，我们真为你们担心。"她又笑着迎接我们工作人员了。

"吃过晚饭了吧？二娘婆，"某同志喘着气问，"我们真打搅了！"

"说不成话,你们出生入死辛苦为我们老百姓做事,我为你们这一点事情算什么?"

红红一团夕阳挂在树梢上,破旧的屋顶升起袅袅的炊烟,她又忙着煮饭烧茶了。

"二娘婆你又为我们煮饭了?如果此回不肯接受我们的酬报,我们宁愿挨着肚皮的","人家不是断了饭食,今早才从市上打了米回来,菜只有冬瓜蘸鱼子。"他们围在桌边吃晚饭,她告诉他们今天匪徒来扰过二次,走时还举那粗大的手在阿兰颈上拧了几下。

(二)二娘婆,辛苦你了

晚上,某同志他们在房间办公和教阿兰读书,二娘婆静悄悄地提起锄头和链(镰)子推开门出去,走到荒原上,她拨开荆棘进去,一锄一锄轻轻地往地下挖,喘了气,出了汗,她不肯停息一分钟,荆棘刺破她的手,鲜血染湿了锄把,怪病痛累了她老人家,她连忙掀开破衣撕下一小块布把伤口系起来,轻轻地掘……

夜深了,好容易挖开一个小土洞,她俯身钻进去,向洞的四周刨开泥土,当她在洞里敷(铺)起席子,带着倦容爬出来时,东方呈现鱼肚白,她隐约听到村子里的鸡鸣,她着急地奔回家去。

某同志伸了个懒腰,睁开疲乏的眼向陈委员道:"二娘婆大概睡熟了吧,不用唤醒她,我们私自避开去吧!"她说着把四只(枚)光洋小心地放在阿婆身边,叫醒公务,一齐蹑足出房门。

二娘婆跟跄地跨进大门,他们几乎相撞在一起:"你们快去避开哩,土洞赶夜掘成了,白天留在这里出了祸怎行?"

"二娘婆,辛苦你了!"他们为受压迫的她为他们奔劳而感动,情不自禁地落下泪来,慈祥的二娘婆她那久受压迫的脆弱的心灵也悲从中来流出两行怜悯的泪水。"去吧,好孩子,不用再延迟了。"

她在前,他们在后,女公务背着包袱跟在最尾,四周空洞而朦胧，浓厚的露色围着他们，而他们矫健的步伐踏上了平原。

转了一个湾（弯），过了村子的羊肠小道，大约半里路远的便到了，他们钻进去了，二娘婆一声不响地折了树枝把洞口盖上，走开了，霎又停了步，"饭菜送来吃，千万不用出来呀！"

（三）二娘婆的前后身世

她刚刚到床上，隆隆劈劈的炮声，机枪声交织着，响彻了整个天空。更感到她脆弱的心灵……我们的二娘婆，十余岁前来自一个小康的家，她的丈夫和二个儿子一齐死在蒋匪的枪刀下，她只剩下一个女儿阿兰，地方恶霸某某勾结了匪军，恃势没收了她的田地，并抢掠了她的家，从此她便穷下来，终日母女相依为命，发现她在给人送饭，认为是给共产党送饭。

"共产党在哪里？快点说，饶了你这条狗命。"

"共产党躲在哪儿？引我去打……"

她咬紧牙根不说，经过匪兵一再的追问，她只吐出一句"不知，不知"。匪兵残暴地撞了她几枪，她随即跌倒在地，忍受着绝大的痛苦，别着嘴缄默不言。接着匪兵又踢了一脚，她忍不住呻吟起来。匪兵又将粗大的绳子缚住她的手脚，高高地吊在大门边，用力乱打，阿兰一边只顾哀求，只听"啪啪"几声，恶霸匪兵一齐躺倒血泊中打滚，×同志和×委员冲了出来，解下我们的二娘婆，她睁大无力的眼睛，惨白一笑："你们打得好……带阿兰走……我"，她光荣牺牲了，他们眼泪盈盈，向她作最后的告别……【175】( 1950-02-15: 45—46 )

第三名是植三的《人民英雄姜祥凤》。

姜祥凤——这位民族英雄的名字，在抗日初期是暗灭人口，逍遥皆知的人物。一直到现在，他还是人们头脑中一位神秘可爱的英雄，日寇恨之入骨，屡想置之于死地，但是每次都失败，神出鬼没的姜祥凤，连屁也不给日寇摸到。在抗日初期，姜祥凤经常单身出入敌营，做出了许多令人咋舌、出人意料的事情。可惜我不能全部详细知道他们的英雄事迹，只能将我们略为知道的几件事写出来，以纪念这样一位为抗日的，反对国民党反动派而永垂不朽的英雄。其余的，只好希望知道他的同志，继续发扬他。人民是很愿意更多地知道殉难的杰出英雄的，我想。

姜祥凤是潭牛乡文通村人，他是农村中一个贫苦青年，他没有机会读书，但他天生有一副机警、敏捷与有胆量的性格。他的身材不大，跑起路来轻快敏捷，他的眼瞳有点奇异，左右深黑（浅）不同，在人群中，他有一副特殊技能能使人不易察觉他的动作。日寇在东阁坑村杀猪的时候，他在日寇身旁，一瞬间即取去日寇数斤猪肉而不被察觉。有一次他钻到敌营中去把日寇的马匹牵了出来，让肥矮的日寇追在马后喘息地叫骂着。抗日初期，独立队（即琼崖人民解放军的前身）进攻潭牛市时，他预先钻到离市略远的日寇堡垒铁丝网内，躲着了解情况，直到独立队退出市郊后，他才像蛇般地爬出来。

姜祥凤常常会进敌营探听日寇动静，从未被发觉，因此他很有信心，他时常思考着怎样为人民来立一次功劳。那时独立队最缺的是机关枪，因此，终日想着如何突袭劫机关枪，甚至连吃饭也忘了。

日寇进驻文通村，他喜欢得很，好机会到了，他立刻打下了主意，他数次爬进敌人住室里去侦察，计划突击的办法。他了解日寇经常在晚上的时候集中在一块做娱乐，于是他准备乘这种时机动作，恰好夏历年关来了，正月初一二，人们都在家里欢聚团圆过新年，但是姜祥凤无心这些，他甚至兴奋得没有吃饭就钻进敌人的住室里去，这时（敌人）正在大叫大吃，打牌唱歌，姜祥凤悄悄地躲在室里，但好几次的尝试都失败了。第一次他刚爬到日寇指挥官住室旁边，忽然警犬叫了起来，他只得慢慢爬回来。傍晚他又钻了进去，日寇正在洗澡，水点溅了他一身，使他再一次地失败了。

一直到晚上，日寇全部集中娱乐的时候，姜祥凤才又开始动作。他爬到树上张望，探视日寇的动静之后，就轻快地越过了围墙，跳入室内，寻找机关枪，可是没见影子，他蹑着脚走进一个有门帘的房间，他悄悄地撩起门帘探视，看见日寇指挥官正在坐着看书，姜祥凤往房子里环视，仍不见有机关枪影子，但是时间不能延期了，他迅速抓起了一支三八式枪击毙了指挥官，抢了五支三八式步枪，一直跑出室外，正在狂欢的日寇士兵突闻枪声，仓皇了一阵，随即追了出来，但是姜祥凤早已远远跑出了田野，日寇跟在后面，跑了一下子，只好暴躁地叫骂着，丧着气打回头。

姜祥凤负着五支枪跑到早晨才到了安全地区。民主政府区长刚睡醒，姜祥凤欢叫着告诉他缴了五支枪，区长和区里的工作人员都说他在开玩笑，等到姜祥凤扛着五支光油的三八式枪来时，大家才欢喜得怔着了，好久才争先恐后去摸弄三八式枪，那时候三八式枪如何富贵啊，战士们是要用血和肉换取的。姜祥凤单身缴了五支枪怎不叫人惊喜呢？

次日枪送上文昌县府，詹错县长特别奖励十元国币，并给与一支顶好的驳壳枪，自此姜祥凤有了枪在手，胆子更大了，每天都在瓦牛市场活动，不分日夜地打击日寇，使日寇时常提心吊胆。

内战枪声响了，姜祥凤为了夺机关枪立功争上前线，白延战斗，他冒着反动派猛烈的炮火接连地冲锋，不幸被无情的子弹穿着要害，壮烈地牺牲了。北区的人民听到了这个消息，莫不悲愤叹息，但姜祥凤精神不死，永远活在人民的心里。[175]（1950-02-15: 47-48）

这些典型故事能够得到选用，按照编辑的话说，"主要是根据了上面的原则"。

覃威,这个琼纵队伍老战友所深念不忘的指挥员,是琼崖人民解放军的优秀指挥员的典型代表者。所唐同志以(是)覃威领导下的政治工作人员,用自己同生共死的生活中的去体验了解这位人民战士优良特质,他和群众的联系,他的顽强作战精神,他仇恨敌人,热爱人民,热爱部属,他指挥作战管理教育上等优点,简单有力地介绍出来,不但内容好,文字亦极质朴动人,读这篇文字的熟悉琼纵的艰苦作战历史的人,是十分感动的。中伦同志这篇《二娘婆》,虽然不是亲身体验的,但是搜集材料很好,内容很具体生动,表现的手法也好,二娘婆,这是琼崖千万革命人民的代表者,她不但具有母性的慈爱,而且具有伟大的革命的爱,她为了纯洁无瑕的信仰和热爱,牺牲了自己的一切,以至生命,读者从此不仅了解到我们应该学习一些什么,表扬一些什么,而且从此可以了解在千万个二娘婆抚育支撑下的琼崖人民革命优秀儿女,是多么坚强而不可战胜的力量。植三同志这篇《人民英雄姜祥凤》,虽然叙述的事实不完全,文字亦欠生动,但是对于琼崖抗战中杰出的英雄,像姜祥凤这种人物的故事,实在太少了,和其他稿件比较,这篇仍是好,我们需要更多的姜祥凤,我们需要更多的表扬人民英雄的事迹。[175](1950-02-15:55)

老唐的《竹崀桥上的符排长》评为入选稿。稿子主要写了1941年9月17日,浩浩荡荡、骄傲而凶狠的琼崖日寇的精锐主力——安田部队,在琼文干线的竹崀桥边遭受琼崖人民解放军第二支队的毁灭性打击,在对敌攻击中,担负着突击任务的符学雄排长身先士卒,表现突出。文章中有对战场残酷的描写:"雷在安的部队投入阵地而遭受解放军猛烈攻击的时候,文城尾随的敌兵也达到阵地附近了。为了挽救安田的命运,尾随的敌人异常猛烈地炮击我们，阵地上炮弹到处开了花，枪声已经被炮声淹没过去了。"更多的是对符学雄排长英雄事迹的描述：

"哼，我不见过这样的鬼"，他咆哮地拍起胸膛，立即将驳壳枪的手榴弹集中到自己的手里，再爬上去，一颗二颗三颗……黑定班长一连数了二十一颗手榴弹，都连续地在敌人的阵地上开了花。阵地盖上了一层浓炮了，"冲呀"——学雄排长与战士们呼唤着。然而敌人并没有放松他们，增援的敌人集中了七八挺轻重机枪朝着他们仅仅十余米远的阵地上密集射击，无限制的炮弹也向他们不断袭击，连续的伤亡使得驳壳枪排的射击顿然稀薄。只剩下符排长，黑定班长和几位战士，每个人身上都添上一二支伤亡同志的驳壳枪，战斗继续着。

"黑定"，他正要投掷最后一颗手榴弹的时候，忽被符排长这么的一声叫住了。然而也正在这个时候，给黑定于莫大的愤恨——英勇的符排长竟沉重而惨白地倒了下来。同时敌人的反击也越来越猛烈了。

"黑定，听我的话，你应当快快带领同志们脱离阵地。"符排长躺在草地上劝告，同时又是坚决地说，而且推着黑定的脚。

"不！我们不抛弃你，我们也不走。"黑定拉着符排长的手，几乎忘记了当前敌人，比排长更坚决地说。

符排长气愤起来了，他瞪起火红的眼睛，沉重地暴躁地，他腹部的鲜血也特别喷吐地："刚才不是说你们拉我走，便会造成无谓的牺牲吗？我为人民而死是有代价的，你为我而死，有什么代价？你们真爱护我，就应当带我的遗枪交还大部队，为我复仇。"排长说得比机关枪一样快，一样有力，一样威武。

黑定还是迟迟疑疑地，符排长滚了一滚，嚷着："同志们！枪决这个不服从命令的班长。"随着他朝向浓密的小山丛中钻下去了。"呵呵哩哩"的敌兵也仅距十步左右了，黑定与几个战士才清醒地抛着手榴弹,最后撤退了。"轰",一颗手榴弹的爆炸声在冷落的枪声中最后地从阵地上传播出去,这无疑是符排长与敌人同归于尽最末的报告。[175](1950-02-15: 48-49)

文中多处大胆使用直接引语,较好地展示了符排长的言语个性,也很好地树立了符排长对敌疾恶如仇,对战友亲如兄弟友爱的形象,是值得他人学习的榜样。

为了增加可信度和优化阅读体验,写作中选用直接引语是个优先选择。但在有些稿子中,出现了为了增加可信度而人为捏造根本无法证实的直接引语,这种情况按照新闻主义标准来说,现场过多心理描写的写法无疑是值得商榷的。但是这种情况在初期的典型报道中却较为普遍。如《马特洛索夫式的英雄黄继光》报道中对黄继光堵枪眼的一段"全知全能"式,被大家认为是"合理想象"的描写,王辰瑶认为其叙述逻辑,"更大的意图恐怕是要在英雄行为的动机上表现出政治觉悟的自觉性"[255](205)。这种高度的政治自觉在哥唐写的《一条三八式枪的故事》(入选稿)中表现尤为明显。报道主要讲述了"发生一件永远不可战胜琼崖人民的事迹"——一位把一条三八式步枪看得比自己的生命更为重要的人民解放军战士高日丙,为了不让它落到敌人手里,在生命紧急关头不忘把枪藏起来的"无限美丽的故事"。战士高日丙在掩护主力撤退时腹部负伤了,"灰色的小肠正从他子弹带的下边暴露出来,可是,光荣的牺牲的理智使他明白了一切,使他感到主力安全撤退得到极大的安慰"。他担心自己死后握在手里的三八式步枪就很可能落到敌人手里去,"这样的新问题出现之后,他毫无犹豫地拆掉武器了,'绝对不让敌人缴我们的枪啊!'现在他正在实践着这句他平时说的话"。已经牺牲的他在战场上的具体言行,事后记者怎么会知道呢?不过,这篇报道打动编辑和读者的,可能还有下面的现场环境的描写:

战斗的第二天，解放军的短枪队到阵地上寻找这位英勇的战士，找了整半天工夫，才把他的尸体从深山里抬出来。"枪呢？"短枪队的同志们发现在草丛中到处有斑斑血迹，让人疑惑的是，东一堆血迹西一堆血迹，每一堆血迹的附近便有一堆新挖起来的鲜土，这又引起短枪队同志们想起十年内战的经验，果然就在一堆鲜土中发现一块枪机盖了，在另数块地方找到机柄、枪针、铜线……短枪队的同志们最后又在浓密的草丛中找到枪杆，通过数堆鲜土的发掘，立即构成一条完整的三八式步枪。

短枪队的同志们回去报告执行任务经过的时候，队长和政委询问高日丙同志牺牲的位置与埋藏武器地方的距离，短枪队同志报告道："山林丛中的血痕好像网般散布着，每一堆鲜土与具体的距离大概有十处二十多步左右。"首长们激动得流下眼泪了，短枪队的同志们也流下眼泪了，片刻沉默中，永远怀念高日丙同志。[175](1950-02-15: 50)

高日丙战士誓死不让枪落入敌人手中的故事之所以能打动大家，用生命护枪的行为能得到典型树立是完全可以理解的。因为枪不仅仅是军人生命的象征，还有枪在琼崖党组织部队中的稀缺性使然。由于四围环海的琼崖长期被国民党禁运，党组织的枪弹很大程度上靠自给自足。琼崖党组织枪的来源，一部分是动员民众自愿捐献——琼山县二区于1940年曾经开展过"每村捐献一支枪运动"[164](394)；而很大部分是依靠从敌人手中抢夺来的，以至于出现上级明确支持和鼓励士兵订了多人合作缴枪的立功计划。如前述，德芬班长提出缴步枪二支，德坤机枪手和德生弹药手合缴步枪一支，陈亚机枪手和德生、生强二弹药手合缴步枪一支，大勋、和皇、文利三位新战士决定合缴步枪一支。这些夺枪典型被琼崖纵队政治部视为"一个班的典型布置"，要求"以这个班的立功计划开军人大会起来评典型"，"普及到全连队去"。[194](28) 如此说来，夺枪成功确实是值得大力宣传鼓励的典型。这样的典型有高日丙护枪、人民英雄姜祥凤窃枪、明华写的《扁担英雄》(入选稿)中符树清抢枪。符树清一人凭借一条扁担，居然机智地抢到一条枪，确实充满传奇色彩。报道中指出，19岁的青年符树清之所以能创造以一条扁担深入文教市缴敌人驳壳枪的英雄事迹，是因为他仇恨日寇，仇恨汉奸，仇恨勾结日伪的国民党反动派，而饱含对民主政府和共产党的同情。他不仅平时义务帮助共产党，后来还入了党。他的典型事迹充满了机智和勇敢：

> 有一次，他召集一次支部委员会议，他提出一个意见，"文教市的南门，经常有一个伪自卫军，带一支驳壳枪没精打采地放哨，现在又是十二月，人多得提脚不动，只要用扁担，就可以缴获这支枪……"参加会议的人虽然兴奋，但一想到自己没有枪就犹豫了，大家只有说："你去试一试啊！"他不觉得有什么困难，便站起来说，"好，我去缴给你们看吧！"
>
> 第二天早晨，他吃过早饭就跑到文教市去详细侦察一下，便回来了。支部的同志以为他失败了，便讥笑地问道："枪在哪里？"这句话并不使他灰心，他坚决地说："请你们后天来看吧！"
>
> 二十八日早饭后，他拿了一条海料（格木）扁担，担了一担菜，和他的母亲一起去市里，到市后，便匆匆地把那担菜交给他的母亲，自己拖着那条扁担，装着没事的人，向南门走去。当他走到南门时，恰巧有一个肥猪般的自卫军蹲在地上，手里拿一片竹低着头画了一些什么，驳壳枪放在大腿上，他看着这个不中用的废料，又好笑又好气，走近几步，突然高举起扁担，从那只肥猪的头上打下去，那只肥猪就随声而倒，他迅速抛了那条扁担，拿起地上的驳壳枪飞似的跑回家去。
>
> 这时，文教市乱作一团，菜市的民众恐慌奔走，日寇汉奸以为抗日军——独立队打进来了，便争先恐后的（地）跑入乌龟洞去，过了

很久，才偷偷摸摸派了十几个鬼子从南门追去，但连影子也不见，只好打几枪壮壮胆便回去了。

符树清成功回来后，不但使同志们惊讶和尊敬他，就是久受日伪摧残的人民也异口同声说："真使得呀！要是有枪缴枪还不算勇敢，扁担缴枪才是大勇敢呢！我要知道谁，我愿给他十块银……"[175]( 1950-02-15: 52 )

上述诸多革命典型中，要么是部队中的战斗英雄，要么普通人也是为部队服务的，真正普通百姓故事典型不多。但中共琼崖党组织是要即将领导全琼工作的政党，不仅需要激发组织内部成员对党组织的热爱和忠诚，还需要获得千百万琼崖人民的爱戴。换言之，军队战士对自身工作和使命的热爱从某种意义上说是对党组织命令的绝对服从，是经过党组织严格规训的结果，如果老百姓表现出对党组织的支持和拥护，则象征意义显然要大于党组织内部的典型示范。思奋写的《叶三婆》能入选可以证明编辑的眼光不仅仅盯着党组织内部。文章开篇即声明叶三婆是一位相当忠诚于革命事业，现年60余岁的老人，来自"抗日模范乡"文昌南阳美丹村——有反抗强权的美德。叶三婆值得书写的一方面是其积极为党组织做事——南阳民主政府一成立，叶三婆是首先站出来响应工作的，这是当地民心向着党组织的表现。叶三婆积极为党组织服务的行为明显影响了其他组织，后来陆续出现了"妇救会、青抗会、儿童团等民众团体也相继组织起来"。不仅自己积极为党组织做事，叶三婆还叫儿媳和村中数位妇女参加妇救会，也劝成功不少青年、儿童参加青抗会、儿童团等。当她几次申请参加妇救会、青抗会得不到团体同意时，她曾失望地跑到乡公所去"投诉"："我看见农会不建立，所以我辛辛苦苦帮助他们工作，是希望参加青抗会、妇救会去工作，等到农会建立后，才退去参加我老人组织，我问了数次，都不要我参加，难道你们不要老人了吗？否则，让我参加在儿童团那里吧？"直到最后农会建立，参加了进去，她才心满意足地去工作。她甚至跑去为战前去南洋谋生的儿子报名参加青抗会,她去顶替工作,青抗会开会,她也到会去听,并且缴上两角国币的会费。抗战第三年又一次扩军工作来了,她便将喜爱的媳妇送到当时驻文昌的独立队第二支队里工作去。不久,她的媳妇牺牲了,噩耗传来,她虽然伤心痛苦,但时常宽慰地说:"我的媳妇为参加独立队打日本而死,是光荣的,我不觉得什么。"她有一颗博爱的心,不论见了陌生的或熟悉的工作人员,总是欢欢喜喜地招待,摸头问好,因而许多工作同志对她的感情极好,常常访问她,到过南阳的人,谁也不忘记"三婆"。[175](1950-02-15: 52) 三婆是党组织希望的千千万万琼崖人民中的一员,叶三婆类故事是党报树立组织内的典型之外,最应积极树立的组织外典型,相比而言,组织外部的政治资本比组织内部的政治资本更难获得与生产,所以显得更为不易。

## 第四节　标语口号：口语化的资本生产

中共琼崖党组织宣传工作的最大化作用，是于组织内部遵循着先发动识字革命者，再以其为中介去发动民众的逐级下沉扩散策略，但组织内部识字者人才队伍无法满足现实客观需求的矛盾，不仅影响了革命报刊的出版规模和水平，也势必影响着革命报刊中文字的具体表述。在1937年给上级的综合报告中，中共琼崖党组织坦陈琼崖革命队伍中能武不能文的干部同志存在一定比例。"文字上是特别的缺乏，能够完全看懂党的一切刊物和文件，则是少中之少，甚至绝无而仅有，能写能文字通顺的，更找不出三五人，现在各县中，每县都无法找出一人来作一张宣传单和通顺的文字。"一些从恢复工作中训练提拔起来的同志，"成份完全是农民，很少受过教育"，"少识文字；对党的刊物与文件，亦很多无法看得懂"。要他们从事教育同志和群众的工作，"传达和［灌］输党的一切工作策略路线之执行与转变"，是"困难"的。甚至认为在党组织领导层中，除了书记冯白驹综合能力较强外，"其他很难找到一二同志来做帮手"。[150](45-46) 报告中暴露出党组织成员文化素质无法满足革命对文化人才急需的事实，尤其是担当宣传工作领导重任的。党组织队伍的整体文化水平不高，面对的宣传鼓动对象几乎全是文盲农民，加上省委要求琼崖党员短时间内由不足千人发展至万人规模的要求[161](69)，就意味着文字宣传上不能完全长篇式与理论化，内容要简单直接。故而，"收效非常之广而速"[256](35) 的口号标语为较理想的政治话语形式之一。

通过梳理中共琼崖党组织革命报刊后发现，尽管以政治传播为主体的主题式文章依然占据绝对优势,短小精悍的口号标语经历了随历史发展而由强至弱的变化趋势,如20世纪30年代的《琼崖红旗》《政治》等刊物中,标语口号随处可见,有时每篇文章中或多或少有几条口号,《琼崖红旗》中提出了10条左右口号的文章不少[182](1931-13: 12-13);但到20世纪40年代,党报党刊中的口号标语很少扎堆出现,偶尔一次出现,是《新民主报》中第5期曾经一口气刊发了29条,还是专门转发新华社电讯稿《中国共产党中央委员会发布纪念"七七"抗日战争十二周年口号》。[175](1949-07-15: 1)报刊中标语口号的相对减少,主要应是报刊文字宣传作用的日益精进,它由原来的类似传单传递简单文字信息的工具,逐渐成为思考、辩论的工具。这可从"习作"栏的设计中看出。

革命报刊的政治使命就是意识形态的传播,而政治话语就是其意识形态的外化形式之一。总体而言,民国时期中共的政治话语以"革命"为中心,并以"革命者—对立者"的二元对立阶级区分方法划分群众阵营。[257]如土地革命时期,《琼崖红旗》为配合反对日本帝国主义对东三省的侵略宣传,刊布适应当地环境的八条特别口号:提高工人工资,每月至低限度廿元!提高兵士生活,每月薪俸廿四元!反对解散工会!恢复为工人谋利益的海口总工会!工农兵士贫民联合暴动起来!响应红军进攻海口!打倒反动的国民党!建设琼崖苏维埃![182](1931-13: 1-4)从话语分析看,前面为策略,乃调动起来工人和士兵反抗的积极性,为后面"响应红军""打倒国民党"和"建设苏维埃"的目的做准备。具体来讲,中共琼崖党组织制定的口号形式上大多简朴、通俗、短促有力,适合识字革命者掌握后进行人际传播与口头表达,但其内容主旨紧紧抓住反帝、反独裁,建设苏维埃新政权等核心思想不放。如为庆祝俄国十月革命成功而刊布的标语口号是:打倒帝国主义,推翻国民党统治,建立苏维埃政权!十月革命十四周年纪念万岁![182](1931-13: 14-15)一般而言,革命报刊政治资本的建构模式通常从马克思意识形态思想入手,将"对手的意识形态斥责为虚假的、具有欺骗性的思想观念体系，而对我们自己捍卫的意识形态则努力地从其作为社会结构的功能要素和社会效用来认识和把握，并强调它的重要性"[258]。朴素和直白的口号宣传最能体现马克思主义的灌输理论，即我们要主动介入无产阶级的各种革命斗争中去。正是由于我们党坚持不懈地向党员干部和广大群众灌输马克思主义理论和民主革命的思想，才最终唤起了群众的觉悟，激发出他们的革命热情。[259]

## 第五节　诗歌戏曲：寓教于乐

《新民主报》中有个"文艺"栏目，内容包括诗、戏曲和歌曲等娱乐性质。笔者翻阅该报后发现，歌曲量不多，且全带有红色元素。由于作为革命战争年代特殊而有效的传播载体，根据地红色歌谣"孕育于特定时空环境和独特民情风俗中，与苏区民众普遍文化素质低的人文环境相适应"，通过具象化、通俗化、本土化和情感化的传播方式，实现马克思主义大众化传播效果最优化。[260]

如"快板"，白毛：《庆祝阳龙江大捷》，借助快板形式，内容嵌入琼崖地名和解放战争时期的一些发生在琼崖境内的著名战役，表现了琼崖党组织得民心，而国民党失民心的客观现实：

（一）

夏季里，乐会西，定安东，敌据点，有阳江，及龙江，那顽固，真猖狂，拉壮丁，征军粮，又加上，苛捐税，对百姓，动不动，叫打骂，百姓子，有话难讲几凄凉，几凄凉。

（二）

夏季里，稻苗长，天久旱，田晒干，变枯黄，老百姓，真凄凉，倚门头，叹声息，骂天地，太无良，又加上，劫食军，这个年头过活难，过活难。

（三）

夏季里，微风吹，东头白，日刚红，老百姓，人人忙，清早上，叫三嫂，呼四娘，到田去，犁田地，细声讲，轻声谈，这几夜，解放军，打阳江，枪声响，如爆竹，只求得，打下去，俾百姓，得解放，大家快乐喜洋洋，喜洋洋。

（四）

夏季里，打大仗，俾大军，渡长江，正解放，全江南，琼纵队，为配合，子弟兵，不怕苦，不怕难，要解放，全琼崖，夏攻势，第一炮，打得响，九十号，就解放，阳龙江，缴得五挺机关枪，毙伤俘虏有百零，有百零。

（五）

夏季里，枚（攻）老蒋，失败如，山岭崩，琼崖的，反动派，望一望，路二条，想生存，如龙江，官与兵，齐投降，受优待，命安全，要不是，如阳江，顽强抗，结果是，全军生命亡，全军生命亡。[175](1949-08-15: 41)

《七月小唱》是首较为欢快的民歌，歌词后面的"纪念七七""纪念共产党"是整首歌的焦点：

锣鼓响当当，人马闹洋洋，秧歌高跷来到了
马路宽又平，行人如潮涌，满村红灯赛过那
大街边，这样笑来那样叫，这样喝来那样唱
满天的星，那边巷大门楼，东山坡西山顶
哎呀哎呀呵，纪念七七，个个都笑盈盈
哎呀哎呀呵，纪念共产党
哎呀哎呀呵，过呀过生日，哎呀哎呀呵。[175](1949-06-30: 39)

《无题》是根据琼崖党组织评选的典型事迹编排的，可用快板，也可用歌谣演唱：

得英勇善战连……能秋毫无犯，惜人民利益。这一旗永得，东海工兵连。得巩固团结，三团第九连。冯司令手赠，这事情非轻。行开会仪式，训话和叮咛。今后更积极，夏攻更献身。快乐中祝捷，下午才归程。区党委嘉勉，备酒请功臣。四点又一刻，云集各群英。报社扮黎民，锣鼓响咚叮。歌声很清晰，英雄酒一坛。秧歌来相敬，表示爱与亲。妇女会也来，细声慰功臣。女学生结队，手携花篮轻。歌舞甚齐整，漫步向功臣。红花插胸面，锣声响砰砰。英雄互训勉，鼓励相叮咛。文工团刚建，也来贺功臣。快板将酒进，献花表真诚。武状元名得，董登确永称。功臣人人敬，捧起转到眩。夏攻要紧忆，建大功当然。贺功事完毕，白毛把嘴停。[175](1949-07-30: 39)

"每期歌选"，《百万雄师下江南》表现了解放军跨过长江，气吞长虹，势如破竹的攻势，以及全国解放在望的喜悦：

百万雄师下江南，一夜过长江，浩浩荡荡向前进，反动派无法抵挡。将革命进行到底，解放全国人民；将革命进行到底，解放全国人民。百万雄师下江南，一夜过长江，全国人民齐欢唱。[175](1949-08-15: 45)

## 小　结

　　革命报刊在不同历史时期政治资本生产的变化，是完全配合着中共琼崖党组织在不同时期面临的政治任务与使命。于 1926 年正式进入琼崖后次年即遭遇"清党"的中共琼崖党组织，在顽强的革命意志和超强的政治能力运作下，迅速创办了系列革命报刊配合武装斗争和苏维埃政权建设需要。因为交通物流、印刷技术设备和当局对民主言论的压制，革命报刊主要存在和作用于组织内部，通过首先完成对组织内革命者的"革命"宣传，进而实现对于组织外识字者和普通群众的宣传鼓动作用。但在这个以组织成员为主体对象的宣传过程中，革命报刊真正实现了对苏维埃新政权意识形态这种最为基础性政治资本的生产。而随着中共琼崖党组织在全岛的实际影响力和有效政权覆盖范围的扩大，革命报刊亦开始注重生产只有执政党才能提供的绩效政治资本。中共琼崖党组织于 1949 年 1 月即开始着手研究新政府机构设置和政权的各种接收工作[194](13-15)，党报需要配合新政府，论证新生政权的合法性与进步性。而表征已开始执政的民主政府的伟大和极富生命力的政治资本，就是政府绩效，即可持续性和大量地提供公共物品。如为配合接下来的琼崖解放事业，就大力宣传了作为解放的骨干力量——琼崖人民解放军——飞速发展的力量和急遽提高的战斗力。文章说明解放军获得如此迅速壮大的发展，除了坚决执行毛主席的军事路线和正确地加强内部教育和政治工作外，还得到了人民的大力拥护。而在《去年一年中的支前工作成绩》一文中，记者展现了在"人民政府的领导下"，1948 年琼崖人民（包括解放区、游击区、蒋匪区的人民）开展了大规模参军、参战、献枪、劳军等支前运动，功绩"极其巨大"。仅以献枪成绩来说，一年来各地人民捐献购枪款，有光银九万余元、黄金六两二钱余重、叻币九千五百余元、港币四千八百余元，美钞二十元，暹币七十五元，蒋币三十三亿一千多万元、金圆券一万二千余元，另外还以实物折款的，有牛一百三十四头、猪六十八只等。列出可以增加可信度的详细数据，一方面说明了琼崖人民对新政府的真诚拥护，"不是解放军与人民政府强制的，主要的是由于国内和琼崖人民解放战争胜利的形势，大大鼓起了琼崖人民争取解放的信心和决心"；另一方面也说明了"人民解放军和人民政府正确地执行各种政策，团结了一切可以团结的力量，政治影响是深入各阶层人民中"。[175](1949-05-15: 32-33)

学校教育是执政者有效提供的公共物品之一。在有关"琼崖公学"的报道中，记者展示了该校师生对民主政府提供教育服务的满意态度。教职员"大多数是长久坚持孤岛斗争的干部，但也有些是新从敌统治区来的大学生和中学教员"。"全校有四百多学生，都是从反动政府统治地区的城市和乡村中来的。几乎是所有全琼敌统治区的中学校，都有学生到这里来，并且还有从南洋、徐闻、福建等地沿海来的学生。他们都是不甘受压迫而起来反抗的热情青年。""刚从敌统治区来的同志对我说：'这个学校办得太好了，所有琼崖各城市的公私中学，都没有一间比得上它呢！'"[175](1949-06-01: 21-22)在另一篇题目为《发展中的琼崖解放区教育事业》文章中，详细介绍了琼崖妇女学校等三所近年来逐渐开展起来的琼崖人民教育事业。[175](1949-06-30: 21)

还有介绍解放区有关民生事业的纺织业——白沙纺织组情况的报道："纺织组的建立，得力于琼崖人民民主政府及合作社的帮助。它们积极地从各地催请木匠……为了改善黎族人民的生活，为了巩固黎汉族的团结，我们的政府是无遗余力地帮助各地少数民族人民的。"[175](1949-06-01: 22-23)

在民国集权社会中，从属于文化场的新闻场严重被他律化于政治场，党报因垄断政治资本进而宰制经济资本的情况非常普遍。中共琼崖党组织的《新民主报》在解放区专门开设"社会服务"专栏，登载政府公告、百姓启事之类服务信息。这些可作为政府绩效注释的公共服务信息在《新民主报》中比比皆是，诸如新人结婚启事[175](1949-06-01: 30)，新四期上的《王琼波银布待领》《王行栋同志注意》《查郑庭金同志》《查郑月英同志》等多则寻人启事。从中可以看出革命报刊已经深深地介入根据地普通民众的日常生活中了，且成为大家获取重要信息的一条公开渠道。这正如根据地一位群众所言，找人办事"最妙办法仍是转托贵报公开刊载"。[175](1949-06-30: 39-40)

# 结 语

结语部分先回答绪论部分提出的针对本书的几个框架性问题，再对琼崖与台湾报业进行一些粗浅的比较。

第一个问题："为什么琼崖直到1912年才有第一份近代报刊，有什么制约条件？"在第一章中进行了回答。清末由传教士掀起吹入我国的现代新闻风潮，来自南洋，登陆于华南沿海。作为颇具印刷资本主义观念的传教士们，1890年给琼崖带来了第一架现代印刷机。但由于经费、专门人才不足等诸多原因，该基础设备并没有立即投入琼崖现代新闻事业中。不仅是传教士，在1890—1911年的整整21年间，琼崖地区有办报可能的外商、本地商人和革命分子，均不具备办报刊的充分条件。开埠后正式进入琼崖的外国商人群体数量不足百人，又被政府隔离于市郊，从商业角度很难激起该群体的办报兴趣。琼崖本地商人团体因为外商侵入，原有业务受损，且对报刊认识不足，对办报刊兴趣不浓，该群体迟至20世纪20年代末才出现有代表自身利益的报刊。另外，创立于1909年的琼崖同盟会，人员仅为林文英等数人，工作还未完全开展起来，很快就因北上参加著名的辛亥革命运动而离开了非革命重心的琼崖。林文英虽曾于1911年短暂回琼，但不久因受重伤旋即离开。而作为琼崖文化群体一员的现代学校师生，物质和技术准备均无产生报刊可能。所以，1912年之前理论上最有可能给琼崖带来近代报刊的传教士、外商、本地商人和革命组织、新式学校师生等，或因报刊观念不强，或因商业利益不足，或因工作重心不在琼崖，或因物质等原因，致使创办报刊始终没有进入各自的重要议事日程与实践中。

第二个问题:"为什么1912—1925年时间段中的报刊数量如此之少,且集中出现于1912—1913年、1919—1925年呢?"这在第二章中作了回答。民国元年是琼崖现代新闻史上的元年。1912年之前的传教士、革命组织虽然没有把办报刊写入各自的重要议事日程中,但已具备了办报刊的一些基本条件,条件一旦充分起来,报刊自然应运而生。1912年,琼崖传教士终于用其很早获得的印刷机开启了琼崖新闻事业历史。是年,基督教海南差会印刷了《海南通讯》季刊。不过,与其他一些有关西学东渐功能的传教士报刊不同,该刊主要是面向琼崖传教士团体内部及国外上级组织。也正因为该刊受众局限于传教士内部,一直以来不为琼崖报刊界所熟知。但因为琼崖基督徒以本地人为主,数量众多,如至1917年,有基督徒1642人,慕道者3535人,教会学生1500人[65](134),其实际影响力依然不能忽视。

如果说琼崖传教士报刊的诞生有受辛亥革命发生、民国肇建的乐观政局影响的话,那么林文英创办于1913年的《琼岛日报》,则是受琼崖国民党不满与反击袁世凯窃取革命果实的悲观政局影响。袁世凯的帝制梦彻底激怒了国民,失去执政地位的孙中山领导的国民党开始讨袁运动,分散各地的国民党成员以报刊为武器,向袁世凯发起猛烈的舆论攻势。1913年琼崖第一份革命报刊《琼岛日报》就是在此情况下诞生的。而已牢牢掌握大权的袁世凯随即的反击,就是发动了永载中国新闻史册的臭名昭著的"癸丑报灾",主要目的就是打击国民党派系的各类报刊。1914年,报灾威力传导至琼崖,《琼岛日报》因抨击袁世凯,创办者林文英被袁的党徒、广东都督龙济光杀害而停刊。

1912年(《海南通讯》)和1913年(《琼岛日报》)之后,被多路军阀轮流割据的琼崖岛内,始终无法形成报刊生产的有利环境,报刊不仅量少,而且几乎是旋生旋灭,昙花一现,这种情况到1919年始有改观。

五四运动爆发，一群被革命激情点燃的旅穗、沪、宁、京等地的旅外琼籍学生在各自旅居地纷纷结社组团，并创办自己的团（社）刊。诸如《琼崖新声》《南语》等一批旅外琼籍学生报刊于20世纪20年代前期开始不断涌现，并一直持续至30年代。五四运动激发出来的琼崖学生办报热潮，在旅居地和家乡琼崖之间的巨大发展差距产生的无形张力与压力下，报刊内容以政治、文化启蒙为主，以旅外琼籍人士和岛内学校学生为目标读者，利用各地军阀割据态势，岛外不受岛内政治节制的便利，对岛内的专制政治、封建文化等进行猛烈抨击。其报刊数量和质量在琼崖报刊史上占有重要位置。故这也间接回答了第三个问题"为什么琼崖报刊曾较大规模地出现于岛外"，琼崖革命报刊岛外开花岛内香的局面，直到1926年共产党进入琼崖才开始改变。

第四个问题："为什么琼崖报刊集中于北部？"这在第三章中进行了详细回答。新闻业属于文化生产范畴，须严重依赖于教育产业。琼崖北部的琼山为政治、经济中心，邻近的文昌乃琼侨重镇，两县学校数量众多，拥有的中学和师范等在琼崖属最高学府的数量居首。相对发达的教育创造了较庞大的知识者群体，为新闻界生产了大量的作者和读者。琼崖北部的经济、文化、政治与交通诸种优势因素，决定了琼崖报刊多集中于此。

对于第五个问题"为什么琼崖革命报刊会大大超越非革命报刊"则需要综合第二、三、四章来回答。国共两党于1926年正式进入琼崖，并于第一次合作时期，以共产党为主力创办了两党合作结晶《琼崖民国日报》。这是琼崖新闻史上第一份党报。但1927年开始了一次合作破裂后"清党"，开启了琼崖共产党系统报刊的自力更生之路。土地革命时期，在广东省委与中央的殷切期望下，以及在急需为新建的琼崖苏维埃政权累积政治资本的使命下，琼崖党组织克服交通、经济、文化等诸多不利困难因素，利用一切可用条件，创造了革命报刊出版活动位于广东省前列的奇迹。此时期的琼崖党组织革命报刊活跃，与旅外琼籍青年回琼参与革命是有密切关系的。"五四"之后一批具有大学学习经历，拥有文化资本优势，部分甚至有学生社团报刊编辑经验的旅外琼籍青年加入，是革命报刊得以迅速出版的重要力量。在文化人才奇缺的情况下，琼崖革命报刊探索出一条翻印上级重要报刊的出版方式。这种下级翻印上级报刊的方式，既是上级党组织对下级政令与指示保持无损的一种信心，也是下级党组织在自身人才准备不足、通信不畅等重重困难条件下为完成上级任务，保证宣传效果的一种无奈与灵活之举。再者，党组织为把千辛万苦编辑与印刷出来的革命报刊，躲避当局的种种新闻检查，成功送到目标读者手中，在发行工作上也下了不少功夫。通过充分发动工农兵士学生城市贫民等广大群众和农会、工会等革命团体的力量，开创了一条依靠群众，坚持走群众路线的发行之路。为此，党组织还专门编撰了《发行工作材料》指导手册。

党组织革命报刊的开始壮大是进入抗日战争时期，标志是1938年12月琼崖国共两党第二次合作时期进行的"云龙改编"。党组织报刊开始以公开身份进入琼崖新闻场中，琼崖党组织机关报《抗日新闻》得以"飞入寻常百姓家"。与此同时，党组织领导的军事斗争的正义与胜利，为中国共产党报刊争取到了海外，尤其是琼侨的大力支持。抗日战争期间，琼侨组成抗日回乡服务团入琼，送医送药，进行抗日战争宣传，同时还为琼崖党组织正名，在香港等地宣传。

琼崖党组织革命报刊的真正成熟是解放战争时期。随着国民党政权的瓦解，政治资本的销蚀，国民党系统报刊日渐衰弱，一度出现了1949年大批中央报刊赴台中转琼崖而出现昙花一现般的"报坛中心"景观。与琼崖新闻场域中国民党报刊失势形成鲜明对比的，是琼崖党组织报刊在全岛各地四处开花。新时期新任务，抗日胜利立即把《抗日新闻》改为《新民主报》，不久又把《新民主报》提升为琼崖区党委机关报，并在下设的东南西北四区分别创办各级地方党委机关报，形成密集而立体式的党报网络，以满足各级党组织的宣传需求。

琼崖党组织革命报刊最终主导琼崖新闻场域，除了琼崖共产党政治与军事力量的强大外，党组织还投入了相当的精力与物力于报刊工作中。一是"全党办报"的认真贯彻执行。党组织报刊的专门人才缺乏，加上革命报刊特有的组织功能和政治教育功能，要求集中全党力量，从党员干部带头写稿，到党员干部带头搞发行。党报限制发行范围，党员干部通过"再创造"形式向下级党员和群众进行传递，充分调动和发挥具备一定文化识字能力的党员先锋模范作用。二是"全民办报"理念的提出。由"同人杂志"开始向"人民杂志"转变，意味着革命报刊之前局限于组织内开始面向基层民众的转向。规定《新民主报》要以40%的比例下基层，向市场开放，党报写稿队伍主体由党政机关负责人移至普通通讯员，这是党组织系统报刊跳出组织内部限制，主动延伸至底层的政治自信和文化自信的表现，也是党组织系统报刊真正成熟与强大的最终体现。为了激励广大党员干部和普通民众踊跃为党报写稿，对于积极投稿者，以及印刷刮字、排版和编辑等特殊急需工作岗位人员，琼崖党组织制定了在物质和政治待遇上给予较大力度的倾斜政策。

琼崖党组织报刊的成熟，还得益于党组织超强文化能力的运用。文化能力包括储备文化资本、运用文化资本和生产文化资本的能力。[39](97-98)其中，如何运用及生产资本，比拥有资本显得更为重要。党组织的文化能力突出表现在，能够在土地革命时期迅速创办报刊为苏维埃新政权生产政治资本，能够利用国民党对琼崖岛内学生的忽略而迅速发展党员，以及决定通过尽力兴办学校来解决人才再生机制问题，走一条以自我培养为主，举办各式培训班和学校，与创办报刊相互配合之路。

区域范畴的琼崖新闻业是否完全与众不同，与其类似区域进行比较可知。为此，我们选择地理位置与面积大小相近，同为祖国宝岛的台湾做一参照，亲如兄弟的二者命运在民国时期有不同又有相同的地方。

本节最后部分拟从各自首份近代报刊与革命报刊的角度，对大体同时期的台湾（日据时期）和琼崖（民国时期）的报刊业进行一些粗陋的比较。

琼崖与台湾报刊业相似的第一个地方是，二者的第一份近代报刊都是由传教士所创办。二者的第一台新式印刷机都是由基督教传教士募得的，不过时间上台湾是 1881 年，要比 1890 年的琼崖早几年。台湾基督教在获得印刷机不久的 1885 年就创办了厦门音罗马文字《台湾府城教会报》（月刊）[261]，这比海南差会于 1912 年创办的《海南通讯》要早十几年，在此之前，后者一般只用来印刷海南话罗马文的《圣经》等教义类资料。至于为何琼崖要晚于台湾好多年，这在张妙娟分析《台湾府城教会报》出现的诸多因素中多少可以找到一些答案。张妙娟认为，《台湾府城教会报》的出现得益于诸如早期传教士的办报经验、台湾传教事业的实际需要、印刷机的获得、传教士工作人员的增加、牧师巴克礼（Thomas Barclay）的实践决心等。[262] 依此对照可知，相较于台湾基督教会，从报刊业角度讲，1890 年至 1911 年期间的海南差会之所以没有进行报刊印刷实践，可能其中最缺的就是台湾传教士巴克礼式人物的报刊实践决心了。

琼崖与台湾报刊业相似的第二个地方是，20 世纪 20 年代初期，二者最为活跃的革命报刊都是由各自的旅外学生所创办的。由于日本严禁台湾与中国大陆间的一切联系，台湾青年求学不像琼崖学子可以北上大陆各大都市，而只能前往日本。1919 年五四运动爆发，旅日的台湾学子决定紧跟"五四"历史步伐，在东京成立"应声会"组织，并于 1920 年创办了一份与大陆《新青年》有遥相呼应之意的言论机关刊物《台湾青年》。该刊大力介绍陈独秀和胡适的文学改革倡议，尤其是强烈反抗日本殖民文化对台湾的"同化"作用，推动对中国文化的认同。[263] 1927 年迁台后的《台湾青年》遭遇了一系列变革，1930 年改为《台湾新民报》，1941 年改为《兴南新闻》，1944 年与其他 5 报被迫合并为《台湾新报》后，此份台湾历史上的一代名刊正式消失。《台湾青年》迁台之前，岛内无中文报刊，其余为日本御用报刊，由于阻断了与大陆联系，故而当时真正为台湾人办的新闻报刊就是《台湾民报》。这份被誉为"台湾人唯一的言论机关""台湾人唯一的喉舌"的《台湾青年》[264]，与同时期的琼崖旅外学生报刊是何其的相似。1922年旅穗琼籍青年创办的《琼崖旬报》就自认为要做"开通琼崖的利器"[88](9)，1924年旅穗琼籍学生创办的《新琼崖评论》也自认为是"琼崖革命的青年底宣传机关"[88](51)，甚至一度还被寄予"琼崖言论界之中心""琼崖革命之向导"的神圣职责。[88](234-235) 同受"五四"影响的两地热血青年旅外报刊，都是因岛内无法发声，只有借助于岛外可能的言论空间中进行最大化的报刊实践。

从台湾和琼崖第一份近代报刊可看出，清末最早被传教士掌握相关技艺的报刊依然是地方近代报刊业的先头部队，但从问世时间差发现，二者的不同之处是，在基础物质条件大致相同的情况下，文化能力差异会导致报刊的发展路径不同。印刷机器算是经济条件的话，印刷技艺则是文化能力无疑。《海南通讯》比《台湾府城教会报》晚出现，不能说冶基善没有报刊认知，但其在有生之年未能掌握印刷技术是确定无疑的。相比冶基善，传教士巴克礼回国后不久便立即投入现代印刷技术的学习中，为返台后创办台湾近代报刊补足了充分条件。从理论上说，在琼20年（1881—1901）的海南差会传奇人物冶基善，获得印刷机后应该考虑到了报刊印刷问题，其之所以没有施行，较为合理的解释是，相较于不是他本业的报刊工作而言，冶基善精湛的医术和令人惊讶的繁忙出诊时间安排，使他不可能把更多的精力放在他认为最多只能算是锦上添花的报刊上，也就更不可能专门抽时间去学习非他所愿的印刷技术了。与其说冶基善是传教士，不如说是医生更为准确。而巴克礼则是纯粹意义上的传教士，其创办《台湾府城教会报》的目的完全是基于推广宗教。由此，琼崖传教士报刊比台湾传教士报刊晚出现就可以理解了。

应该说机器印刷机（铅印机）和油印机等报刊生产物资，属于经济范畴，对于报刊出版非常重要，但是，对于那些现代化基本上未开始，或者读者市场培植不厚的地方，二者的优势效应可能就不大一样了。因为对于一个新事物，要知道被人接受的效果如何，与其从该新事物的现代性程度上找原因，不如先把目光瞄准接受者的观念与思想准备方面，可能更为实际。打个比方，让一个原始部落，给它选择一辆自行车或一辆汽车的机会，抉择可能一时难以进行。因为它对于之前没有见过的两个新奇东西，无法比较优劣，无法做出符合现代人特性的取舍。虽然一般来说，汽车的价值要超过自行车，但后者在易于掌握性上则要超过前者。所以，优先从掌握难易度上进行考虑与抉择，可能更符合原始部落的具体情境；而这与一个已经逐渐脱离原始特性的部落相比，同样选择，不同结果。很明显，举此比方是把没有出现过近代报刊（或在很大程度上仍将近代报刊视为新鲜事物）的地方比作报刊业的原始部落，台湾和琼崖，无论是在各自第一份近代报刊出现之前，还是在统治者强力弹压下很长时期都难以接触报刊的基层，对于报刊进入本身就是一件"惊天动地"的大事，至于首先比较油印好还是铅印好，其实意义不大，要讨论意义只有在报刊培植过后。因为相对于有铅印报刊的都市，能有油印报刊的乡村，可能时效上有点差距，但文化层次一般无法比较出来，动员效果也不差。这里意思当然不是说铅印要比油印差，而是提示不能一味地以现代物质标准衡量一份报刊的具体作用，应该历史地看到诸如环境学、人口统计学等影响因素。对于报刊业的原始部落来说，有没有报刊比有什么样的报刊更重要。琼崖"孤岛"的区域特征，中南部很高的文盲率，铅印报刊无法想象，所以，尽管无法跟国民党系统报刊编辑水平相比，但只有愿意扎根到这些地区的党组织根据地报刊模式，才更适合。毫无疑问，在国民党报刊无法到达的地区，游击式油印的党组织报刊填补了报刊空白，占据宣传阵地。这就是为什么琼崖党组织即使面临诸多困难，在印刷条件非常简陋的情况下，依然要坚持根据地办报的重要原因。

当然,这里指出铅印报刊可能难以适合中南部地区,并不是针对国民党报刊内容的文化资本方面而言,而是它无法下沉的基层性的文化能力。琼崖当局报刊种类少、稳定、无危机感,走的是上层路线,读者对象重点为党政机关和绅商,无须也无法顾及数量庞大的底层民众。与国民党不同,自身基层性非常突出的中共琼崖党组织,在拓展组织队伍的过程中,最大化利用不同层级且众多识字者的中介作用,通过报刊向下传达政策,同时也向上反映意见与建议。这其实就是文化能力的运用问题。通过初级的人际的报刊使用,学习报刊上的文化知识,同时也完成了政治动员,即使党组织工作遇到低潮,依然可以进行。20世纪30年代初期二次反"围剿"失败后,百余人的党组织深入母瑞山打游击,依然坚持出报,最终,中共在地理上孤悬海外的琼崖,创造了"二十三年红旗不倒"(1927—1950)的共产主义革命的连续性传奇历史,被美国加州州立大学的杰里米·A.默里(Jeremy A.Murray)赞为"在全国来说绝无仅有"。[265](1)

# 附 录

**1912年至琼崖解放非共产党组织创办的革命报刊（42种）**

| 报刊名称 | 时间 | 地点 | 创办者 | 政治属性 |
|---|---|---|---|---|
| 新琼崖（琼岛日报、琼华日报） | 1913 | 海口 | 国民党 | 革命报刊 |
| 友生书社 | 1920 | 海口 | 旅外琼籍学生 | 革命报刊 |
| 新琼岛报 | 1920 | 海口 | 旅外琼籍学生 | 革命报刊 |
| 琼崖日报 | 1920 | 海口 | 旅外琼籍学生 | 革命报刊 |
| 琼崖旬报 | 1921 | 广州 | 旅外琼籍学生 | 革命报刊 |
| 琼崖旬刊 | 1921 | 海口 | 旅外琼籍学生 | 革命报刊 |
| 琼崖新声 | 1922 | 南京 | 琼崖旅宁同学会 | 革命报刊 |
| 琼声 | 1923 | 广州 | 琼崖留穗同学会 | 革命报刊 |
| 良心月刊 | 1923 | 乐会 | 华侨 | 革命报刊 |
| 觉觉 | 1923 | 广州 | 海外品学观摩会 | 革命报刊 |
| 南语 | 1923 | 上海 | 上大琼籍学生 | 革命报刊 |
| 琼岛日报 | 1923 | 海口 | 徐成章等旅外回琼青年 | 革命报刊 |
| 琼岛魂 | 1924 | 北京 | 旅外琼籍学生 | 革命报刊 |
| 新琼崖评论 | 1924 | 广州 | 旅外琼籍学生 | 革命报刊 |
| 琼崖新青年 | 1924 | 上海 | 旅外琼籍学生 | 革命报刊 |
| 琼崖青年 | 1924 | 南京 | 旅外琼籍学生 | 革命报刊 |
| 琼东 | 1924 | 南京 | 旅外琼籍学生 | 革命报刊 |
| 琼崖革命同志大同盟盟刊 | 1925 | 广州 | 旅外琼籍学生 | 革命报刊 |
| 琼崖工人 | 1926 | 海口 | 海口市总工会 | 革命报刊 |
| 扫把旬刊 | 1926 | 文昌 | 旅外琼籍学生 | 革命报刊 |
| 琼崖全属学生联合会会刊 | 1926 | 琼山 | 琼崖全属学生联合会 | 革命报刊 |
| 救世宝筏 | 1926 | 澄迈 | 不详 | 革命报刊 |
| 文昌三日刊 | 1926 | 文昌 | 不详 | 革命报刊 |
| 琼崖东路半月刊 | 1926 | 琼东 | 不详 | 革命报刊 |
| 革命青年 | 1926 | 上海 | 琼崖旅沪青年社 | 革命报刊 |
| 琼海潮 | 1927 | 上海 | 旅沪琼海学生会 | 革命报刊 |
| 谈谈 | 1928 | 上海 | 琼崖旅沪同乡会 | 革命报刊 |
| 海口工农兵 | 1928 | 海口 | 府海城市工委 | 革命报刊 |

（续表）

| 报刊名称 | 时间 | 地点 | 创办者 | 政治属性 |
| --- | --- | --- | --- | --- |
| 冲锋 | 1928 | 海口 | 府海城市工委 | 革命报刊 |
| 宣传及训育 | 1928 | 海口 | 府海城市工委 | 革命报刊 |
| 市委汇报 | 1928 | 海口 | 府海城市工委 | 革命报刊 |
| 广州琼崖学会会刊 | 1931 | 广州 | 琼崖旅穗学生 | 革命报刊 |
| 琼崖旅京同乡会特刊 | 1932 | 北京 | 琼崖旅京同乡会 | 革命报刊 |
| 琼潮 | 1932 | 上海 | 复旦大学琼籍同学会 | 革命报刊 |
| 琼崖留沪同学会会刊 | 1937 | 上海 | 琼崖留沪同学会 | 革命报刊 |
| 南侨日报 | 1937 | 不详 | 琼州华侨 | 革命报刊 |
| 民众呼声 | 1937 | 不详 | 周岱 | 革命报刊 |
| 前哨旬刊 | 1937 | 不详 | 救亡运动师生 | 革命报刊 |
| 战垒 | 1938 | 昌江 | 小学教师抗敌同志会 | 革命报刊 |
| 团刊 | 1939 | 不详 | 琼崖华侨回乡服务团 | 革命报刊 |
| 琼崖抗战特刊 | 1941 | 不详 | 琼崖旅省抗日救乡会 | 革命报刊 |
| 琼声 | 1947 | 香港 | 香港琼崖同乡会 | 革命报刊 |

**1912 年至琼崖解放体制内组织创办的非党官报（27 种）**

| 报刊名称 | 时间 | 地点 | 创办者 | 政治属性 |
| --- | --- | --- | --- | --- |
| 琼崖改造同志会月刊 | 1925 | 广州 | 不详 | 非党官报 |
| 琼东中学校刊 | 1925 | 琼东 | 琼东中学 | 非党官报 |
| 路灯 | 1927 | 海口 | 国民党左派 | 非党官报 |
| 广东六师季刊 | 1928 | 海口 | 广东六师 | 非党官报 |
| 琼崖建设研究 | 1929 | 海口 | 琼崖建设研究会 | 非党官报 |
| 琼崖公路汇报 | 1929 | 海口 | 琼崖公路处 | 非党官报 |
| 海口市政公报特刊 | 1929 | 海口 | 国民党 | 非党官报 |
| 崖中校刊 | 1931 | 崖县 | 崖中 | 非党官报 |
| 定安校刊 | 1931 | 定安 | 定安中学 | 非党官报 |
| 商业报三日刊 | 1932 | 海口 | 不详 | 非党官报 |
| 岛光 | 1932 | 广州 | 广州琼山学会 | 非党官报 |
| 琼州海口海南医院特刊 | 1932 | 海口 | 海南医院 | 非党官报 |
| 海口市商会月刊 | 1933 | 海口 | 海口市商会 | 非党官报 |
| 琼崖实业月刊 | 1933 | 海口 | 广东省建设厅琼崖实业局 | 非党官报 |
| 琼农 | 1933 | 广州 | 中大琼农学会 | 非党官报 |
| 琼海校刊 | 1933 | 琼海 | 琼海中学 | 非党官报 |
| 琼声 | 1934 | 广州 | 广州琼崖学会 | 非党官报 |
| 六师概览 | 1934 | 海口 | 广东六师 | 非党官报 |

（续表）

| 报刊名称 | 时间 | 地点 | 创办者 | 政治属性 |
|---|---|---|---|---|
| 琼中季刊 | 1934 | 琼中 | 琼中中学 | 非党官报 |
| 琼东学会会刊 | 1937 | 广州 | 广州琼东学会 | 非党官报 |
| 海口市贸易联合会特刊 | 1941 | 海口 | 海口市贸易联合会 | 非党官报 |
| 琼崖正义导报 | 1946 | 南京 | 南京琼崖建设研究会 | 非党官报 |
| 海大简报 | 1947 | 海口 | 海大筹委会 | 非党官报 |
| 澄中特刊 | 1947 | 澄迈 | 澄迈中学 | 非党官报 |
| 琼中特刊 | 1947 | 琼中 | 国立第二侨中 | 非党官报 |
| 新海大杂志 | 1949 | 海口 | 海大 | 非党官报 |
| 新海南杂志 | 1949 | 海口 | 新海南杂志社 | 非党官报 |

**1912年至琼崖解放体制外个人与组织创办的报刊（26种）**

| 报刊名称 | 时间 | 地点 | 创办者 | 政治属性 |
|---|---|---|---|---|
| 海南通讯 | 1912 | 那大（乐东） | 海南差会 | 不详 |
| 环球报 | 1919 | 海口 | 不详 | 不详 |
| 现代时报 | 1919 | 海口 | 不详 | 不详 |
| 民国日报 | 1919 | 海口 | 不详 | 不详 |
| 民国旬刊 | 1924 | 海口 | 不详 | 不详 |
| 群众 | 1926 | 海口 | 不详 | 不详 |
| 南针周报 | 1926 | 不详 | 不详 | 不详 |
| 奋斗 | 1927 | 不详 | 不详 | 不详 |
| 红光报 | 1927 | 不详 | 不详 | 不详 |
| 琼崖新民日报 | 1927 | 不详 | 不详 | 不详 |
| 星报周刊 | 1928 | 不详 | 学界人士 | 不详 |
| 新民报 | 1929 | 海口 | 不详 | 不详 |
| 贫民小报 | 1930 | 不详 | 不详 | 不详 |
| 平民小报 | 1931 | 不详 | 不详 | 不详 |
| 新潮 | 1931 | 不详 | 不详 | 不详 |
| 领导 | 1931 | 不详 | 不详 | 不详 |
| 光线 | 1931 | 不详 | 不详 | 不详 |
| 琼涛 | 1935 | 广州 | 广州中大琼崖学会 | 不详 |
| 文声 | 1937 | 不详 | 不详 | 不详 |
| 钟声 | 1937 | 不详 | 不详 | 不详 |
| 民国日报 | 1938 | 海口 | 不详 | 不详 |
| 琼州日报 | 1938 | 海口 | 云实诚社长 | 不详 |

（续表）

| 报刊名称 | 时间 | 地点 | 创办者 | 政治属性 |
|---|---|---|---|---|
| 琼海潮音 | 1940 | 海口 | 曾景来 | 汉奸报刊 |
| 海南讯报 | 1942 | 海口 | 日伪 | 反动报刊 |
| 海南新闻 | 1942 |  | 日伪 | 反动报刊 |
| 琼崖通讯 | 1945 |  | 琼崖图书出版公司 | 不详 |

### 1912 年至琼崖解放当局创办的报刊（26 种）

| 报刊名称 | 时间 | 地点 | 创办者 | 政治属性 |
|---|---|---|---|---|
| 南声日报 | 1923 | 海口 | 邓本殷 | 当局报刊 |
| 琼崖民国日报 | 1926 | 海口 | 国民党报 | 当局报刊 |
| 国民党琼东县党部成立刊 | 1926 | 琼东 | 国民党琼东党部 | 当局报刊 |
| 海口党务特刊 | 1929 | 海口 | 国民党 | 当局报刊 |
| 文昌周刊 | 1932 | 文昌 | 国民党文昌县党部 | 当局报刊 |
| 乐会半月刊 | 1932 | 乐会 | 国民党乐会县党部 | 当局报刊 |
| 广东琼崖绥靖月刊 | 1934 | 海口 | 绥靖公署 | 当局报刊 |
| 国光日报 | 1938 | 海口 | 林光浩社长 | 当局报刊 |
| 杀敌日报 | 1939 | 不详 | 广东保安十一团 | 当局报刊 |
| 扫荡报 | 1945 | 海口 | 抗战后新开 | 当局报刊 |
| 和平日报 | 1945 | 海口 | 抗战后新开 | 当局报刊 |
| 琼崖青年 | 1945 | 海口 | 三民主义青年团 | 当局报刊 |
| 大光报 | 1946 | 海口 | 抗战后新开 | 当局报刊 |
| 世纪晚报 | 1946 | 海口 | 抗战后新开 | 当局报刊 |
| 琼声 | 1947 | 琼山 | 三青团琼山分团 | 当局报刊 |
| 展望报 | 1947 | 海口 | 抗战后新开 | 当局报刊 |
| 琼崖周报 | 1947 | 海口 | 抗战后新开 | 当局报刊 |
| 南风报 | 1947 | 海口 | 抗战后新开 | 当局报刊 |
| 新人月刊 | 1947 | 海口 | 民国日报社 | 当局报刊 |
| 海啸 | 1947 | 海口 | 民国日报社 | 当局报刊 |
| 新琼岛报 | 1947 | 海口 | 抗战后新开 | 当局报刊 |
| 澄迈简报 | 1947 | 海口 | 抗战后新开 | 当局报刊 |
| 文昌简报 | 1947 | 文昌 | 国民党文昌县党部 | 当局报刊 |
| 海南公报 | 1948 | 海口 | 广东第九清剿司令部 | 当局报刊 |
| 中央日报 | 1949 | 海口 | 抗战后新开 | 当局报刊 |
| 天行报 | 1949 | 海口 | 抗战后新开 | 当局报刊 |

### 1912年至琼崖解放中共琼崖党组织创办的革命报刊（47种）

| 报刊名称 | 时间 | 地点 | 创办者 | 政治属性 |
| --- | --- | --- | --- | --- |
| 怎样 | 1926 | 海口 | 中共青年团琼崖地委 | 革命报刊 |
| 现代青年旬刊 | 1926 | 海口 | 中共青年团琼崖地委 | 革命报刊 |
| 列宁青年、时报 | 1927 | 琼山 | 中国共产党琼山县委 | 革命报刊 |
| 特委通讯 | 1928 | 不详 | 琼崖特委 | 革命报刊 |
| 红潮周报 | 1928 | 不详 | 琼崖特委 | 革命报刊 |
| 工农兵 | 1929 | 海口 | 苏维埃 | 革命报刊 |
| 琼崖红旗 | 1930 | 不详 | 琼崖特委 | 革命报刊 |
| 苏维埃 | 1930 | 不详 | 琼崖特委 | 革命报刊 |
| 布尔塞维克的生活 | 1930 | 不详 | 琼崖特委 | 革命报刊 |
| 琼崖苏维埃 | 1931 | 不详 | 琼崖特委 | 革命报刊 |
| 列宁园 | 1931 | 琼山 | 中共琼山县委 | 革命报刊 |
| 少年旗帜 | 1931 | 不详 | 琼崖特委 | 革命报刊 |
| 团的生活 | 1931 | 不详 | 琼崖特委 | 革命报刊 |
| 少年先锋 | 1931 | 不详 | 琼崖特委 | 革命报刊 |
| 赤光报 | 1931 | 不详 | 琼崖特委 | 革命报刊 |
| 新路线 | 1931 | 不详 | 琼崖特委 | 革命报刊 |
| 真话十日刊 | 1932 | 海口 | 琼崖特委 | 革命报刊 |
| 特委月刊 | 1934 | 不详 | 琼崖特委 | 革命报刊 |
| 救亡旬报 | 1937 | 不详 | 琼崖特委 | 革命报刊 |
| 党团生活 | 1937 | 不详 | 琼崖特委 | 革命报刊 |
| 救亡呼声 | 1937 | 海口 | 中共海口市工委 | 革命报刊 |
| 布尔什维克半月刊 | 1937 | 不详 | 琼崖特委 | 革命报刊 |
| 新琼崖 | 1938 | 不详 | 琼崖特委 | 革命报刊 |
| 抗日新闻（1946年改为《新民主报》） | 1939 | 不详 | 琼崖特委 | 革命报刊 |
| 游击播音 | 1939 | 不详 | 琼崖抗敌东区 | 革命报刊 |
| 抗日捷报 | 1939 | 不详 | 琼崖抗敌西区 | 革命报刊 |
| 抗战情报 | 1939 | 不详 | 游击第三大队 | 革命报刊 |
| 南路堡垒 | 1940 | 不详 | 琼崖特委 | 革命报刊 |
| 新文昌报 | 1940 | 文昌 | 文昌县抗日民主政府 | 革命报刊 |
| 每周时事 | 1940 | 美合 | 琼崖特委 | 革命报刊 |
| 战斗生活 | 1940 | 不详 | 特委 | 革命报刊 |
| 每日电讯 | 1940 | 不详 | 独立总队 | 革命报刊 |
| 每日要电 | 1940 | 不详 | 独立总队 | 革命报刊 |
| 军政杂志 | 1941 | 不详 | 独立总队 | 革命报刊 |
| 琼山旬刊 | 1942 | 琼山 | 琼山县抗日民主政府 | 革命报刊 |
| 新琼崖报 | 1942 | 不详 | 抗日民主政府 | 革命报刊 |

（续表）

| 报刊名称 | 时间 | 地点 | 创办者 | 政治属性 |
| --- | --- | --- | --- | --- |
| 琼文导报 | 1946 | 不详 | 中共东区临委 | 革命报刊 |
| 东定导报 | 1947 | 不详 | 东定临委 | 革命报刊 |
| 西区导报 | 1947 | 不详 | 西区临委 | 革命报刊 |
| 工作 | 1947 | 文昌 | 文昌县民主政府 | 革命报刊 |
| 建党 | 1948 | 不详 | 琼崖区党委 | 革命报刊 |
| 建军报 | 1948 | 不详 | 琼崖纵队 | 革命报刊 |
| 火线报 | 1948 | 不详 | 琼崖纵队 | 革命报刊 |
| 人民报 | 1949 | 不详 | 中共北区地委 | 革命报刊 |
| 群众报 | 1950 | 不详 | 东区地委 | 革命报刊 |
| 前进报 | 1950 | 不详 | 南区地委 | 革命报刊 |
| 先锋报 | 1950 | 不详 | 西区地委 | 革命报刊 |

# 参考文献

[1] 陈铭枢总纂：《海南岛志》，海南出版社2004年版。

[2]（民国）陈植编著：《海南岛新志》，海南出版社2004年版。

[3] 黄振彝：《最近琼崖经济之趋势》，海南书局1936年版。

[4] 许崇灏：《琼崖志略》，正中书局1947年版。

[5] 黄尊生：《岭南民性与岭南文化》，民族文化出版社1941年版。

[6] 张晓辉：《民国时期广东社会经济史》，广东人民出版社2005年版。

[7] 广东省地方史志编纂委员会编：《广东省志·公路交通志》，广东人民出版社1996年版。

[8] 白子培、高仲仪：《海南岛主要河流水文特征分析》，《重庆交通学院学报》1990年第4期。

[9] 王晓霞：《台湾地区与海南水资源开发利用比较》，《今日海南》2017年第12期。

[10] 陈光良：《海南经济史研究》，中山大学出版社2004年版。

[11]《上海指南》，商务印书馆1926年版。

[12] 海南省地方志办公室：《海南省志·对外经济贸易志》，海南出版社2009年版。

[13] 李志民、王厚宏主编：《海南省情概要》，海南出版社1992年版。

[14] 中共广东省委党史资料征集委员会、广东省新闻学会、广州市新闻学会编：《广东革命报刊研究》（第一辑），内部刊物，1987年。

[15] 中国近代现代出版史编纂组编：《新民主主义革命时期出版史学术讨

论会文集》，中国书籍出版社 1993 年版。

[16] 政协海南省文史资料委员会编：《海南文史资料》（第四辑），三环出版社 1991 年版。

[17] 政协海口市委员会文史资料委员会编：《海口文史资料》（第五辑），1989 年版。

[18] 广东省地方史志办：《广东史志》，1995 年版。

[19]《出版史研究》（第一辑），中国书籍出版社 1993 年版。

[20] 邓毅、李祖勃编：《岭南近代报刊史》，广东人民出版社 1998 年版。

[21] 方汉奇主编：《民国时期新闻史料汇编》（10），国家图书馆出版社 2011 年版。

[22] 方汉奇、王润泽、郭传芹主编：《民国时期新闻史料续编》（1），国家图书馆出版社 2017 年版。

[23] 方汉奇、王润泽、郭传芹主编：《民国时期新闻史料续编》（2），国家图书馆出版社 2017 年版。

[24] 广东省地方史志编纂委员会编：《广东省志·新闻志》，广东人民出版社 2000 年版。

[25] 许振泳编：《广东报刊资料选辑》，中央档案馆、广东省档案馆 1991 年版。

[26] 朱东根：《海南历代进士研究》，海南出版社 2008 年版。

[27][美] 拉铁摩尔：《中国的亚洲内陆边疆》，唐晓峰译，江苏人民出版社 2008 年版。

[28] 黄兴涛主编：《新史学》（第三卷），中华书局 2009 年版。

[29] 秦绍德：《忆宁树藩：毕生向学是吾师》，https：//www.jfdaily.com/news/detail?id=10424。

[30] 朱至刚、李淼：《被嵌入的主角：报刊基层化中的国民党县级党报》，

《国际新闻界》2017 年第 8 期。

［31］王凌霄：《中国国民党新闻政策之研究（一九二八——一九四五）》，台湾民党党史会 1996 年版。

［32］［英］迈克尔·格伦菲尔编：《布迪厄：关键概念》，林云柯译，重庆大学出版社 2018 年版。

［33］赵晓兰、吴潮：《传教士中文报刊史》，复旦大学出版社 2011 年版。

［34］邓正来主编：《布莱克维尔政治学百科全书》，中国政法大学出版社 1992 年版。

［35］［法］皮埃尔·布迪厄、［美］华康德：《实践与反思——反思社会学导引》，李猛、李康译，中央编译出版社 1998 年版。

［36］［美］斯沃茨（Swartz, D.）：《文化与权力：布尔迪厄的社会学》，陶东风译，上海译文出版社 2012 年版。

［37］［法］皮埃尔·布迪厄：《艺术的法则》，刘晖译，中央编译出版社 2001 年版。

［38］［法］皮耶·布赫迪厄：《所述之言：布赫迪厄反思社会学文集》，陈逸淳译，台湾麦田出版社 2012 年版。

［39］薛晓源、曹荣湘主编：《全球化与文化资本》，社会科学文献出版社 2005 年版。

［40］［美］林南：《社会资本：关于社会结构与行动的理论》，张磊译，上海人民出版社 2005 年版。

［41］［法］皮埃尔·布迪厄、［美］华康德：《文化资本与社会炼金术》，包亚明译，上海人民出版社 1997 年版。

［42］张小军：《阳村土改中的阶级划分与象征资本》，《中国乡村研究》2003 年第 2 期。

［43］马克思：《资本论》（第一卷），人民出版社 1975 年版。

［44］朱妙宽：《马克思的剩余价值理论新探》，《经济评论》2004 年第

5 期。

[45] 朱国华:《权力的文化逻辑:布迪厄的社会学诗学》,上海人民出版社 2016 年版。

[46] 边燕杰、吴晓刚、李路路主编:《社会分层与流动:国外学者对中国研究的新进展》,中国人民大学出版社 2008 年版。

[47] 曾虚白主编:《中国新闻史》,三民书局 1984 年版。

[48] 李金铨主编:《文人论政:知识分子与报刊》,广西师范大学出版社 2008 年版。

[49]《琼崖民国日报》。

[50] 海南省地方志办公室编:《海南省志·共产党志》,南海出版公司 2003 年版。

[51] 海南省地方史志办公室编:《海南省志·军事志》,南海出版公司 1995 年版。

[52] 宁树藩:《宁树藩文集》,汕头大学出版社 2003 年版。

[53] 杨师群:《中国新闻传播史》,北京大学出版社 2007 年版,第 36 页。转引自赵晓兰、吴潮《传教士中文报刊史》,复旦大学出版社 2011 年版。

[54] 张小群:《基督教与清末民初的海南社会》,硕士学位论文,湖南师范大学,2010 年。

[55] 海南省地方史志办公室编:《海南省志·人口志 方言志 宗教志》,南海出版公司 1994 年版。

[56] 马光仁主编:《上海新闻史(1850—1949)》,复旦大学出版社 1996 年版。

[57] 罗文达:《在华天主教报刊》,王海译,暨南大学出版社 2013 年版。

[58] 方汉奇、李矗主编:《中国新闻学之最》,新华出版社 2005 年版。

[59] 晏可佳:《中国天主教简史》,宗教文化出版社 2001 年版。

[60][美]孟言嘉著,辛世彪译注:《椰岛海南》,海南出版社2016年版。

[61][英]马礼逊夫人编:《马礼逊回忆录》,顾长声译,广西师范大学出版社2004年版。

[62]张兴吉编:《近现代琼崖旅行记四种》,海南出版社2015年版。

[63]俞强:《鸦片战争前传教士眼中的中国》,山东大学出版社2010年版。

[64]Karl F.A.Gützlaff, *Journal of Three Voyages along the Coast of China, in 1831, 1832, & 1833*, Taipei：Cheng-wen Publishing Co., 1968.

[65]王翔译著:《棕榈之岛——清末民初美国传教士看海南》,南海出版公司2001年版。

[66]罗伟虹主编:《中国基督教(新教)史》,上海人民出版社2014年版。

[67]《广东出版史料》编辑部编:《广东出版史料》(第一辑),广东省新闻出版局1990年版。

[68]林金水主编:《台湾基督教史》,九州出版社2003年版。

[69][美]金多士:《在华传教士出版简史》,王海译,中央编译出版社2017年版。

[70]周振鹤:《新闻史上未被发现与利用的一份重要资料——评介范约翰的〈中文报刊目录〉》,《复旦学报(社会科学版)》1992年第1期。

[71]张朋园:《湖南现代化的早期进展(1860—1916)》,岳麓书社2002年版。

[72]《中国大百科全书：新闻出版卷》,中国大百科全书出版社1990年版。

[73]王会均编:《海南文献资料索引》,台北市文史哲出版社1987年版。

［74］［日］小叶田淳：《海南岛史》，张兴吉译，海南出版社2017年版。

［75］苏云峰：《海南历史论文集》，海南出版社2002年版。

［76］《海口文史资料》（第一辑），海口市政协1984年版。

［77］张晓宁：《广东十三行衰败原因试探》，《中国社会经济史研究》1996年第2期。

［78］史和、姚福申、叶翠娣编：《中国近代报刊名录》，福建人民出版社1991年版。

［79］海南省地方志办公室编：《海南省志·商业志》，南海出版公司2012年版。

［80］海南省地方志办公室编：《海南省志·工商行政管理志》，南海出版公司2004年版。

［81］王文彬编著：《中国现代报史资料汇辑》，重庆出版社1996年版。

［82］《海口市商会月刊》（第1期），1933年。

［83］李待琛编译：《海南岛之现状》，世界书局1946年版。

［84］《孙中山全集》（第1卷），中华书局1981年版。

［85］朱逸辉主编：《海南名人传略》，中山大学出版社1995年版。

［86］杨智友：《穿越世纪的守望：宋美龄》，南京出版社2014年版。

［87］牛志平等：《海南文化史》，海南出版社2008年版。

［88］《琼崖大革命史料选编》，中共海南省委党史研究室1994年版。

［89］卓新平撰：《中华文化通志·基督教犹太教志》，上海人民出版社1998年版。

［90］薛熙明：《十九世纪以来广东基督教的文化扩散与整合》，民族出版社2018年版。

［91］辛世彪：《两本关于1940年代以前海南岛的书》，http：//blog.sina.com.cn/s/blog_49d8b2980100kd13.html.

［92］《孙中山全集》（第2卷），中华书局1984年版。

[93]蔡铭泽：《中国国民党党报历史研究1927—1949》，团结出版社1998年版。

[94]方汉奇：《中国近代报刊史》，山西人民出版社1982年版。

[95]方志钦、蒋祖缘主编：《广东通史》（近代下册），广东高等教育出版社2010年版。

[96]宁树藩主编：《中国地区比较新闻史》，复旦大学出版社2018年版。

[97]张静庐：《中国的新闻记者与新闻纸》，现代书局1932年版。

[98]余炎光、[美]陈福霖主编：《南粤割据——从龙济光到陈济棠》，广东人民出版社1989年版。

[99]海南省史志工作办公室编：《海南省志·政府志》，南海出版公司2003年版。

[100]伍子余：《通讯：言之者无罪（致甲寅杂志记者）》，《甲寅（东京）》1915年第1卷第1期。

[101]方汉奇、王润泽、郭传芹主编：《民国时期新闻史料续编》(18)，国家图书馆出版社2017年版。

[102]《粤省报界最近之风潮》，《申报》1913年9月22日。

[103]董秦、蒋含平：《中国新闻史纲》，黄山书社1995年版。

[104]丁身尊：《广东民国史》（上、下册），广东人民出版社2004年版。

[105]张克明：《民国初期新闻战线上的反袁斗争》，《历史档案》1981年第4期。

[106]黎雄峰：《海南经济史》，海南出版社2008年版。

[107]《民国日报·觉悟》，上海。

[108]《20世纪20年代的上海大学》，上海大学出版社2014年版。

[109]《琼岛星火》（第十期），琼岛星火编辑部1983年版。

[110]中国人民政治协商会议广东省委员会文史资料研究委员会编：《广东文史资料》（第二十四辑），广东人民出版社1979年版。

[111] 中国近代现代出版史编纂组编:《新民主主义革命时期出版史学术讨论会文集》,中国书籍出版社1993年版。

[112] 中共广东省委党史研究室:《中国共产党广东地方史》(第一卷),广东人民出版社1999年版。

[113] 《广州青年团沿革:1921—1926》,广州青年运动史研究委员会1986年版。

[114] 琼崖旅穗同学会:《新琼崖评论》,1924—1925年。

[115] 海南省地方志办公室编:《海南省志·华侨志》,南方出版社2013年版。

[116] 海南省政协文史资料委员会编:《海南文史资料》(第10辑),南海出版公司1994年版。

[117] 《毛主席亲手创办的第一所革命工人夜学》,《湖南教育》1977年第1期。

[118] 陈永阶编:《琼崖革命先驱者文集》,琼岛星火编辑部1985年版。

[119] 刘家林:《中国新闻史》,武汉大学出版社2012年版。

[120] 方晓红:《中国新闻简史》,南京师范大学出版社1996年版。

[121] 马艺:《天津新闻史》,天津人民出版社2015年版。

[122] 共青团中央青运史研究室编:《中国青年运动史》,中国青年出版社1984年版。

[123] 罗家伦:《附录:一年来我们学生运动底成功失败和将来应取的方针:穷则变、变则通、通则久》,《新潮》1920年第2卷第4期。

[124] [日] 小浜正子:《近代上海的公共性与国家》,葛涛译,上海古籍出版社2003年版。

[125] 洪泽主编:《上海研究论丛》(第4辑),上海社会科学院出版社1989年版。

[126] 卞杏英:《上海革命简史》,学林出版社1990年版。

［127］葛懋春、李兴芝编辑：《胡适哲学思想资料选（下）·胡适的自传》，华东师范大学出版社1981年版。

［128］黄美真、石源华、张云编：《上海大学史料》，复旦大学出版社1984年版。

［129］中央档案馆、广东省档案馆：《广东革命历史文件汇集1929二（甲）》，1992年。

［130］琼崖旅宁同学会：《琼崖新声》1922年第2期，编辑者：琼崖新声杂志社；发行者：琼崖旅宁同学会；代印者：华通印书馆。海南省图书馆地方文献资料室藏，1928年。

［131］梁晨、任韵竹、王雨前、李中清：《民国上海地区高校生源量化刍议》，《历史研究》2017年第3期。

［132］复旦大学校史编写组编：《复旦大学志·第一卷（1905—1949）》，复旦大学出版社1985年版。

［133］赵永利：《教育变革与社会转型——近代上海高等商科教育活动研究（1917—1937）》，华中科技大学出版社2014年版。

［134］匡丹丹：《上海工人的收入与生活状况（1927—1937）》，硕士学位论文，华中师范大学，2008年。

［135］朱敬先编著：《华侨教育》，台湾中华书局1973年版。

［136］张正潘：《近六十年来南洋华侨教育史》，中央文物供应社1956年版。

［137］华侨革命史编纂委员会编：《华侨革命史》（上），台湾正中书局1981年版。

［138］暨南大学校史编写组：《暨南校史（1906—1996）》，暨南大学出版社1996年版。

［139］梁志明：《源远流长　多元复合——东南亚历史发展纵横》，世界图书出版公司2014年版。

［140］钱鹤、刘士木、李则纲合辑：《华侨教育论文集》（上），国立暨南大学南洋文化事业部1929年版。

［141］[美] 施坚雅：《泰国华人社会：历史的分析》，许华等译，厦门大学出版社2010年版。

［142］中共海口市委党史研究室等编：《罗文淹研究资料》，中共党史出版社2010年版。

［143］[美] 罗伯特·E.帕克：《移民报刊及其控制》，陈静静、展江译，中国人民大学出版社2011年版。

［144］吕东熹：《政媒角力下的台湾报业》，台湾玉山社出版事业股份有限公司2010年版。

［145］《民国丛书》编辑委员会编：《季鸾文存》（上），上海书店出版社1989年版。

［146］张朔人：《民国时期海南侨汇问题述论》，《安庆师范学院学报（社会科学版）》2009年第10期。

［147］广东建设厅琼崖实业局：《琼崖实业月刊》，1933年。

［148］《1937年5月琼崖书局印刷业调查表》，广东省档案馆，档号：006-002-1046-066。

［149］李瞻主编：《中国新闻史》，台湾学生书局1979年版。

［150］中国人民解放军历史资料丛书编审委员会：《南方三年游击战争·琼崖游击区》，解放军出版社1995年版。

［151］中共、广东省委党史资料征集委员会、中共广东省海南行政区委员会党史办公室编：《琼崖抗日斗争史料选编》，内部刊物，1986年。

［152］钟衍林、陈志云、吴江钟、蔡连苍：《琼崖改特后教育上的计划》，《琼崖建设》1929年第1期。

［153］王土荣：《见心成才——教育人生发展新论》，广东教育出版2016年版。

［154］叶文益：《广东革命报刊史 1919—1949》，中共党史出版社 2001 年版。

［155］胡有瑞主编：《六十年来的中央日报》，台湾"中央"日报社 1988 年版。

［156］海口市地方史志编纂委员会编：《海口市志》（上），方志出版社 2004 年版。

［157］［美］易劳逸：《1927—1937 年国民党统治下的中国流产的革命》，陈谦平、陈红民等译，中国青年出版社 1992 年版。

［158］［加］哈克特（Hackett, R.A.）、赵月枝：《维系民主？西方政治与新闻客观性》，沈荟、周雨译，清华大学出版社 2005 年版。

［159］鄂豫边区革命史编辑部、湖北日报社编：《楚天号角：抗日战争和解放战争时期鄂豫边地区的革命报刊》，武汉大学出版社 1990 年版。

［160］海南行政区财经税收史领导小组办公室、海南行政区档案馆编：《琼崖革命根据地财经税收史料选编》（一），海南人民出版社 1984 年版。

［161］中国人民解放军历史资料丛书编审委员会：《土地革命战争时期各地武装起义·广东琼崖地区》，解放军出版社 1996 年版。

［162］中央档案馆、广东省档案馆：《广东革命历史文件汇集 1927 甲》，1982 年。

［163］广东省人民武装斗争史编撰委员会编著：《广东人民武装斗争史·土地革命时期》，广东人民出版社 1995 年版。

［164］海南行政区档案馆编：《琼崖革命根据地财经税收史料汇编》（三），海南人民出版社 1988 年版。

［165］李燕珍编：《胡适自叙》，团结出版社 1996 年版。

［166］广东省立第六师范学校：《六师月刊》，1928 年。

[167] 文昌中学学生会:《文中特刊》,1933年。

[168]《琼岛星火》(第二期),琼岛星火编辑部1980年版。

[169] 中共广东省海南行政区委员会党史办公室编:《琼崖土地革命战争史料选编》,1987年。

[170] 中共海南省委党史研究室编:《琼崖解放战争史料选编》(上),1989年。

[171] 中共海南省委党史研究室编:《琼崖革命根据地专辑》,1996年。

[172] 广东省人民武装斗争史编纂委员会编著:《广东人民武装斗争史·抗日战争时期》,广东人民出版社1994年版。

[173] 中央档案馆、广东省档案馆:《广东革命历史文件汇集1937—1945》,1982年。

[174] 琼崖旅港同乡会:《琼声》,1947年。

[175] 琼崖区党委:《新民主报》,1949—1950年。

[176]《琼崖红色交通网——永不消逝的红色电波》,《海南日报》2009年8月31日。

[177] 中共海南省委党史研究室编:《红色交通线专辑》,琼岛星火编辑部1994年版。

[178] 邹雯娟:《认同与变迁》,吉林文史出版社2007年版。

[179] 孙海涛主编:《中国近现代史纲要》,上海科学技术出版社2016年版。

[180] 中共中央党史研究室:《中国共产党历史》第一卷(下册),中共党史出版社2010年版。

[181] 中共海南省委党史研究室、海南省中共党史学会编:《冯白驹精神永存——冯白驹研究论文选》,南海出版公司1998年版。

[182] 冯白驹:《琼崖群众对琼崖苏维埃第二次代表大会应有的认识》,《琼崖红旗》1930年7月10日。

［183］琼崖特委印：《党校训练材料》，1931年。

［184］赵康太主编：《琼崖革命论》，南海出版公司2005年版。

［185］琼崖红军军事政治干部学校：《政治（其二）》，1929年。

［186］［德］哈贝马斯：《交往与社会进化》，张博树译，重庆出版社1989年版。

［187］陈永阶、林飞鸢主编：《琼崖华侨联合总会回乡服务团研究史料》，《琼岛星火》编辑部1993年版。

［188］任贵祥：《华夏向心力——华侨对祖国抗战的支援》，广西师范大学出版社1993年版。

［189］海南省地方志办公室编：《海南省志·财政税务志》，海南出版社2009年版。

［190］海南省委党史研究室：《海南省抗日战争时期人口伤亡和财产损失》，中共党史出版社2015年版。

［191］杨奎松主编：《抗日战争战时报告初编》，上海三联书店2015年版。

［192］《世纪晚报》，1946年1月创办。

［193］海南省地方史志办公室编：《海南省志·报业志》，海南出版公司1997年版。

［194］中共海南省委党史研究室编、海南省档案馆：《琼崖解放战争史料选编》（下册），1989年版。

［195］中国社会科学院新闻研究所：《中国共产党新闻工作文件汇编》，新华出版社1980年版。

［196］中央档案馆、广东省档案馆：《广东革命历史文件汇集1946—1948》，1987年。

［197］聂茂、张静：《典型人物报道论》，湖南人民出版社2008年版。

［198］琼崖纵队政治部出版：《建军报》，1948年9月1日正式创刊。

[199]《分社报社编辑及外勤记者待遇的规定》，琼崖新民主报社来往稿件，藏于广东省立中山图书馆，无页码。

[200]《关于印刷技术人员待遇的规定》，琼崖新民主报社来往稿件，藏于广东省立中山图书馆，无页码。

[201] 中共乐东县委党史办公室编：《琼崖公学史稿》，1985年。

[202] 广东琼崖革命史研究会编：《史丹文选》，2000年版。

[203][美] 本尼迪克特·安德森（Anderson，B.）：《想象的共同体：民族主义的起源与散布》，吴叡人译，上海人民出版社2003年版。

[204][加] 查尔斯·泰勒：《现代社会想象》，林曼红译，译林出版社2014年版。

[205][美] 李欧梵：《上海摩登——一种新都市文化在中国1930—1945》，毛尖译，北京大学出版社2001年版。

[206] 王德威：《想像中国的方法：历史·小说·叙事》，生活·读书·新知三联书店1998年版。

[207][德] 斐迪南·滕尼斯（Ferdinand Tönnies）：《共同体与社会：纯粹社会学的基本概念》，林荣远译，商务印书馆1999年版。

[208][英] 齐格蒙特·鲍曼：《共同体：在一个不确定的世界中寻找安全》，欧阳景根译，江苏人民出版社2003年版。

[209] 李慧凤、蔡旭昶：《"共同体"概念的演变、应用与公民社会》，《学术月刊》2010年第6期。

[210] 王小章、王志强：《从"社区"到"脱域的共同体"——现代性视野下的社区和社区建设》，《学术论坛》2003年第6期。

[211][美] 埃里克·欧林·赖特主编：《阶级分析方法》，马磊、吴菲等译，复旦大学出版社2011年版。

[212] 张枬、王忍之编：《辛亥革命前十年间时论选集》第一卷（上册），生活·读书·新知三联书店1960年版。

［213］梁启超：《戊戌政变记（外一种）》，上海古籍出版社 2014 年版。

［214］孙中山：《三民主义》，中国长安出版社 2011 年版。

［215］章清：《省界、业界与阶级：近代中国集团力量的兴起及其难局》，《中国社会科学》2003 年第 2 期。

［216］徐雪筠等译编：《上海近代社会经济发展概况（1882—1931）——〈海关十年报告〉译编》，上海社会科学院出版社 1985 年版。

［217］［美］顾德曼：《家乡、城市和国家——上海的地缘网络与认同，1853—1937》，宋钻友译，上海古籍出版社 2004 年版。

［218］施扣柱：《青春飞扬：近代上海学生生活》，上海辞书出版社 2009 年版。

［219］［荷］贺麦晓：《二十年代中国"文学场"》，《学人》（第 13 辑），江苏文艺出版社 1998 年版。

［220］琼崖留沪同学会：《琼崖留沪同学会会刊》1937 年第 1 期。

［221］洪泽主编：《上海研究论丛》第五辑，上海社会科学院出版社 1990 年版。

［222］章清：《民初"思想界"解析——报刊媒介与读书人的生活形态》，《中国近代史》2007 年第 10 期。

［223］桑兵：《1905—1912 年的国内学生群体与中国近代化》，《近代史研究》1989 年第 5 期。

［224］张灏：《时代的探索》，台湾联经出版事业股份有限公司 2004 年版。

［225］李金铨：《民国时期的报人情怀与国家想像》，《二十一世纪》2011 年 8 月号，总第 126 期。

［226］江磊：《现代文坛派系研究：以"英美留学族"为纽带的考察》，河南大学出版社 2015 年版。

［227］星焰：《他们被压迫得很惨：琼州通讯》，《通俗文化》1936 年第 4

卷第7号。

[228] 留学沪宁同乡会:《琼东》1925年第2卷第3期。

[229] [美]芮哲非:《古腾堡在上海:中国印刷资本业的发展(1876—1937)》,张志强等译,商务印书馆2014年版。

[230] 中国社会科学院经济研究所主编:《上海民族机器工业》,中华书局1966年版。

[231] 金以林:《近代中国大学研究(1895—1949)》,中央文献出版社2000年版。

[232] [美]魏定熙:《权力源自地位:北京大学、知识分子与中国政治文化:1898—1929》,张蒙译,江苏人民出版社2015年版。

[233] 张元隆:《上海大学与现代名人(1922—1927)》,上海大学出版社2011年版。

[234] [美]叶文心:《民国时期大学校园文化(1919—1937)》,冯夏根等译,中国人民大学出版社2012年版。

[235] 国立中山大学琼崖农业研究会:《琼农》,月刊,1935—1936年。

[236] 《编后话》,《国立暨南大学琼崖同学会会刊》1936年第3期。

[237] 范可:《"想象的共同体"及其困境——兼及不同国家的应对策略》,《思想战线》2015年第3期。

[238] 中共江苏省委党史资料征集委员会、江苏省档案局编:《江苏革命史料选辑(第三辑)》,1981年。

[239] 周萃、董天策:《社会转型与时评勃兴》,《西南民族大学学报(人文社会科学版)》2004年第4期。

[240] [法]布尔迪厄:《实践理性:关于行为理论》,谭立德译,生活·读书·新知三联书店2007年版。

[241] 《实现总理开发琼崖的遗训》,《中央周报》1936年第445期。

[242] 《一月来编事辑要:开发琼崖首在发展交通:化黎工作亦属要图》,

《边事研究》1937年第6卷第1期。

[243] 边燕杰、吴晓刚、李路路主编:《社会分层与流动:国外学者对中国研究的新进展》,中国人民大学出版社2008年版。

[244] 沈湘平:《合法性与意识形态建设》,《天津社会科学》2002年第1期。

[245] 赵鼎新:《合法性的政治:当代中国的国家与社会关系》,台湾大学出版中心2017年版。

[246]《毛泽东同志论教育工作》,人民教育出版社1958年版。

[247] 邓拓:《邓拓全集》(第5卷),花城出版社2002年版。

[248] 陈信凌:《江西苏区报刊研究》,中国社会科学出版社2012年版。

[249] 黄道炫:《一九二〇—一九四〇年代中国东南地区的土地占有——兼谈地主、农民与土地革命》,《历史研究》2005年第1期。

[250]《毛泽东选集》(第3卷),人民出版社1966年版。

[251] 张威:《比较新闻学:方法与考证》,南方日报出版社2002年版。

[252] 李良荣:《关于典型和典型报道》,http://www.aisixiang.com/data/90669.html。

[253] 朱至刚:《吴满有:典范生产的典型案例》,《国际新闻界》2010年第5期。

[254] 黄道炫:《垂直和扁平:战时中共的政治构造》,《民国档案》2021年第2期。

[255] 王辰瑶:《嬗变的新闻》,中国传媒大学出版社2009年版。

[256]《毛泽东选集》(第1卷),人民出版社1977年版。

[257] 兰夕雨、陈金龙:《中国共产党政治话语的演进:从"革命""继续革命"到"改革"》,《中国特色社会主义研究》2014年第1期。

[258] 施惠玲:《意识形态在政治传播中的样态》,《现代传播(中国传媒大学学报)》2015年第9期。

[259] 金鑫、张耀灿:《对马克思主义灌输理论的再认识》,《学校党建与思想教育(上半月)》2008年第6期。

[260] 余芬霞、余玉:《中央苏区红色歌谣与早期马克思主义大众化传播》,《出版发行研究》2021年第5期。

[261] 辛广伟:《台湾出版史》,河北教育出版社2000年版。

[262] 侯杰主编:《基督教与中国社会文化》,宗教文化出版社2018年版。

[263] 张晓锋:《中国新闻法制通史 港澳台卷》,南京师范大学出版社2015年版。

[264] 张铭清主编:《海峡两岸新闻与传播研究》,九州出版社2009年版。

[265] Jeremy A. Murray, *China's Lonely Revolution: The Local Communist Movement of Hainan Island 1926–1956*, Albany: State University of New York Press, 2017.

# 后　记

　　本书是基于我 2020 年 5 月在厦门大学新闻传播学院答辩通过的博士学位论文，以及海南省社科联的一般课题"琼崖革命根据地宣传研究"而成。研究海南地区新闻业，尤其是中国共产党革命根据地新闻宣传事业的历史与发展，是我一直思考的课题，也是我读博计划之一。当然，如果没有申请成功海南省哲学社会科学规划一般课题"琼崖革命根据地宣传研究"，2018 年夏季里，我可能无法宽松自由地去位于广州的广东省立中山图书馆查阅资料半个月，那么本研究大概率会缺失不少非常有价值的原始资料。还有，对我们来说无疑是雪中送炭的学校个人学术出版资助政策出台，也是本书的助产士之一。

　　我现在才真切地体会到武耀廷校长当初说他博士是"爬出来的"这句话的含义了。我是高校工作 8 年后，于 2016 年再度重返校园读博的，时年 38 岁。

　　这是我人生中重要的 8 年。

　　有些事情现在回忆起来恍如发生在昨日。犹记得 2008 年 4 月，我应时任中文系主任杨兹举教授邀请来校面试。首次踏上海南岛土地的我，在三亚旧火车站旁第一次见到一排排的椰子树，有股莫名的兴奋，当时就有一种在此生活可能也不错的感觉；在去往五指山校区的海汽车上，看到盘山公路边触手可及宛若仙境般的缭绕云雾，还有点小激动；五指山上下午各一场小雨，雨后即刻放晴的天气也吸引了我。当然，让我下定决心留下来的，还是永远显得比同龄人要年轻些的杨兹举主任的热情和真诚。当我把博士学位论文出版的事报告给对我有知遇之恩、如今已是副校长的杨兹举教授，并请帮忙作个序时，他当即答应了。

一回眸，我上岛至今十余载了。

错过读博黄金年龄，近40岁做出读博的人生决定，不乏有在繁重教学工作压力下出来"透透气"的想法。当学校做出停招五指山校区的新闻采编与制作专业的决定后，我考虑是否可以乘此机会出去学习充电。其实我内心深处也已明显感觉到了教学科研遇有瓶颈需要突破。技术革新和信息渠道多样化的大学生后浪们阵阵涌来，为了减缓被抛弃的进程，我只有不断地充电，补充能量了。

最后，我非常期望能借此书面表达一下对家人支持的感谢——毕竟这样的机会不是很多。孩子初三及高中三年，我没时间陪伴其左右，很是内疚；爱人包揽了家里大小事务，每天晚上十一点去接，早上六点起来送小孩，以至于现在早上五六点自然醒已成习惯，她还要上班，风雨无阻，真的很辛苦。每每想起这些，我心生无限愧疚。

2021年8月15日于三亚校区教师村